中国社会工作联合会心理健康工作委员会培训指定用书

团体心理服务技能

（本会团体方向）
培训教材

实务技能

（上）

韦志中◎主编

U1006230

台海出版社

图书在版编目（CIP）数据

团体心理服务技能（本会团体方向）培训教材．实务技能 / 韦志中主编．-- 北京：台海出版社，2020.4
ISBN 978-7-5168-2394-1

Ⅰ．①团… Ⅱ．①韦… Ⅲ．①集体心理学－心理咨询－咨询服务－技术培训－教材 Ⅳ．① C912.64

中国版本图书馆 CIP 数据核字（2019）第 142118 号

团体心理服务技能（本会团体方向）培训教材·实务技能

主　　编：韦志中

出 版 人：蔡　旭
责任编辑：王慧敏

出版发行：台海出版社
地　　址：北京市东城区景山东街 20 号　邮政编码：100009
电　　话：010 － 64041652（发行，邮购）
传　　真：010 － 84045799（总编室）
网　　址：www.taimeng.org.cn/thcbs/default.htm
电子邮箱：thcbs@126.com

经　　销：全国各地新华书店
印　　刷：天津旭非印刷有限公司
本书如有破损、缺页、装订错误，请与本社联系调换

开　　本：710 毫米 × 1000 毫米　1/16
字　　数：850 千字　　　　　　印　　张：46.75
版　　次：2020 年 4 月第 1 版　　印　　次：2020 年 4 月第 1 次印刷
书　　号：ISBN 978-7-5168-2394-1

定　　价：178.80 元

上册目录

CONTENTS

第一部分

心理咨询基础

第一章　心理咨询评估

对有心理困扰并请求帮助的来访者进行干预处理，必须首先对他们的心理问题进行评估。评估有别于诊断，评估是对来访者整体、全面的了解，是诊断工作的基础，而诊断则是根据精神医学的分类标准对病人的心理障碍进行归类和判断。评估是一个过程，并非在初次谈话后就能完成，有的需要经过多次交流沟通才能做到广泛全面的评估。因此，评估非常重要，它是确定心理咨询工作范围的基础和保障。

第一节　评估来访者问题的一般程序

来访者的特点以及来访者与咨询者的匹配程度将直接影响咨询与治疗的效果。从某种意义上讲，选择合适的咨询对象是咨询与治疗成功的开端。

一、评估来访者的一般程序

详见图 1.1　评估来访者的一般程序

二、适宜咨询对象的选择

（一）适宜咨询对象的特点

1. 智力和人格基本正常

咨询对象能够叙述自己的问题以及其他相关情况，能够理解咨询者发出的言语和非言语信息的含义，还要有一定的领悟能力等。

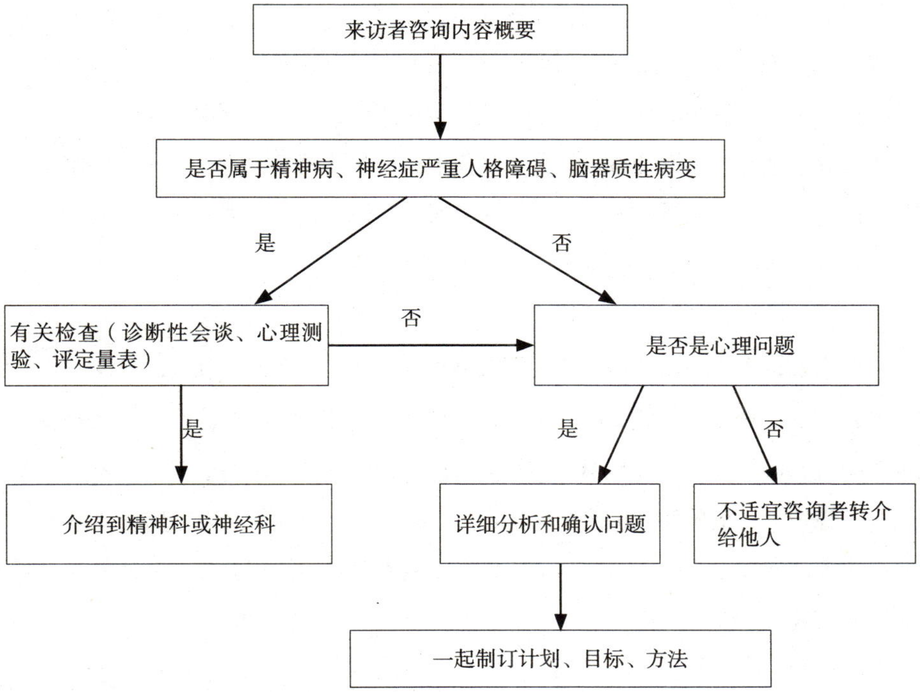

图 1.1　评估来访者的一般程序

来访者的人格基本正常，无明显的人格障碍。这里所说的人格，是指非认知性的人格特质，包括意识的倾向性、气质和性格。如果咨询对象有人格障碍，则不仅会妨碍咨询关系的建立，也会影响咨询的进行。

2. 有强烈、真正的求助动机

咨询对象不仅能认识到自己有心理或行为的问题，而且确实因其问题而多少感到痛苦。并且有因有痛苦而想解决问题、减轻和消除症状，改善其心理与行为的动机。

不仅是动机强度，而且动机的内容也常常决定咨询的效果。咨询者应搞清来访者的真实动机，并与其共同制定一致的咨询目标。

有些咨询对象起初不熟悉心理咨询与治疗来访者，也不知道怎样接受心理咨询。所以，咨询者要先给予解释、说明，并且通过收集资料，询问来访者的求助目标，以及咨询师在访谈过程中的梳理，与咨询对象共同制定咨询目标和解决目标问题的先后顺序，并确定咨询次数。

3. 需要解决的问题属于心理咨询的范围

神经症性心理障碍、某些性心理障碍、行为障碍、心身疾病等属于心理咨询与心理治疗的范围。尤其与心理社会因素有关的各种适应性心理问题和心理障碍、心理教育与发展等都适合开展心理咨询。处于发作期、症状期的精神病人，由于与外界接触不良，缺乏自知、自制力，难以建立人际关系，因此，不属于心理咨询范围。但康复期的患者也可从心理咨询中获益。

4. 年龄适宜

一般来说，青年人比其他年龄段的人更适合接受心理咨询。首先，与少年儿童相比，青年人的心理发展程度要高，尤其是表现在自我意识方面。他们可以较容易、准确地表达自己的问题，也容易领会和接受咨询与辅导。其次，与中老年人相比，青年人的可塑性较大，他们的人格尚未完全定型。再者，青年人受到心理困扰的时间相对较短，出现的问题多为适应不良、情绪障碍，距离童年期还不太长，容易挖掘问题的根源，咨询效果比较明显。

5. 匹配性好

一是咨询者与来访者心理相容，彼此相互接受、相互容纳、相互吸引；二是来访者的特征恰好与咨询者的擅长相吻合，咨询效果（尤其是短期咨询效果）比较明显。

（二）对来访者的问题性质进行鉴别诊断

问题性质是指来访者的问题是否属于脑器质性病变、精神病以及严重人格障碍。一旦发现来访者有这些病症，则必须将他们转介到神经科或精神科诊治。

一个心理咨询与治疗工作者是否具备必要的医学（尤其是精神医学）知识和临床经验，将直接影响他对来访者问题（特别是重性心理障碍）的鉴别诊断，进而影响咨询和治疗效果。

（三）如何区分心理咨询对象和心理治疗对象的问题

心理咨询着重解决的是正常人遇到的各种心理问题，如日常生活中人际关系方面的问题、职业选择方面的问题、教育过程中的问题、婚姻家庭中的问题。

心理治疗则主要针对某些神经症、某些性心理障碍、情绪与行为障碍、心身疾病、某些早期精神病或康复期精神病患者。

（四）咨询对象的转介

对于咨询者来说，并非所有适合咨询的来访者都适合于自己。对该咨询者而言，有些来访者是特别适宜的，双方匹配性好。例如，咨询者对这类来访者的背景比较熟悉，对他们所遇到的问题有丰富的咨询经验，彼此有接近的价值观念，个性适合度高，容易产生信任感、亲切感。而有些来访者与咨询者是不匹配的，需要进行转介。

1. 哪些来访者需要转介

（1）咨询内容与咨询者不匹配

由于每位咨询者所受训练不同，加之自身条件（如年龄、性别）的限制，其擅长或适宜咨询的内容也会有所不同。 当来访者的心理问题是咨询者不熟悉的内容时最好转介。

（2）价值观念与咨询者不相容最好转介

（3）个性与咨询者不相容

比如，有的咨询者不能容忍来访者的盛气凌人，有的咨询者不喜欢过于内向、退缩的来访者，有的咨询者害怕异性来访者，害怕有移情发生等。在这种情况下，如果咨询者没有能力去排除这种因素对咨询活动的影响，就需要进行转介。这也从一个方面提示，要想成为一个咨询者，必须有良好的自我控制能力和坚忍、耐心、对人宽容等心理品质，不断提高自己的心理素质。

（4）与咨询者有私人关系

有些来访者与咨询者有私人关系，这会增加来访者的顾虑，增加双方的尴尬，咨询者给予指导和建议时，也常会失掉其客观性及职业性，影响咨询效果。

（5）来访者有特殊背景

咨询者考虑来访者的背景，而无法以平常自然的方式进行咨询和辅导。咨询者假如过分小心、谨慎，或考虑因素过多，反而会阻碍咨询工作进行。

2. 转介的具体实施

咨询者根据自己的实际情况，结合来访的具体问题，将转介事宜告诉来访者，并说明这样做的理由，特别应强调这样做完全是为了来访者能获得更好的咨询服务，以免使来访者产生误解。对将要接手的咨询者，原咨询者要详细地介绍该来访者情况，提供自己的分析，但不要轻易介绍该来访者在原来的咨询中提供的一些隐私性较强的材料，这些内容在以后的咨询中，来访者会视情况向新咨询者叙述，也不应对新咨询者的咨询计划给予过多的干预。

第二节 对来访者的基本评估的分析

健康的心理是每个人正常生活、学习、交往的必备条件。然而现实生活中人们的心理健康状况却是不容乐观的。在人类的精神领域，如果把精神不正常看作黑色，把精神正常看作白色，那么，大多数人都处在黑色和白色之间的地带，即灰色区域，该区域包含了非器质性精神痛苦的总和。比如，心理不平衡、精神障碍、行为问题等等，都不同程度地干扰了人们的正常生活。而且灰色地带又细划分为浅灰色与深灰色两个区域，浅灰色区域的人大部分属于心理冲突而无人格变态，突出表现为由于特殊事件所引起的心理失衡，如失恋、丧亲、工作不顺心、人际关系不和谐等矛盾带来的心理不平衡与精神压抑。灰色区域是非器质性精神痛苦的总和，如心理不平衡、情绪障碍、行为问题等，它们均不同程度地干扰了人们的正常生活。处在深灰色区域的人则患有种种异常人格和神经症，如强迫症、恐惧症、癔症、性倒错等症状。

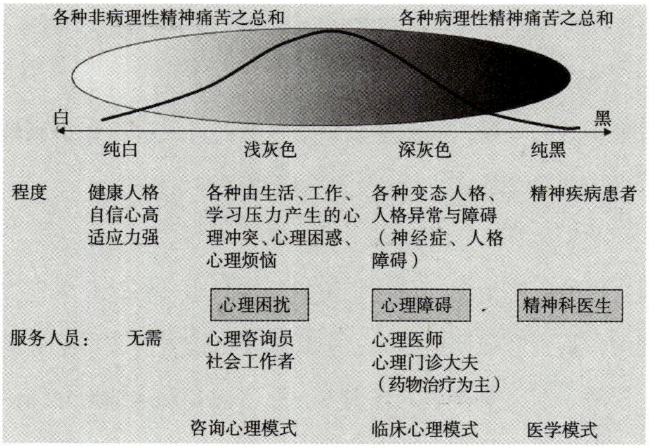

图 1.2 心理健康“灰色区”示意图

对于不同心理状况的人，心理咨询师能做哪些工作？哪些是属于心理治疗师的工作，哪些是精神科医生的工作，需要做一个详细的划分，特别是新的《精神卫生法》

出台以后，对于不同的心理问题，需要有不同部门的人来进行工作，这就需要首先对来访者进行准确的评估。

一、心理健康

（一）心理健康概念

关于心理健康的概念问题，在当前学术界仍是一个有争议的问题。国内外学者由于各自所处的社会背景不同，研究问题的立场和方法也不同，以及知识体系、生活方式和价值观念等各方面的差异，其观点迄今为止也还没有达成统一。

基本观点：心理健康有广义和狭义两种含义。广义的心理健康是指一种高效而满意的、持续的心理状态；狭义的心理健康，指人的基本心理活动过程与内容完整协调一致，即认知、情感、意志、行为、人格完整和协调。

综合观点：心理健康就是指心理形式协调、内容与现实一致和人格相对稳定的状态。第三届国际心理卫生大会对心理健康的标志曾做出一个认定，即：

1. 身体、智力、情绪十分协调。
2. 适应环境，人际关系中彼此能谦让。
3. 有幸福感。
4. 在职业工作中，能充分发挥自己的能力，过着有效率的生活。

这个定义主要强调心理健康就是要达到一种良好的功能状态，而良好的功能状态并不是绝对的，而是相对的。即个体心理在自身和环境条件许可的范围内，所能达到的最佳心理功能状态，而不是绝对完美的心理功能状态。实际上也就是个体与环境互动时的一些适应行为，而这些适应行为正是个体内在良好心理特质的表现，个体在与环境的良好适应中，不断发展和完善着自己的心理特质。

这个功能状态包含了两层含义：一是与大多数人相比，个体的心理功能是正常的；二是心理健康与心理疾病是心理功能状态这一序列的两极，他们是一种相对关系，并不是一种非此即彼的关系。

1. 与大多数人相比，个体的心理功能是正常的

人们的心理与行为表现即心理功能要能够适应社会生活的各种角色，协调各种关系，能够正确地认识自己，接纳评价自己，表现出一个和谐、健康的自我，而社会的各种关系，最终表现为四种关系，这四种关系具体如下：

（1）人—己关系，即主体我和客体我之间的关系。

（2）人—人关系。

（3）人—事关系。

（4）人—物关系。

在这四种关系中，人—己关系即自我意识是最为核心的要素。它们的关系如下图所示。

心理是看不见，摸不着的思维活动过程，我们要研究，必须把它放在一定的关系中来研究，这是一个给各种关系赋予意义的研究过程。首先是人与物的关系，物—杯子—恋人给买的—显得特殊了。人与人，给人赋予意义，和各种人有了关系，从而形成了一个社会的人。而事不是具体的东西，事是人和物以及关系的一个集合体，主要体现了我们能够借助于人和物以及关系来很好地做事。所以这个标准就是从自我出发，首先和物打交道，再到人，再到事，它们之间有一个内在结构关系，这一连串关系顺畅了，表明心理功能发挥正常，心理自然也就健康了，若关系不顺畅，心理也就不健康了。

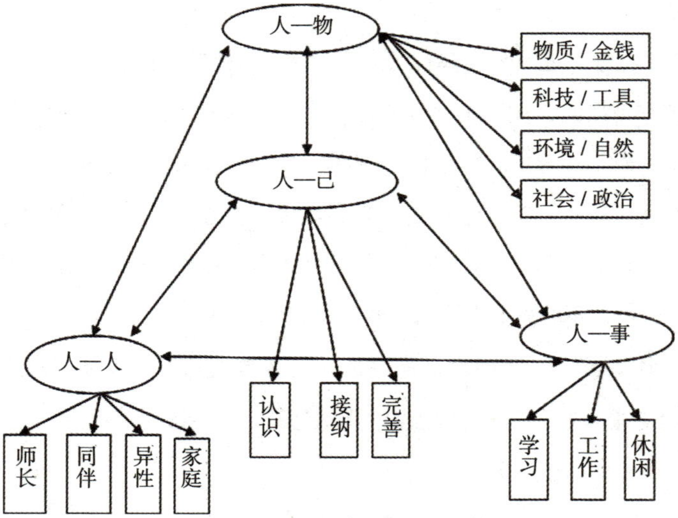

图 1.3　社会中的四种关系

2. 心理健康与心理疾病是心理功能状态序列的两极

健康和疾病是相互依存的一种相对关系，没有健康也就无所谓疾病，但它们并不是一种非此即彼的关系。一个心理健康的人，应该是身体、智力、情绪等十分调和，既适应环境，人际关系中也能彼此谦让，有幸福感，在工作和职业中，能充分发挥自己的能力，过有效率的生活等，而不仅仅依赖消极的心理防御。而心理不健康的人也不是像精神病院里的人那样，自己的行为不由自己的意识来控制，一会儿高兴得上蹿下跳，一会儿抑郁得要跳楼自杀。

事实上，在日常生活中，这两种非常明显的状况并不多见，心理问题更多的是表现在一些小事上。比如说生活中我们会经常发现有这样一些人，他们总是和自己过不去：同样一件衣服，穿在别人身上好像一朵花，穿在自己身上好似一块疤；同样一颗痣，放在人家脸上是画龙点睛，放在自己脸上却是画蛇添足……这种人很少有愉快的体验，总认为自己是这个世界上最悲惨的倒霉蛋，主动把痛苦留给自己。另外一些人则相反，过高地评价自己，认为自己鹤立鸡群，无所不能，但一遇到挫折心情就一落千丈。从自大开始，以自卑而终，最后还是把矛头对准自己。这样的人虽然不像精神病患者那样明显，但显然是心理不健康的人了。

所以，心理健康要从生理、心理、社会三个方面来考虑，并且要使这三方面做到协调一致，从而保持一种良好的心理功能状态，这样才能做到真正的心理健康。

（二）心理健康标准

其实，心理健康的标准至今仍是个有争议的问题，不同学者对不同年龄层次的人所标定的心理健康标准是不一样的，同时还要考虑不同社会文化背景的影响，对于同样的一个行为，在不同文化背景下就会有不同的看法，比如同性恋，西方一些国家认为是可以接受的，而东方一些国家则不被人所理解；同样是个性张扬的表现，西方国家的人可能认为是正常的、健康的，而在比较保守的国家中可能就认为这种行为是人格异常，属于不健康的表现。

近年来，关于心理健康的标准问题，一直是人们关注的焦点。国内外不少专家学者基于自己不同的社会文化背景、研究立场、观点和方法，做出了不尽相同的表述。综合国内外观点，心理健康标准应该涉及的一些方面，认为能做到以下十点就算是心理健康了。

1. 智力发展正常。

2. 情绪乐观向上。

3. 意志品质健全。

4. 人格完整统一。

5. 自我意识正确。

6. 人际关系和谐。

7. 社会适应良好。

8. 心理特点符合年龄特征。

9. 生活平衡积极。

10. 兴趣爱好广泛。

二、心理不健康的区分标准

不同专家学者区分心理正常与异常时一般采用不同的判断标准，比如有常识性的区分，有标准化的区分，还有心理学的区分原则等，其中比较重要的区分是四标准、三原则的区分，下面进行简单鉴别。

（一）常识性的区分

常识性区分就是一般的人，不是心理咨询师，没学过心理学，没有参加过培训，也可以一眼就很明显看出来这个人的心理是否正常，这就是常识性区分。

1. 离奇怪异的言谈、思想和行为

说话不着调，做事不合常理的一些言行，比如，在公共场所裸露，在公共场所披头散发、不顾个人形象地满街跑，或者，一个人很有钱，但经常到垃圾堆里捡东西吃。这样，即使你不是一个精神病医生，也可以判断这个人出现问题。再比如自己是一个普通的中国人，非要说自己是美国的总统，或是火星人，这就是有妄想症了。

2. 过度的情绪体验和表现

有的人终日都沉浸在消极的情绪当中，拒绝与人交往，比较封闭，而且对生活失去兴趣，觉得生活没有意思，不愿意做任何事。有些人过于兴奋，言语增多，或者行为表现非常不稳定，一会儿非常高兴，一会儿又非常低落，明明该哭的时候，他却笑了，或者一件小事，就会让他兴奋得彻夜不眠，这就是过度的情绪体现。例如，一个中学男同学，有个女同学和他说了几句话，就把他“感动”得痛哭流涕，结果他被诊断为精神分裂症。典型的症状就是他有过度的情绪表现，说明这个人的心理上存在着一定的问题。

3. 自身社会功能不完整

有些人的行为偏离了正常的轨道，比如一个人本身生活和社交都非常正常，但某

一天，他突然对自己身体的某个部位非常不满，比如他突然觉得自己的耳朵特别大，于是不允许别人摸他的耳朵，或者认为别人摸他的耳朵，就是在侵犯他的某些权益，或认为是在讽刺他，从而产生一些过激的行为，与人产生争执，打斗，也就说是他的行为突然偏离了正常的轨道，变得与他以前不一样了。所以，在这种情况下，初步判断他自身的功能出现了一定的问题。

4. 影响他人的正常生活

某些人他的言行会影响到他人的正常生活，比如，对他人进行骚扰，长时间地去给人家打电话，自己想几点打就几点打，或对别人进行恶语中伤等。

这就是常识性区分，是一种经验的区分，是一种常识性的判断，一眼就能看出这人出问题了。这是比较简单的、明显的一种区分方法。

（二）标准化的区分

该标准是由李心田老教授提出的，共有 6 条，可以把它叫作制定心理健康标准的依据。这个标准一般的通科医生，不需要很专业的医学知识就可以判断。通科医生就是什么都看，属于全科医生，但就某一具体领域并不是很专业的医生。也就是掌握心理学医学这些专门的理论不多，但又能给人治疗一些简单疾病的医生，他们能做出的一些判断，具体分析如下：

1. 医学标准

这个标准就是把心理问题当成躯体疾病来看待，将心理障碍纳入医学范畴，且有客观指标，比如物理、化学检查和心理生理测定等。认为一个人的心理不正常了，肯定在他身上能找到病灶，找不到，认为是现在科学手段还不行，还有待于进一步发展。换句话说，如果发现这个人的心理行为有点问题，但是你又不能确定他是不是病态，是不是不正常，这时候，你就去找有没有医学的根据可以证明他不正常，如果你能发现有解释他这个症状的理论，比如，大脑或什么地方有了疾病，然后出现症状，这时判断他心理不正常就有了根据，这就是医学标准。

这个主要是根据医学心理学的原理来做出判断。认为心理现象或行为有相应的病理解剖或病理生理变化，并将心理障碍当作躯体疾病一样看待。这意味着有了心理疾病身体就有了器质性的损坏、病变，也就是大脑中某个区域受损，脑功能失调，从而有一些古怪无效的观念或行为，例如幻觉，病理性错觉，性欲倒错这些古怪的心理行为，以及妄想，强迫观念等无效的观念，如把输液的橡皮管看成蛇，把白衣天使看作一头白熊等等，且信以为真，不能自行纠正，乃至产生一些“防卫”行为，这些都属于心理异常。

2. 统计分析

心理健康标准的制定和确定，必须通过大规模人群的调查，一般通过统计分析的方法来制定在什么范围内为正常，在什么范围外为不正常。一般来说，在常态范围之内，是正常的，出了常态范围，就是不正常。常态是什么？根据统计学的正态分布曲线，可认为处于总体平均标准范围内为心理正常，偏离这一范围就是异常。正常与不正常为一条连续的曲线，其广大的中间地带是正常的，两端则是偏离的。一般是 3 个标准差，95% 的显著性水平。例如智商在 70 以下是智力缺陷，属于异常范围。这一点后来发现有了新的问题，智商高的人也是超出常态的。偏离常模叫异常，极端好的天才也是偏离常态的，所以，仅仅用一项统计分析还不够，必须要结合其他的判断标准。

3. 社会规范

这一点是从文化人类学角度来讲，将心理异常理解为对某一文化习俗的偏离，或者是将心理异常理解为对社会准则的破坏。心理正常情境下的破坏则属于犯罪。一般情况下，人的行为总是与社会整体的文化相一致的，人们会依据社会生活的需要来适应和调整自己的行为，根据社会要求和道德规范来做事，如果不能按照社会认可的方式行事，就是心理异常。当然，由于社会规范并非总是非常明确的，所以，在考虑具体问题时，又经常以大多数人的行为为参照标准，但大多数人的行为也并非就代表健康的社会行为，比如，封建社会中，统治者采取愚民政策，使大多数人心甘情愿地接受他们的统治，一味地压抑个性，忍字当头，这是当时人们的普遍心理，但用现代的心理健康标准来看，并非是心理健康的表现。所以，这一依据也是经常变化的，并非一成不变。另外，由于不同文化背景下对行为的标准不同，所以，在某一文化下是异常的行为，在另一文化下却属于正常的行为，这一观点被称之为“文化相对论”。比如，人们对同性恋的态度已经由原来的反对到将其从疾病分类中剔除，人类文化学角度定义的同性恋，是对性别观念选择的自由。

4. 生活适应

从生活适应的角度来看心理健康，就是看个体是否能根据环境条件及其变化，有效地发挥其心理机能，通过适当的行为去适应环境或改变自己，以满足自己生存发展的需要。这个主要讲角色转变问题。比如，产后抑郁症，之前，自己管理自己，别人也都来照顾自己，而生下孩子后不但没人来照顾自己，还要自己去照顾小孩，所以很难一下子接受和适应，产后一段时间就得了抑郁症，这个不但是女人，男人有时候也会有。

5. 主观感受

以个人的主观经验或感受来判断其心理健康状况。所谓主观经验有两方面的意义，其一是指当事人自己的主观体验，他们自己感觉到自身的一些特别难受症状及反应，或者不能自我控制某些行为，从而寻找心理老师或心理医生的帮助。比如病人自己觉得有焦虑、抑郁或说不出明显原因的不舒适感，自己觉得不能控制自己的行为等。其二是指研究者或观察者或当事人的亲朋好友，把被观察者的行为与自己以往的经验相比较，从而对被观察者做出心理正常还是异常的判断。这是一般人把常态的已有经验作为标准来判别他人的心理健康。

6. 心理测验

通过心理量表测验，如果发现心理方面的问题。需要用什么量表，怎么用，后面相关章节有具体的讲解。

这是一般的非标准化的区分，也比较简单。

（三）心理学的区分原则

根据心理学对心理活动的定义，即“心理是客观现实的反映，是脑的机能”，我们提出了区分的三原则。

1. 主观世界与客观世界的统一性原则

统一性原则也称为同一性原则。人的心理，实质上是人的大脑对客观世界的反映，但在反映的形式和内容上又有一些主观的理解，是用一种观念性的东西反映在大脑中的。一旦出现问题，主观世界就不反映客观世界了，比如幻听、妄想等情况的出现。比如在你面前有个水壶，你认为是摄像机在你面前，我们说这叫产生错觉了；但如果你面前没有摄像机，你就非认为有摄像机，这时就产生了幻觉。如果你是一个普通人，而你非说自己有翅膀会飞，那你就是产生了妄想。这是主观世界与客观世界不相统一。

但是统一性原则还不仅仅这么简单，在精神科临床上，常把有无“自知力”或“自知力不完整”，以及有无“现实检验能力”作为判断精神病的指标。什么是自知力，就是知不知道自己不正常，精神病人往往是不认为自己有病的，这就叫没有自知力。比如现实中看错了，我们纠正以后承认自己的错误，正常人都会有这种情况，这说明是有自知力，我心里承认自己的错误，承认自己的问题，但精神病人会坚持认为自己的想法是对的，坚持自己看到的东西，这就是无自知力的表现。等到经过一段时间的治疗后，他们认识到自己以前有病，说明治好了，可以出院了。神经症有自知力，能感觉到痛苦，能主动求医，这个是很重要的。自知力往往是判断一个人有没有精神病，以及他是否能被治好的一个很重要的指标。

另一个就是有无“现实检验能力”，现实的检验能力就是认知反映客观世界，和现实相一致，正是这个现实的检验能力把我们的主观世界与客观世界统一性范围扩大了。严格来讲，主客观不统一主要包括幻觉和妄想，但现实的检验能力把这个范围扩大了很多，在测试中，不仅要判断幻觉和妄想，还要注意有没有现实的检验能力。举个例子，现实中，被男性抛弃的女性，她认为被抛弃很不好，所以产生了一种抑郁和焦虑的情绪，她找心理咨询师做咨询，希望自己能感觉好一些。她跟咨询师说，所有的男人都是骗子，是不可信任的。咨询师问，你为什么会认为所有的男人都不可信任，都是骗人的？她说，我被男人骗了。我们来看，在她的认知中，所有的男人都是骗子，可能吗？即使全天下只有一个好男人，那你也不能说是所有的人，也就是太概括化了。所以，她不能用客观现实来检验自己的感知与认识，这实际上也是主客观的统一性出现问题了。

2. 心理活动的内在协调性原则

主要是指知、情、意的一致性。普通心理学中主要讲心理过程和个性心理，心理过程就是知、情、意，心理活动就是讲心理过程，就是讲知、情、意，这三者是否协调是判断一个人是否有问题的一个标准，比如，典型的强迫性神经症，表现出认知与行为的不统一。强迫症患者认识到自己这样做是不对的，他在情感上也是不想去做，但行为上管不住自己，而且很顽强，一定要这样做，所以不统一，这就是强迫症的典型心理。

还比如，遇到一件很高兴的事，但却哭，便是认知和情感不相一致；再比如一个人用低沉的语调，向别人述说令人愉快的事，或者对痛苦的事，做出快乐的反应，就可以说他的心理过程失去了协调一致性，称为异常状态。范进中举后发疯，高考状元在父母离异、奶奶去世时的冷漠表现，庄子在夫人死后盘起腿来高声唱歌，这些都属于认知和情绪不协调了。

3. 人格的相对稳定性原则

人格一旦形成，便具有了相对的稳定性、独特性。相对的稳定性破坏了，就要考虑他的心理问题了。如果发生了重大的事件，人格稍微改变了，也是正常的；但如果没有什么事发生或发生一件很小的事，人格就发生了很大的改变，就是人格的相对稳定性出现了问题。比如，一个用钱很仔细的人，突然挥金如土；又比如，以前这个人一向都是与人友好，很和气的，但突然情绪低落，不说话，不出门，对人很冷淡而且老怀疑别人，猜疑，嫉妒，觉得别人不可靠，针对他等。出现了关系妄想或被害妄想，那么人格的相对稳定性就出现问题了，他的精神活动已经偏离了正常轨道。

这就是三原则，很重要，是郭念锋 1986、1995 年提出的，经常作为判断病与非病的三原则。有时候，这三原则会与《中国精神障碍分类与诊断标准（第三版）》发生冲突。按评分标准，打了 6 分，应该是神经症，但是抑郁发作按《中国精神障碍分类与诊断标准（第三版）》，是心境障碍，分属于两套不同的系统，要以《中国精神障碍分类与诊断标准（第三版）》为主，因为三原则是一般通科医生用的诊断标准。

这就是三项原则，违反了其中任何一项都可能是问题。这是我们判断心理正常与否或者有没有病的标准。

三、心理不健康的分类

心理不健康分为三大类，第一类型为一般心理问题，第二类型为严重心理问题，第三类型为神经症性心理问题，或者叫作可疑神经症。具体来看这三类问题如何进行划分：

（一）一般心理问题

通常所说的心理问题又叫一般心理问题，它是相对于严重心理问题而言的。是由现实因素激发、持续时间较短、情绪反应能在理智控制之下、不严重破坏社会功能、情绪反应尚未泛化的心理不健康状态。治疗时应把握主导症状，就是使求助者感到痛苦，而且迫切需要解决的问题。

诊断条件：

1. 现实性刺激且较轻

刺激性质，也就是引发问题的原因，必须是现实生活、工作压力、处事失误等日常生活中遇到的一些小事，而导致的心理冲突，冲突是常形的，并因此使人体验到不良情绪，如厌烦、后悔、懊丧、自责等。

2. 病程 1 ～ 2 个月

不良情绪不间断地持续存在一个月，或不良情绪间断地持续两个月仍不能自行化解。

3. 对社会功能影响较小

反应程度，不影响正常的生活，只是工作的效率有所下降，这个影响并不是太重。在理智的控制下，基本可以维持正常生活、工作、社会交往等。

4. 症状未泛化

情绪反应对象无泛化。自始至终，不良情绪的激发因素仅仅局限于最初事件，即使是与最初事件有联系的其他事件，也不引起此类不良情绪。举个简单的例子，如果夫妻俩吵架，造成不良情绪的话，这个激发因素只限于夫妻之间，当事人和朋友、同事的关系不受很大影响，碰上别人该说说，该笑笑，这就是症状没有泛化。这是一般心理问题。

（二）严重心理问题

严重心理问题是由相对强烈的现实因素激发，初始情绪反应剧烈、持续时间长久、内容充分泛化的心理不健康状态。严重心理问题，有时伴有某一方面的人格缺陷。

诊断条件：

1. 现实性刺激且较强

由于严重的社会因素导致心理冲突，属于较大刺激，比如，强奸、空难、离婚、亲人去世等，这些都属于一些比较严重的刺激，并使求助者体验到不同的痛苦情绪，如悔恨、冤枉、失落、恼怒和悲哀等。人在不同的刺激作用下，会出现类似的痛苦经历。但有一点，我们容易忽略，是什么呢？对于青少年，关乎他们发展的一些事件，我们也应把它们判断为严重的、较强烈的刺激。比如，中考、高考等关乎他们前途命运的事，这些也是比较严重的，我们要重视。有时候由于高考而引起的不良情绪，我们往往划为一般心理问题，但因为是关乎青少年前途命运的事，所以把它归为严重心理问题比较合适。

2. 病程 2～6 个月

从产生痛苦情绪开始，痛苦情绪间断或不间断地持续时间在两个月以上，半年以下。

3. 对社会功能影响较大，但尚未严重到符合精神障碍的临床诊断标准

遭受的刺激越大，反应越强烈，那么不良情绪越可能会使人短暂地失去对理智的控制，出现行为失常，对生活、工作、社会交往的影响比较明显。情绪反应强度有一个自然发展的过程。随着时间的推移，痛苦可以减弱，但单纯地依靠自然发展或非专业性的干预，难以摆脱，对生活、工作和社会交往有一定程度的影响。

4. 症状泛化

情绪反应对象泛化。什么是泛化呢？痛苦情绪不但能被最初的刺激引起，而且与最初刺激相类似、相关联的刺激，也可以引起此类痛苦，即反应对象被泛化。比如有个男士，由于妻子背叛了他，所以，他在大街上看到有男人和女人在一起，就感觉很不舒服，很想上去把他们分开。我们可以看出，开始的时候是夫妻关系不和所造成的心理困扰，但随后就扩展到了别人身上，别的男女和他们夫妻冲突有什么关系呢？说明他的情绪反应对象已经是泛化了。所以这个事件已经不只是他们夫妻不和引发的不良情绪，其他事件也可以引发，说明他的情绪问题已经泛化了。这就不是一般心理问题了，而是严重的心理问题。

曾经有过这样一个案例，一位女士的父亲死于胃癌，医生诊断是抽烟引起的，所以从那天起她就开始害怕烟，她见烟就躲，后来她丈夫也戒了烟，他们单位也成了无烟单位，到后来发展到在电视上看到烟，她都特别恐惧，即使只是张图，不是真正的物品，都能引起她的症状，我们认为这种情况便是情绪反应对象已经泛化了，所以是严重的心理问题。

综上所述，由相对强烈的现实刺激激发，初始情绪反应剧烈，持续时间长久，内容充分泛化的心理不健康状态就是严重的心理问题。

需要注意的一点是：诊断时，并不是那么简单，黑就是黑，白就是白，也不是四个维度都符合才能够被诊断。有时候要通观整个案例，宏观把握，有时虽然时间不长，但是从是否泛化等来看，依然诊断为严重心理问题，这就需要我们去看几个维度更加符合哪一个。

严重心理问题，有时伴有某一方面的人格缺陷。在心理咨询临床中，对严重心理问题的诊断并不困难，但关键问题是与神经症进行区别。

根据许又新教授关于神经症诊断的论述，鉴别的要点是内心冲突的性质和病程。严重心理问题的心理冲突是常形的，只不过是泛化了。持续时间限制在半年之内。临床上，社会功能被破坏的程度，也可以作为参考因素予以考虑。如果在出现严重心理问题后的一年之内，求助者在社会功能方面出现严重缺损，那么，我们必须提高警惕，应作为可疑神经症或其他精神障碍对待。

（三）神经症性的心理问题（即可疑神经症）

神经症性的心理问题也叫可疑神经症，这两个概念是相同的，第三种状态已经接近神经症或神经衰弱，或者本身就是神经衰弱，是神经症的早期阶段，那么，有些时候也把严重性心理问题，但没有严重人格缺陷者列入这一类。可疑神经症的心理冲突是变形的，病程 3 个月。举个例子，3 个月可以诊断为强迫症，如果是 1 个月，诊断为什么呢？时间维度不够，从时间维度上看，是 1 个月，还没有到 3 个月，不能诊断为神经症，但个体心理冲突是变形的，这个时候，就诊断为可疑神经症或者叫神经症性心理问题。这是最准确、最快捷的一种诊断方式。在实际操作中，主要看心理冲突的性质，如果是变形的，还是属于神经症；而从病程上，从症状严重程度几个维度上进行判断，还不符合神经症的话，就诊断为可疑神经症，这是操作性特别强的分类诊断方法。

另外一种简便快捷的诊断方法是许又新教授的神经症简易评定法。第三种类型的心理不健康状态，内心冲突是变形的，但是如果根据许又新教授的神经症简易评定法还不能确诊为神经症，但个体已接近神经衰弱或神经症，或者本身就是神经衰弱或神经症的早期阶段，有时，也把有严重心理问题但没有严重的人格缺陷者（如均衡性较差的人格）列入这一类。

表 1.1　神经症的临床简易评定方法（引自许又新《神经症》）

	评分 1	评分 2	评分 3
病程	短程：不到 3 个月	中程：3 个月到 1 年	长程：1 年以上
精神痛苦的程度	轻度： 病人自己可以主动设法摆脱。	中度： 病人自己摆脱不了，需要借助别人的帮助或处境的改变才能摆脱。	重度： 病人几乎完全无法摆脱，即使别人安慰、开导他，或陪他娱乐、异地休养也无济于事。
社会功能	轻微妨碍者： 能照常工作学习以及人际交往。	中度社会功能受损者： 工作学习或人际交往效率显著下降，不得不减轻工作或改变工作，或只能部分工作，或某些社交场合不得不尽量避免。	重度社会功能受损害者： 完全不能工作学习，不得不休病假或退学，或某些必要的社会交往完全回避。
总分为 3：还不够诊断为神经症。 总分 4 ～ 5：可疑病例，需进一步观察确诊。 总分不小于 6：神经症的诊断可成立。 补充：对精神痛苦和社会功能的评定，至少要考虑近 3 个月的情况，评定涉及的时间太短是不可靠的。			

所以，根据许又新诊断标准，如果我们必须从内心冲突性质和病程两个维度来判断，那么，严重心理问题是现实性的，有现实意义，或道德性质的，是常性的；而神经症，其心理冲突是变形的，这一点很重要，有的时候，比如恐怖症，如果它怕一个老虎，或怕鸟的羽毛的话，前者属于常形，更可能被诊断为一般心理问题，或严重心理问题，而如果是怕羽毛，这是鸡毛蒜皮的事，没有现实意义，属于变形，那么这个时候更可能诊断为神经症，这是需要我们仔细区分的。

最后强调一点：心理咨询对象是一般心理问题，严重心理问题和可疑神经症，但如果实际的工作中已经涉及神经症，诊断时，看到神经症要转介，诊断为神经症的患者的处理方式是转介。

第三节　常见的心理问题

这里只介绍一些常见的情绪和行为障碍，但变态心理学还包括认知方面的一些障碍，比如感知、记忆、思维等，这里只需要大致了解，知道是心理障碍，不是心理咨询师工作的范围，能够很好地进行转介就可以了，至于说治疗就是心理治疗师或精神科医生的工作了。本小节主要介绍几种类型的障碍。

一、焦虑障碍

焦虑障碍的患者在缺乏充分的事实根据和客观因素的情况下，对其自身健康或其他问题感到紧张不安，心烦意乱，忧心忡忡；经常怨天尤人，自忧自怜，毫无缘由地悲叹不已；碰上一点小事，往往坐立不安；遇到一点紧张的心理压力，便会慌张地不知所措，注意力难以集中，难以完成工作任务，并伴有身体不适感，如出汗、口干、心悸、嗓子有堵塞感、失眠等。

有时候也把焦虑性障碍叫作广泛性焦虑障碍，精神上的过度担心是焦虑症状的核心，表现为对未来可能发生的、难以预料的某种危险或不幸事件的经常担心。如无具体对象，只是一种不安的强烈的内心体验，则称为自由浮动式焦虑；如担心的是现实中可能发生的事情，但与现实又极不相称，则称为预期焦虑。

二、恐怖性障碍

患有恐怖性障碍的人，所害怕的对象在一般人看来并没有什么可怕的，但仍出现强制性的回避意愿和紧张、焦虑、眩晕等心理反应。如恐高症、利器恐怖、动物恐怖、广场恐怖及社交恐怖等。具体表现为以下几点：

特定对象恐惧症：原称恐怖性神经症。是一种以过分和不合理地惧怕外界某种客观事物或情境为主要表现的神经症。常伴有明显的自主神经症状，患者明知这种恐惧反应是过分的、不合理的，但仍反复出现，难以控制，以致极力回避，影响正常活动。多数病程迁延，有慢性化发展趋势。患病率为 0.59%，发病率女性高于男性，25 ～ 44 岁年龄段人群中患病率最高。

场所恐惧症：处于高处、广场、密闭的环境和拥挤的公共场所时表现出紧张、害怕、全身发抖等症状，不敢或不能长时间待在这些场所。

社交焦虑症：社交恐怖较为常见，如对异性、上司等的恐惧。主要表现就是赤面恐怖，也就是在众人而前脸红，面部表情惊恐失措，不敢正视对方，因害怕别人看透自己的心思而难堪，心里产生紧张不安、心慌、胸闷等症状。

单一恐惧症：对某一具体物件、动物等有不合理的恐惧。如鲜血、尖锐锋利物品，蛇、狗、猫。

三、强迫性障碍

强迫症是以强迫症状为主要临床表现的一类神经症。其特点是有意识的自我强迫和反强迫并存，两者强烈冲突使病人感到强烈痛苦。病人可体验到观念和冲突来源于自我，违反自己的意愿，而极力抵抗，但无法控制。

强迫性障碍常常表现为做事反复思考，犹豫不决，自知不必想的事仍反复想，不该做的事仍反复做，因而感到紧张、痛苦。

强迫症状几乎每个人都曾出现过，但只要不将它们当作精神负担，不妨碍正常的工作、生活，就不应算作强迫性障碍。部分患者能在一年内缓解，病情超过一年者通常是持续波动的病程，可达数年至数十年，表现为仪式动作为主，精神痛苦减轻，但社会功能严重受损。

强迫症状严重或伴有强迫人格特征者预后较差。此病平均发病年龄为 20 岁左右，患病率为0.3‰，男女患病率相近。基本症状为强迫观念、强迫行为。

（一）强迫观念

强迫思想：反复地想一些词或短句，常常是病人所厌恶的，如反复担心踩住小孩、烫着小孩、挤着小孩。

强迫性穷思竭虑：患者对一些常见的事情、概念或现象反复思考，自知无现实意义，但不能自控。如患者反复思考：人为什么要吃饺子？谁第一个发明饺子的？是谁发明了做饺子馅？

强迫怀疑：对自己做事的可靠性表示怀疑，需要反复检查核对。如反复检查煤气是否关闭、门上锁没有。

强迫联想：当脑子里出现一个观念或看到一句话时，便不由自主地联想起另一个观念或另一句话。如果是对立性质的，又称强迫性对立思维。比如一方面认为淡泊人生很好，另一方面又会想自己还年轻，应该做一些万人瞩目的事情；一方面认为想得简单一些就容易快乐，另一方面又会认为想深层次的一些问题人生才有意义。

强迫回忆：大脑不由自主地反复呈现出经历过的事情，无法摆脱，感到苦恼。如反复回忆高中送一女生钢笔被拒绝一事等。

（二）强迫行为

强迫检查：为减轻强迫怀疑引起的焦虑而采取的措施。如反复检查电源是否拔掉，门窗是否关紧。

强迫洗涤：反复洗手、反复洗衣服、反复洗澡。

强迫性仪式动作：如反复洒水、吐唾沫。

强迫询问：任何事情都要得到一个准确答案。

强迫缓慢：过分强调事情的精确性和完美性，从而导致强迫性缓慢，如起床要花2～3小时等，这种情况临床少见。

四、疑病性障碍

疑病性障碍主要表现为对自己健康状态过分关注，深信自己患了某种疾病，经常诉述不适，顽固地怀疑、担心自己有病，经实验室检查和医生的多次解释后仍不能接受，反复就医，甚至影响其社会功能。这种对自身健康过度担忧的心理倾向就是疑病性障碍的表现。

五、创伤后应激障碍

创伤后应激障碍（PTSD）也称延迟性心因性反应。由于受到异乎寻常的威胁性、灾难性心理创伤，导致延迟出现和长期持续的精神障碍。这类事件包括战争、严重事故、地震、被强暴、受酷刑等。几乎所有经历这类事件的人都会感到巨大的痛苦，常引起个体的极度恐惧、害怕、无助感。

（一）创伤后应激障碍的特点

1. 对未来的情绪体验具有创伤性影响。

2. 对躯体或生命产生极大的伤害或威胁。当然，个体人格特征、个人经历、社会支持、躯体健康水平等也是病情和病程的影响因素。

（二）创伤后应激障碍的诊断

1. 遭受对每个人来说都是异乎寻常的创伤性事件或处境（如天灾人祸）。

2. 反复重现创伤性体验（症状闪回）。

3. 持续的警觉性增高。

4. 回避与刺激相似的情景，存在“情感麻痹”现象。严重标准：社会功能受损。

5. 病程标准：精神障碍延迟发生（遭受创伤数日至数月后，罕见半年以上发病），符合症状标准已三个月。

【案例 1】有一个 8 岁女孩，优等生，二年级体育老师监考，认为她作弊，扇了她一耳光。16 岁时仍行为幼稚、不能学习、易激惹。与遗传素质可能有关。

【案例 2】三个男孩散步，发生车祸，只剩中间那个小孩活着。对其催眠，再现恐惧一周后出院。

六、人格障碍

人格障碍是指人格特征明显偏离正常，形成了一贯的反映个人生活风格和人际关系的异常行为模式。这种模式明显影响其社会功能和职业功能，造成对社会环境的适应不良，病人为此感到痛苦。

（一）偏执型人格障碍

对周围的人与事敏感多疑，自尊心过强，人际关系往往反应过度，有时产生牵连观念。其行为表现为：

1. 易激惹，冲动，并有攻击行为。

2. 经常无端怀疑别人要伤害、欺骗或利用自己，对别人的善意举动做歪曲的理解。

3. 遇到挫折或失败时，易于埋怨和怪罪他人，不从自身寻找主观原因。

4. 缺少道德观念，对善恶是非缺乏正确判断，且不吸取教训。

5. 极端自私与自我为中心，以恶作剧为乐，故意使其家庭、亲友感到痛苦或憎恨。

（二）强迫型人格障碍

强迫型人格障碍，以过分要求秩序严格和完美，缺少灵活性、开放性和效率为特征。具体表现为：

1. 对自己要求过高、过严，按部就班，拘泥细节。易产生焦虑不安。

2. 嗜洁成癖，过分讲究清洁卫生。

3. 常有不安全感，往往穷思竭虑，对实施的计划反复检查、核对，唯恐有疏忽或差错。

4. 主观、固执，要求别人也按其方式办事，对别人做事很不放心。

5. 过分节俭，甚至吝啬。

6. 过分沉溺于职责义务与道德规范，过分投入工作，业余爱好少，缺少社交往来。工作后常缺乏愉快和满足的内心体验，且有悔恨或内疚的心情。

（三）焦虑型人格障碍

一贯感到紧张、提心吊胆、不安全和自卑，总是需要被人喜欢和接纳，对拒绝和批评过分敏感，因习惯性地夸大日常处境中的潜在危险，所以有回避某些活动的倾向。

（四）回避型人格障碍

长期和全面地脱离社会关系，回避社交，特别是一些较多人际交往的职业活动，害怕被取笑、嘲弄和羞辱，怕在社交场合被批评和拒绝。

（五）边缘型人格障碍

七、性心理障碍

性心理障碍，以往称性变态，泛指以两性性行为的心理和行为明显偏离正常，并以此作为性兴奋、性满足的主要或唯一方式为主要特征的一组精神障碍。其正常的异性恋受到全部或者某种程度的破坏、干扰或影响。一般的精神活动并无其他明显异常。

性心理障碍临床上包括三种类型：

1. 性身份障碍：如易性症、双重异装症和童年性身份障碍。

2. 性偏好障碍：如恋物症、异装症、露阴症、窥阴症、摩擦症、性施虐与受虐症。

3. 性指向障碍：如同性恋等。

八、心境障碍

心境障碍是以显著而持久的情感或心境改变为主要特征的一组疾病。临床上主要表现为情感高涨或低落，伴有相应的认知和行为改变，可伴有精神病性症状，如幻觉、妄想。大多数病人有反复发作的倾向，部分可有残留症状或转为慢性。心境障碍主要包括抑郁性障碍和情感高涨。

（一）抑郁性障碍

抑郁性障碍的患者总以“灰色”的心情看待一切，对什么事都不感兴趣，自罪自责，内心体验多为不幸、苦闷、无助、无望，总感觉活着没有意思，常常有自杀的意念。

抑郁性障碍主要表现为情绪持续低落，郁郁寡欢，不愿与人交往，情绪呆板，丧失愉快感，精力减退，对日常活动丧失兴趣，悲观厌世，心理功能下降，自我评价降低，严重者感到绝望无助，大部分患者有结束自己生命的意念。

抑郁症发作时，主要有“三低”症状：情感低落、思维迟缓、活动减少。新的诊断并可伴有“新三低”症状：悲观绝望、兴趣下降或丧失、精力减退。严重抑郁常见有“三自症状”，即自责、自罪、自杀。

抑郁性障碍虽然与刺激有很大的关系，但遗传因素也是造成抑郁性障碍不可忽视的一个因素，患者亲属患此病的概率为一般人群的 10 ～ 30 倍，血缘关系越近，患病率越高。一级亲属的患病率远高于其他亲属，并有早期遗传现象，即发病年龄逐代提早，疾病严重性逐代增加。国外研究发现：单卵双生子的同病率为 56.7%，而双卵双生子为 12.9%，说明遗传因素占有重要地位。

（二）情感高涨

情感高涨指患者的情绪异常高涨，心境特别愉快。患者表现为心情喜悦、语音高亢、言语和动作明显增多、自我感觉良好、扬扬得意、盛气凌人，常常伴有明显的夸大色彩。情感高涨常见于躁狂发作、分裂情感性精神障碍 、脑器质性疾病。

情感高涨的病人的情感活动在长时间内持续增高，精力充沛，谈话时手舞足蹈，笑逐颜开，表情生动，联想丰富，话多，夸大，兴趣广泛，对什么都感到乐观，好像从无忧愁和烦恼。

情感高涨的程度从轻度愉快、高兴到最高程度的极乐、狂喜或销魂状态。极乐状态下自觉良好，若逢大喜，并无思维奔逸或动作增多，可有轻度意识障碍。但病人此时易激惹，稍不如意即勃然大怒，或遇伤心事马上哭泣流泪，可在瞬间恢复如初。它往往与思维奔逸与活动增多同时出现，构成躁狂状态。

九、常见的精神障碍

精神障碍（精神疾病）是一类具有诊断意义的精神方面的问题，特征为认知、情绪、行为等方面的改变，可伴有痛苦体验和 / 或功能损害。常见的精神障碍主要有双相情感障碍与精神分裂症。

（一）双相情感障碍

双相情感障碍又叫躁狂抑郁症，是一种涉及一次或多次严重的躁狂和抑郁发作的疾病，情绪摇摆于极度高涨和悲伤失望之间。

（二）精神分裂症

精神分裂症是一种由于大脑功能出现问题，具有感知、思维、情感、行为等多方面的障碍和精神活动的不协调以及精神活动与环境不协调为特征的一种最常见的精神病。

精神分裂症多起病于青壮年（15 ～ 25 岁），常有感知、思维、情感、行为等多方面的障碍及精神活动的不协调（症状）。一般无意识障碍和明显的智能障碍，病程多迁延。

参考文献

[1] 钱铭怡. 变态心理学. 北京：北京大学出版社，2006.

[2] 韦志中. 团体心理学：本会团体心理咨询模式理论与实践. 北京：清华大学出版社，2014.

[3] 孟建伟. 从知识教育到文化教育：论教育观的转变. 教育研究，2007.

[4] 苏光. 高校团体心理辅导的理论探析. 思想政治教育研究，2007.

[5] 张大均，吴明霞. 大学生心理健康 . 北京：清华大学出版社，2007.

[6] 张泽玲．心理素质教育与训练．北京：机械工业出版社，2006.

[7] 温金梅．团体心理咨询模式的探析．教育理论与实践，2010.

[8] 韦志中．本会团体心理咨询实践．广州：广东科技出版社，2008.

[9] 周家华，王金凤．大学生心理健康教育．北京：清华大学出版社，2007.

[10] 陈旭东，张吉良．大学生文化修养．北京：北京师范大学出版集团，2008.

[11] 雷鸣．对我国团体咨询应用于心理健康问题的研究综述．绵阳师范学院学报，2008.

[12] 樊富珉．我国团体心理咨询的发展：回顾与展望．清华大学学报（哲学社会科学版）．

[13] 樊富珉．团体咨询的理论与实践．北京：清华大学出版社，1996.

[14] 温金梅．体验式心理教育理论与实践．北京：国防大学出版社，2015.

第二章　心理咨询的基本技术

心理咨询是指对有心理困扰或社会适应方面出现问题并寻求解决问题的来访者，利用人际关系的互动，运用心理学的理论与方法，通过一定的技术来提供心理援助与劝导的过程。这种交流是通过语言和非语言的形式来进行的，它不仅仅是交流信息的过程，更重要的是在一定程度上包含了使来访者感悟的成分。

从罗杰斯的观点来看，每一个人都有自我实现和成长的潜在力量，咨询师只需提供给来访者一个“精神修养”的条件，让来访者充分接触自己真实的自我，便可以得到成长。为能够有效地促进来访者的变化，咨询师应该学会运用心理咨询的基本技术。当然，心理咨询一切技术的使用都必须是在和来访者建立了咨询关系以后才可能发生的。

第一节　建立咨询关系

关于心理咨询的基本技术，在不同的教科书和心理咨询专业书里面有不同的论述，虽然在框架和结构上有所不同，但总的来讲没有原则上的差异。结合国内外一些经典教材，可以将心理咨询的基本技术概括为：建立咨询关系的技术和实施咨询过程的技术，下面具体来阐述。

一、建立良好的咨询关系

咨询关系是指心理咨询师与来访者之间的相互关系，良好的咨询关系是开展心理咨询的前提条件，是咨询达到理想效果的先决条件。然而咨询关系的建立与维护受心理咨询师和来访者的双重影响。一方面心理咨询师的咨询理念、咨询态度、个性特征等等对咨询关系的建立与维护有着重要的影响；另一方面，来访者的咨询动机、合作态度、期望程度、悟性水平、自我觉察水平、行为方式以及对心理咨询师的反应等也会在一定程度上影响咨询关系及咨询效果。虽然建立良好的咨询关系是心理咨询师与来访者双方的共同责任与任务，但是咨询师在其中占有的主导地位和作用是不容置疑的，所以咨询师必须更加注意这一点。

二、良好咨询关系的意义

1. 良好的咨访关系是咨询的第一步，是心理咨询成功的首要条件，也是咨询顺利进行的保证。建立融洽、和谐的咨询关系，是取得良好咨询效果的基础。

2. 良好的咨询关系可以减少来访者的心理防御，使来访者在咨询过程中提供真实、全面的信息。来访者的防御心理也只有在他们与咨询师建立良好的关系，充分信任之后才会消除。

3. 良好的咨询关系还能够促使来访者接受咨询者的建议，并积极配合咨询者。咨询要想取得效果，来访者必须实施咨询者的咨询建议和措施。再好的咨询建议和措施，如果来访者不遵照执行，也是不会取得任何效果的。只有建立了良好的咨询关系，才能让咨询师的专业身份得到来访者的承认和接纳，咨询效果才有可能实现。

4. 良好的咨询关系有利于咨询的顺利进行。来访者必须坚持一段时间的咨询才能取得成果。然而，实际上来访者中断咨询的比例非常高，因此良好的咨询关系能够让来访者对咨询充满希望。

具体建立良好咨询关系的技术有尊重、热情、真诚、共情和积极关注等。

三、建立良好咨询关系的技术

（一）尊重

1. 尊重的含义

尊重，意味着把来访者作为有思想感情、内心体验、生活追求和独特性与自主性的活生生的人来对待。尊重来访者，不仅是咨询师职业道德的起码要求，也是助人的基本条件。尊重，应当体现为对来访者现状、价值观、人格和权益的接纳、关注和爱护。罗杰斯非常强调尊重对咨询的意义，为此提出了著名的“无条件尊重”的观点，并将其列为使来访者人格产生建设性改变的关键条件之一。

2. 尊重的意义

尊重是建立良好咨访关系的重要条件，是有效助人的基础，可以给来访者创造一个安全、温暖的氛围，从而最大程度地表达自己；也可使来访者感到自己受尊重、被接纳，获得一种自我价值感，从而产生帮助的价值。

3. 表达尊重的要点

（1）尊重意味着完整接纳

咨询师应把来访者看作是有人权、价值、情感和独立人格的人，这是互相尊重与平等的前提。尊重意味着接纳一个人的优点和缺点，而不是仅接受来访者的光明面，排斥消极面。尊重意味着接纳一个价值观和自己不同甚至差距很大的来访者，并与之平等交流。咨询师应充分了解自己的价值观，也应该充分地尊重对方的价值观。

（2）尊重意味着一视同仁

无论来访者相貌美丑、地位高低、经济贫富、脾气好坏、年龄大小、性别为何，咨询师都应一视同仁，予以尊重，不能轻视或奉承。

（3）尊重意味着以礼待人

对来访者要不嘲笑，不动怒，不贬抑、不惩罚。即使来访者的言语举止有些失礼，也应以礼相待。

（4）尊重意味着信任对方

信任是尊重的基础，缺乏信任就很难有尊重。有时来访者在涉及某些敏感问题时会有所顾虑、掩饰或犹豫，咨询师应予以理解，并借助于尊重、理解、温暖来消除顾虑。

（5）尊重意味着保护隐私

对来访者的隐私要尊重，不能作为谈资，更不能四处扩散来访者的隐私。

（6）尊重应以真诚为基础

若咨询师发现自己实在难以接纳来访者，可以考虑把来访者转介给合适的咨询师，这也是对来访者的尊重和负责。

咨询师对来访者的接纳、尊重程度，往往与他对人的看法即他的人性观有关。而且，即使同样是对人抱有积极看法，也会有层次差异。它会影响到咨询方式的选择。

（二）热情

1. 热情的含义

热情与尊重相比，使咨询师与来访者的距离更近些。尊重是以礼待人，平等交流，富有理性的色彩，而热情则充满了浓厚的感情色彩。在心理咨询中，热情体现在咨询的全过程中，从来访者进门到离去，咨询师都应热情、周到，要让来访者感到自己受到了最友好的接待。

热情是心理咨询师助人愿望的真诚流露，咨询师热情、耐心、周到、细致的态度能使来访者感受到咨询师的关心、温暖，感到自己得到了最友好的接待。

2. 热情的表现

（1）来访者初次来访时适当询问，表达关切。

（2）注意倾听来访者的叙述。

（3）咨询时耐心，认真，不厌其烦。

（4）咨询结束时使来访者感受到温暖。

3. 表达热情时的注意事项

（1）始终都充满热情。

（2）认真热情帮助来访者。

（3）倾听，循循善诱，不批评指责。

（4）遇阻碍或者来访者出现反复时要有耐心。

（三）真诚

1. 真诚的含义

真诚，是指在咨询过程中，咨询师以“真正的我”出现（不以“职业的我”出现），没有防御式伪装，不把自己藏在专业角色后面，不戴假面具，不是在扮演角色或例行公事，而是表里一致，真实可信地转向于与来访者的关系之中。

2. 真诚的意义

真诚可以为来访者提供一个安全自由的氛围，能让他知道在这里可以袒露自己的软弱、失败、过错、隐私等而无须顾忌，使来访者切实感到自己被接纳、被信任、被爱护。咨询师的真诚坦白为来访者提供了一个良好的榜样。

3. 表达真诚时的注意事项

（1）真诚不等于说实话

咨询师表达真诚应遵循一个基本原则：即对来访者负责，有助于来访者成长。这一原则适用于整个咨询过程。而且真诚不仅仅表现在言语中，非言语行为尤其是咨询中的实际表现更是表达真诚的最好方法。实话实说不利于表达真诚。

（2）真诚不是自我发泄

在早期的咨询关系中，真诚的表达只要求“不要虚伪”，在这期间，咨询师可保持静默或避免表达出自己主观的评价。随着咨询关系的发展，咨询师亦可表达对来访者的不足、缺点的反馈，但以不损害咨询关系为原则。

（3）真诚应适度

真诚是内心的自然流露，不是靠技巧所能获得的，真诚建立在对人的乐观看法、对人有基本的信任、对来访者充满关切和爱护的基础上，同时也建立在接纳自己、自信谦和的基础上。真诚应是咨询师的基本素质，这种素质是潜心修养、不断实践的结果。

（四）共情

1. 共情的含义

共情，被人本主义心理咨询师认为是影响咨询进程和效果的最关键的咨询因素，这个词有多种中文译法，比如又称为投情、神入、同感心、同理心、通情达理、设身处地等等。

根据罗杰斯的观点，共情是指体验别人内心世界的能力。它包括三方面的能力：

（1）咨询师借助来访者的言行，深入对方内心去体验他的情感、思维。（演员角色）

（2）咨询师借助于知识和经验，把握来访者的体验与他的经历和人格之间的联系，更好地理解问题的实质。（观众角色）

（3）咨询师运用咨询技巧，把自己的共情传达给对方，以影响对方并取得反馈。（导演角色）

2. 共情的意义

（1）咨询师能设身处地地理解来访者，从而更准确地把握材料。

（2）来访者会感到自己被理解、悦纳，从而会感到愉快、满足，这对咨询关系会有积极的影响。

（3）促进了来访者的自我表达、自我探索，从而达到更多的自我了解和咨询双方更深入的交流。

（4）对于那些迫切需要获得理解、渴望情感倾诉的来访者，有更明显的咨询效果。

3. 缺乏共情时的表现

（1）来访者感到失望。

（2）来访者觉得受到伤害。

（3）影响来访者自我探索。

（4）影响咨询师对来访者的反应。

4. 共情时的注意事项

（1）咨询师应走出自己的参照框架而进入来访者的参照框架。

（2）咨询师必要时要验证自己是否做到共情。当咨询师不太肯定自己是否达到了共情时，可使用尝试性、探索性的语气来表达，请来访者检验并做出修正。

（3）表达共情要因人而异。

（4）表达共情要善于使用躯体语言。

（5）表达共情要善于把握角色。

（6）表达共情应考虑到来访者的特点和文化背景。

（五）积极关注

1. 积极关注的含义

积极关注是对来访者的言语和行为的积极面给予关注，从而使来访者拥有正向价值观。罗杰斯常用“关怀”“无条件关注”“无条件接纳”一类字眼来表达这个概念，咨询者不依据来访者行为的好坏，而是无条件地从整体上接纳对方，给予关怀。罗杰斯把这种态度看作促成个人成长的一个重要条件。

艾维等对“积极关注”这一特质的定义中，则强调下面两点：

（1）以积极、肯定的态度看待来访者，相信他身上总有一些积极因素，相信他有改善和成长的潜力。

（2）在反应上，选择性地注意来访者言语和行为中积极的方面。在现在的定义中，无条件接纳对方，肯定对方作为一个人存在的价值这一色彩被淡化了，另外加强了反应上的操作性（选择性注意）。

2. 积极关注的意义

积极关注涉及对人的基本认识和基本情感。凡是助人工作，首先必须抱有这种信念，即受助者是可以改变的。

积极关注不仅有助于建立咨询关系，促进沟通，而且本身就具有咨询效果。积极关注这一特质对咨访关系和咨询效率是非常重要的。

3. 积极关注的评定

水平一：治疗师积极地给予劝告，或者给予负面评价。

水平二：治疗师对来访者的反应非常机械，很少显出积极关注并因而很少表现出温情。

水平三：治疗师显现出对来访者的积极关注，但是一种半占有的关注，给来访者的感觉是“你的行为我很在乎”。治疗师觉得自己对来访者负有责任。

水平四：治疗师清晰地传达着这样的信息，他对来访者的幸福有着深深的关切，对来访者显露出无微不至的、非评价的、无条件的温情。

水平五：治疗师无保留地传达着温情。

4. 积极关注时的注意事项

（1）避免盲目乐观。

（2）反对过分消极。

（3）立足实事求是。

促进来访者自我发现与开发潜能，达到心理健康的全面发展，是咨询的最高目标。咨询师应把积极关注贯穿于整个咨询过程。

第二节　个体心理咨询技术

心理咨询实施过程中咨询师采用的基本技术叫会谈技术，主要从参与性技术和影响性技术两方面来加以区分，即主要从求助者和咨询师两个角度来分析会谈技术对咨询的影响，这有助于学习者更好地理解会谈的概念、作用、重要性以及应注意的问题。其中，参与性技术包括倾听、提问、鼓励和重复、内容反应、情感反应、具体化、参与性概述和非言语行为的理解与把握。影响性技术包括：面质、解释、指导、情感表达、内容表达、自我开放、影响性概述和非言语行为的运用。但在实际的咨询工作中，各项基本技术的使用并没有明显的时段划分，而是贯穿于整个咨询过程中。

一、参与性技术

（一）倾听技术

1. 倾听技术的概念

倾听是咨询师获取信息的基本手段，是指咨询师专心地听取来访者对求询问题的诉述。对于咨询师，倾听能使其了解来访者有关求询问题的事实内容、情绪表现及所持态度，这是成功进行心理咨询的必备条件。对于来访者来说，倾听能使其消极情绪得到疏泄和释放，这本身就是心理咨询要达到的目的之一。因为人的天性是喜欢听自己喜欢的话，而不愿意听别人诉苦或诉说他们的难处。（咨询职业是出租耳朵）

倾听是心理治疗的基本功夫，要来访者学会自我探索，治疗师便要懂得倾听。真正的心理治疗，应该是来访者说给治疗师听。如果是治疗师说给来访者听，则比较像是上课或说教。在心理咨询中，倾听又常常是最困难、最容易出问题的环节之一，善于倾听不仅在于听，还在于参与。不仅是为了向来访者传达自己的倾听态度，鼓励来访者叙述，促进咨询关系，同时也是为了澄清问题，促进咨询师对来访者的情况和对自身的了解。

倾听并非仅仅用耳朵去听，更重要的是用心去听，去设身处地地感受。不但要听懂来访者用言语和非言语行为表达出来的东西，而且还要听出来访者在交谈中所省略和没有表达出来的内容。

2. 倾听技巧

咨询师要专注地听来访者述说自己的事情，必须放下手边的工作，以及心里的事情，全神贯注地倾听。倾听的时候，不仅眼睛看着来访者，身体要微微倾向来访者，用专注的神情和模样倾听。当咨询师做到身心一致、专注地倾听时，来访者将很容易感受到来自咨询师的尊重与付出。当咨询师越能倾听的时候，来访者也就越能表达自己，并且有机会倾听自己的心声、想法与感觉。

为了帮助咨询师做到倾听，在晤谈时，咨询师尽量不去接电话，不去做笔记，在门口挂上“请勿打扰”的牌子，眼前摆一个时钟，避免依赖看手表来决定时间，座椅尽量调整到可以看到来访者的正面。

3. 有效倾听的注意事项

（1）要全神贯注

咨询师在倾听的大部分时间里要与对方保持目光接触，认真地听取来访者的谈话内容，并适当地报以点头、微笑等反应，以使对方感觉到自己的真诚、专注和尊重。咨询师不能对对方的谈话表现出漫不经心甚至是不耐烦的样子，如打哈欠、东张西望或任意翻阅材料，这些表现都可能中断对方的诉述。

（2）要对来访者的谈话内容持非评判性的态度

在来访者诉述的过程中不要随意加入自己的主观看法，不要用自己的经验和偏好对材料进行过滤，在听的过程中要抛开自己的价值观、兴趣爱好等主观因素，力求全面、客观地获取来访者提供的信息。

（3）要留意来访者诉述时所表露出来的非言语信息

注意来访者的面部表情是否自然，目光是否呆滞，声音是否颤抖，动作是否呆板等，有助于正确把握来访者的情绪感受，全面了解求询问题。

4. 无效能的倾听

（1）不充分的倾听（陷入自己的思维或开始考虑如何回答对方的问题等原因可造成倾听不充分）。

（2）评判性的倾听（暂时将判断搁置一边，以便更好地理解当事人的世界）。

（3）过滤式的倾听（社会文化、专业知识）。

（4）以事实为中心而不是以人为中心的倾听。

（5）预演（为自己的回答进行预演而停止倾听）。

（6）同情性的倾听（从某种意义上说，同情某个人就成了他的同伙。当事人以自我怜悯的方式处理问题时，助人者可能就成为其支持者了）。

（7）良性插话（你已说到了几点，我想确定一下我是否理解了它们）与恶性插话（有重要东西要说而打断当事人思路）。

（二）提问技术

1. 提问技术的概念

咨询师依据咨询的目标，通过向来访者发问的形式，激发来访者对某一问题进行澄清、具体化以及积极思考的一种技术。

2. 提问技术的分类

提问一般分为开放式提问和封闭式提问两种方式。

（1）开放式提问

开放式提问，通常使用“什么”“如何”“为什么”“能不能”“愿不愿意”等词来发问，让来访者就有关问题、思想、情景、情感等给予详细说明。通常的做法是，咨询开始或转换话题的时候大多采用开放式提问。提问技术被一些咨询师认为是一种十分有用的咨询技术。它能促使来访者主动地、自由地敞开心扉，自然而然地讲出更多的有关情况、想法、情绪等。

咨询师以不同词语进行提问，来访者的回答也是不同的。具体如下：

①包括有“什么”在内的提问：“那么以后又发生了什么事情呢？”“当时你有些什么反应呢？”“还有什么人在场？”这样的提问，可以帮助咨询师找出某些与问题有关的特定的事实资料。

②带有“怎样”“如何”等词语的提问，往往会引导来访者对事情经过的描述以及对问题的想法和情绪反应。如：“对这件事情你是怎么看的？”“你是如何知道别人的看法的呢？”

③通过问“为什么”，可能得到多种较为具体的解释和回答，从中找出来访者对某事所产生的看法、做法、情绪等的原因。如：“为什么你觉得不公平？”“为什么你说别人都看不起你？”“你当时为什么这样做？”

④以“能不能”“可不可以”“行不行”开始的提问，可以说是最为开放的提问方式，这种问题可促使来访者进行自我剖析、自我探索。如：“能不能告诉我，这件事情为什么会使你感到那么生气？”“可以不可以告诉我，你是怎样想的呢？”

开放式提问时的注意事项：

①开放式提问要建立在良好的咨询关系的基础上，否则，来访者可能会产生被询问、窥视、剖析的感觉，从而产生怀疑和抵触情绪。

②注意提问时的语气、语调、词汇的选择，既不能过于随便，又不能有咄咄逼人或指责的成分，尤其是涉及来访者的隐私时更是如此。

③提出开放式问题以后，要给来访者足够的时间回答问题。

④提问是咨询本身的需要，绝不是为了满足咨询师的好奇心或窥测隐私的欲望。

（2）封闭式提问

封闭式提问，通常使用“是不是”“要不要”“有没有”“对不对”等词汇发问，而回答多是“是”“否”式的简单回答。这种询问常用来搜集资料并加以条理化，澄清事实，获取重点，缩小谈论范围。当来访者的叙述偏离正题时，用来适当地中止其叙述，并避免会谈过分个人化。

封闭式提问使用的注意事项：在晤谈时，这种询问虽然必要，但由于它限制了来访者进行内心探索和自由表达，因而不宜多用。

使用提问技术应注意的事项：

①多用开放式提问。

②适当回应。

③封闭式提问不可连贯使用。

④开放性的问题慎用“为什么”。

⑤不要连续提问。

⑥要善于应用积极提问。

⑦避免判断性提问。

（三）鼓励与重复

1. 鼓励

鼓励是指咨询师直接、简明地重复来访者的话，尤其是重复来访者回答中的最后一句话，或者仅以某些词语，比如“嗯”“接着说”“以后呢”“别的情况下如何”之类的过渡性短语来强化来访者叙述的内容，并鼓励其进一步讲下去。

2. 重复技术

重复技术是指咨询师就来访者描述的内容，选择重要的部分，将该部分重复一次，让来访者就讲述的内容进一步说明，或是顺着重复内容的方向继续会谈。

（1）重复技术内容说明

来访者叙述的内容，开启了一个谈话的方向，咨询师的重复，可以将谈话引导到某个关键的问题上，并且深入探讨，否则话题容易发散。

（2）重复技术的适用时机及注意事项

咨询师重复的地方，必须是来访者叙述中的关键主题、来访者此时此刻的感觉和想法，而且复述是重复来访者的话，而不是用自己的话重复。通常而言，来访者叙述中最后面的讯息，一般是最重要的，咨询师可以选择那部分来重复。重复技术可用于咨询过程的任何阶段。

（3）重复技术的功能

①协助咨询师进一步了解来访者。

②协助来访者进一步了解自己。

③决定谈话方向。

（四）内容反应

1. 内容反应技术的概念

内容反应技术，也称“释义技术”或“说明”，指咨询师把求助者陈述的主要内容经过概括、综合与整理，用自己的话反馈给求助者，以达到加强理解、促进沟通的目的。

咨询师选择来访者陈述的实质性内容，经过概括整理后，用自己的语言将其表达出来，最好是引用来访者最有代表性、最敏感、最重要的词语。

2. 内容反应技术的作用

（1）内容反应技术的目的是加强理解、促进沟通，在收集资料时咨询师常常使用开放式提问，就其中的问题，通过来访者的修正，可使咨询师达到深入、准确理解来访者的目的。

（2）内容反应技术使得来访者有机会再次剖析自己的困扰，重新组合那些零散的事件和关系，深化会谈的内容。

（3）内容反应技术可以使来访者所表述的内容更加明朗化，可以使来访者清晰地知道自己所要解决的问题，还可以达到帮助来访者更清晰地做出决定的目的。

3. 内容反应技术的步骤

（1）了解来访者告诉了我什么。

（2）选择适当的语句进行释义，选择一种接近来访者所使用的感官词汇的语句。

（3）将来访者信息的主要内容或概念用自己的语言表达出来（陈述句）。

（4）通过倾听和观察来访者的反应来评价自己释义的效果。

4. 内容反应技术的注意事项

（1）内容反应技术可以使用在心理咨询的任何阶段，但是咨询师所反馈的内容不要超出来访者叙述的内涵，避免加入个人主观看法，也不要遗漏来访者重要的想法与感觉。

（2）尽量使用自己的语言，以免由于使用来访者已经使用过的语汇而招致他们的反感。

（五）情感反应技术

1. 情感反应技术的概念

情感反应技术是心理咨询中的重要参与性技术，是指咨询师把来访者所陈述的有关情绪、情感的主要内容经过概括、综合与整理，用自己的话反馈给来访者，以达到加强对来访者情绪、情感的理解，促进沟通的目的。

情感反应技术和内容反应技术很相似，内容反应技术是将陈述的内容综合后予以反馈，而情感反应技术着重于对求助者情绪的反应。一般情况下，内容反应和情感反应是同时进行的，情感反应技术的最有效方式是针对来访者此时此地的而不是过去的情感。

2. 情感反应技术的功能

（1）促使来访者觉察情感

在来访者语言与非语言行为的牵引下，咨询师流畅地跃入来访者的感情世界，融入来访者肝肠寸断、悲愤扼腕的经验中，回旋在来访者爱恨交织的呜咽与挣扎中。在来访者的主观世界里体验、逗留，感同身受地与来访者的感觉亦步亦趋。

咨询师跳出来访者的内心世界后，用自己的语言，将自己的体会传达给来访者。咨询师走进来访者的经验后，反应的情感，自然能引起当事人的共鸣，帮助来访者觉察自己的情感。

（2）协助来访者重新拥有自己的感觉

来访者通过否认或隔离情感，可以忽略经验中关键性、伤害性的信息。再重大的伤害，也只剩下浮光掠影、微不足道的细节，激不起来访者内心的伤痛。这种方式虽然可以帮助来访者逃避经验带来的痛苦，可是受伤的伤口不会因来访者的自我欺骗而自动痊愈。

要协助来访者跳脱原有的窠臼，改写创伤经验对来访者的意义，就必须协助来访者觉察自己的情感，重新拥有过去否认、隔离的情绪。当这些被隔离的情感重新被接受，成为生命的一部分后，人格会因为被重新统整、扩大而更加完善。情感反应技术可以带领来访者面对自己的情感，觉察自己的情绪，进而接纳自己的情感，让被否认的情感成为生命的潜力。

（3）让咨询师正确了解当事人，或让当事人了解自己

有时候咨询师的敏感度不够，误解了来访者的感觉，以至于反应的情感，并非来访者真正的感觉。透过来访者的修正，咨询师得以正确地了解来访者。当咨询师反应来访者的情感时，提醒了来访者回头去统整自己的经验，觉察自己的感觉，核对咨询师反应的情感是否正确。这个过程，让来访者有机会进一步了解自己、表达自己。

（4）建立良好的咨询关系

来访者来找咨询师寻求帮助之时，已在问题中载沉载浮多时，内心的焦虑与无助，无法言喻。咨询师对来访者的情感反应，除了协助来访者觉察自己的感觉，更清楚知道自己的状态外，还传达出咨询师对来访者的关心与用心。这种设身处地的体贴，足以让来访者因为被了解、被重视、被支持而感动，进而愿意打开心扉，让咨询师进入他的内心世界。换句话说，情感反应技术可以帮助咨询师与来访者建立良好的咨询关系。

3. 情感反应技术的注意事项

（1）这一技术可以使用在心理咨询的任何阶段。

（2）所做的情感反应，要准确反应来访者的感受，不能超过或减少来访者表达的情绪。

（3）不仅反应来访者言语所表达的情感，更要反应非言语传达的情感。

（4）所用言语，尽量不要重复来访者的用词。

（5）焦点放在此时此刻的情感上。

（6）反应来访者的多种情感。

（六）具体化技术

1. 具体化技术的概念

具体化技术也称为具体性技术、澄清技术。具体化技术是指咨询师在聆听来访者叙述时，若发现来访者陈述的内容有含糊不清的地方，咨询师以“何人、何时、何地、有何感觉、有何想法、发生什么事、如何发生”等问题，协助来访者更清楚、更具体地描述其问题。

有的来访者叙述思想、情感、事件时常模糊不清，矛盾、不合理，使问题变得复杂，这也常是困扰来访者的重要原因之一。咨询者协助来访者清楚、准确地表述他们的真正意图、观点，所用的概念、所体验到的情感以及所经历的事件。

2. 具体化技术的重要性

（1）可以澄清来访者所表达的那些模糊不清的观念、情感以及遇到的问题，明了来访者的真实感受、真实事件。

（2）让来访者弄清自己的所思所感，明白自己的真实处境，这本身有助于改善来访者的状态，提供具体性的榜样。

3. 具体化技术的适用范围

（1）将模糊问题具体化

来访者用含糊的字表达其心理问题。如“我烦死了”“我感到绝望”等。咨询师设法将模糊的情绪、思想清晰化。例如：

来访者：今天我真是倒霉死了。

咨询师：你能告诉我都发生了什么事吗？

（2）将过分概括化的问题具体化

将过分概括化的问题具体化即改变以偏概全的思维方式。来访者常常将个别事件上升为一般结论，将对某一事件的看法发展成对某人的看法，把过去扩大到现在和未来。例如，“他们都不喜欢我”“我很蠢”“他坏透了”等。这就需要咨询师予以澄清。

【案例】

咨询师：你说班上同学们对你不好，是谁对你不好？在哪些事情上对你不好？能举些例子吗？经过来访者讲述咨询师发现只是个别同学喜欢开他的玩笑，有两次让他有些难堪，此外他想有一两个知心朋友，都未如愿。

通过具体化分析，发现根源在过分概括化的思维，一是把个别人扩大到全班同学，二是把开玩笑当作是对自己不好，从而影响到他对同学的看法，对人际关系产生不良评价，进而影响到情绪，出现抑郁、不信任等心理。这是一种认知的偏差，需用认知疗法来改变其错误的认知。

（3）将概念不清的问题具体化

概念不清的解决方法就是对概念进行解释，澄清。有些来访者没有真正了解某些“疾病”，乱给自己贴标签，如“更年期综合征（焦虑）”“神经病”“精神分裂症”“心脏病”等。

【案例】

来访者声称自己得了神经衰弱症，担心会影响学习、损害健康，甚至发展为“神经病”。

问：有何症状？

答：睡不着。

问：要过多少时间才能睡着？

答：半小时左右。

他听说睡不着就是神经衰弱。咨询师通过询问，了解他的睡不着与神经衰弱并没有必然联系。同时了解到这种现象他原先就有，一直也没当回事。前些时候，听说系里有个同学因睡眠困难，得了神经衰弱而休学了，他忽然觉得自己似乎也会在躺下后翻来覆去，而不能安然入睡。当晚，他睡觉时老想着这个问题，觉得特别难以入寝。之后的几个晚上也是如此，后来发展到白天也提心吊胆。

3. 具体化技术的注意事项

（1）咨询师须专注于倾听来访者的叙述，才能发现来访者叙述中含糊不清的地方。

（2）有时候具体化技术搭配其他技术，更能贴近来访者的感觉，让来访者愿意进一步说明。

（3）如果来访者的叙述有一个以上含糊不清的地方，咨询师可以选择关键性的部分，让来访者具体描述该部分的细节。

（4）不要怕给来访者留下“理解力不强”“缺乏领悟力”的印象而不愿意提问，只是自己去猜测、判断。最简单而有效的办法是做具体化反应。

（5）不要乱给来访者贴标签：因对来访者有暗示、强化、批评的作用，应谨慎。如“你是个悲观主义者”“你的性格过于内向”“我觉得你太自卑”。

（6）常用开放式提问来解决。如，“你能说得更具体点吗？”“你怎么知道的？”“能给我举个例子吗？”

（七）参与性概述

1. 参与性概述的概念

参与性概述：指咨询师把来访者的言语和非言语行为包括情感等综合整理后，以提纲挈领的方式再对来访者表达出来，相当于内容反应和情感反应的整合。参与性概述可看成是一个谈话段落或一次会谈的总结。通过概述把前面讨论的来访者的各种情况（情感、事实、观点看法等）系统清理一遍。可以形象地把它的作用比喻为梳辫子、穿珠子。

2. 参与性概述的目的

将来访者信息中的若干元素联系在一起，几次咨询之后在来访者信息中识别出明显的主题或模式。可以通过此技巧打断来访者喋喋不休的重复信息的内容，可以调整咨询的节奏，使咨询不至于太快，因而提供了咨询过程中心理喘息的空间。

3. 参与性概述的步骤

咨询师回忆来访者表述的信息，并在心中复述这些信息。通过向自己提问，来识别出信息中存在着的明显模式、主题或多种元素。选择合适的开始语句进行总结，尽量使用与来访者的感觉词相匹配的语句。使用所选择的语句和词汇描述信息中的主题，把多种元素联系起来，并用自己的语言将总结复述给来访者（陈述），评估总结的效果（肯定还是否认）。

4. 参与性概述的作用

主要在于给来访者一种运动感，感到在探索思想、情感以及问题原因方面正取得进展。同时，概述也让咨访双方对前一段会谈的内容有一个重新审视的机会，来访者通过这次审视也许能更好地认识自己，或得以补充资料，或得到反馈以确定咨询者是否正确地理解了自己。另外，概述往往自然地构成会谈的一次单元式收效，让双方有一个喘息之机。

5. 参与性概述的注意事项

（1）当来访者讲述时留心其各种主题和情绪性表现。

（2）把关键性的观念、情感的基本意思加以综合，用概括的语句表述出来。

（3）不要增添新的东西。

（4）确定是否需要做出概述，或者请来访者自己来概述。

（5）确定时考虑咨询师自己的意图：是为了在会谈之初调动来访者的积极性吗？是为了使散漫的思想和情感集中吗？是为了结束这一话题的讨论吗？是为了检查你对会谈进程的理解吗？是为了鼓励来访者更全面地探索自己吗？是为了在结束咨询关系前做一个改进的总结吗？是为了向来访者确认会谈正很好地进行吗？

（八）非言语行为的理解与把握

1. 非言语行为的理解与把握的概念

指咨询师应该正确把握来访者通过非言语行为而传递出的信息，从而全面了解来访者的心理活动，这有助于更好地表达对来访者的支持和理解。

2. 非言语行为的理解与把握在咨询中的作用

（1）加强言语、声音、手势和面部表情与言语一起出现，可使言语的意义更丰富，情绪色彩更鲜明。

（2）配合言语。例如，来访者如果想继续说下去，那么他会把手停在空中。

（3）实现反馈。咨询师对来访者做出持续的反应，如用嘴和眉毛表示同意、理解、惊讶、不满等。

（4）传达情感。交流双方常用非言语形式表达自己对对方的喜欢、理解、尊重、信任的程度，像面部表情和声调这样的非言语暗示比言语信号影响更大。

（5）非言语行为也是表达共情、积极关注、尊重等的有效方式之一。

二、影响性技术

（一）面质技术

1. 面质的概念

面质技术又叫对质技术，意思是不掩盖、不回避问题和矛盾，将问题和矛盾挑明，使人不能逃避，必须做出反应。艾维等对对质的定义是帮助当事人面对自己的态度、思想以及行为的矛盾之处。

面质是咨询师对来访者言语或非言语行为反应不一致的质疑。目的是为了澄清来访者表述中的矛盾之处，更好地了解来访者的问题。面质技术的使用一般在只有当咨询关系比较稳定的情况下，或者咨询过程中咨询师认为有必要澄清某些问题，或提醒来访者咨询过程中的一些阻抗行为和无意识错误，或旨在挑战来访者的思维方式、价值系统时才使用。

2. 面质的功能

（1）协助来访者觉察不一致的地方。

（2）协助来访者探讨不一致的地方，进一步了解自己。

（3）协助来访者了解自己的优点、缺点、资源与限制。

（4）协助来访者看到妨碍自己与他人权益的行为。

【案例】

当事人（长期酗酒）：酒这个东西真是碰不得，一碰就着迷，甩也甩不掉，这就是我不让我儿子喝酒的原因。可是，他偏偏要跟我作对，三天两头喝得醉醺醺的，我实在很生气。我父亲以前就是常常喝酒，害得我也跟着他学，结果，我一辈子都毁了。我一定要救我儿子。

咨询师：你一生被酒所误，如今你的儿子重蹈覆辙与酒为伍，你觉得很担心。（初层次同理心技术）我不解的是，你既然恨你父亲做了个坏榜样，害了你一生，为何你却重蹈覆辙，像你父亲一样，给了你儿子不好的示范，让你的儿子学你的模样。我不知道你有没有看到这其中的关联？　（对质）

3. 面质内容

（1）言语与言语之间。即来访者前后说话有矛盾的地方，不通过面质澄清会影响问题的确定和解决。

（2）非言语与非言语之间。即来访者肢体语言之间所存在的矛盾的地方，不通过面质澄清会影响问题的确定和解决。

（3）言语与非言语之间。即来访者说话与肢体语言之间的矛盾地方。咨询师认为有必要予以澄清。

4. 面质的步骤

（1）仔细观察来访者，确定矛盾或含糊信息。咨询师没有必要把来访者所有陈述中的漏洞全部指出来，尤其在咨询初期咨询关系还没完全建立起来之前，这样做是相当有风险的，会因此影响来访者继续陈述的兴趣，可能让来访者对陈述本身感到拘谨或紧张，感觉自己不是在自由陈述，而是受到另外一个人的严厉挑剔和监视。通常情况下，咨询师只有在认为有必要时才对来访者的陈述予以面质和纠正。

（2）用陈述句将矛盾内容表述出来。咨询师使用自己的语言对来访者讲述过程中的言语、非言语的矛盾之处予以质疑。

（3）评估质询效果。同样，来访者对面质所做出的言语非言语反应是对咨询效果最好的评估。

（二）解释技术

1. 解释技术的概念

解释即咨询师运用有关理论描述来访者的思想、情感和行为的原因、过程、实质等，以加深来访者对自身的行为、思想和情感的了解，从而使其产生领悟，提高认识，促进变化的效果。

解释是将来访者的主要言谈、思想予以综合、整理，再反馈给来访者的技术。实际上是将来访者信息中与情境、事件、人物和想法有关的内容进行重新编排，即咨询师将来访者的谈话进行实质性的说明。在运用这一技术时，最好是选用来访者用过的最具有代表性、最敏感、最重要的词语。这种反馈一般是比较简明扼要的。直接引用来访者原话中的关键词句是经常使用的方法。

2. 解释内容

（1）是否有心理问题及其性质。

（2）心理问题的主要原因，演变过程。

（3）心理咨询的过程、方法和效果等等。解释被认为是面谈技巧中最复杂的一种，是一项富有创造性的工作。咨询师水平高低很大程度上取决于理论联系实际的程度。

布拉默提出释意反应要掌握三个要领：

（1）听取来访者的基本信息。

（2）提纲挈领地向来访者复述基本信息。

（3）观察来访者的反应或线索，看来访者是否感到被准确理解了。

3. 解释的步骤

首先，来访者告诉了我些什么？问自己“在来访者的信息中存在什么样的情境、人物和想法？”以此来辨别信息中的内容部分。接着，选择适当的语句进行释义，释义可以由许多语句引出，要选择一种接近来访者所使用的感官词汇的语句，如“他似乎是”“从我的角度看”“我明白你的意思”“听起来像”“我听到你正在说”“你正在告诉我的是”“你感到”“我感到”“我有种感觉是”等。然后，运用所选择的语句将来访者信息的主要内容或概念用自己的语言表达出来（陈述句）。最后，通过倾听和观察来访者的反应来评价自己进行释义的效果。如果你的释义是准确的，来访者会以某种方式（言语或非言语）来肯定它的正确与有效性。

4. 解释技术的注意事项

第一，咨询师在进行解释时，首先应了解情况，把握准确，否则，解释势必偏离。如果咨询师对来访者的问题还没有足够的把握，就不宜随便地发表看法，更不能做缺乏科学性的随意的解释。这是有危害性的。可以采用咨询技能来进一步把握问题。

第二，咨询师应明了自己想解释的内容是什么，若自己也模糊不清或前后矛盾，则效果就差，甚至起反作用。

有些咨询师凭感觉和经验知道来访者的问题所在，但难以从理论的高度给予系统的分析解释，他们的解释或过于表面化，或叙述不清，或缺乏说服力。这就需要提高理论修养，否则会影响咨询效果。

第三，做解释是必要的，但应该是必要的解释。

咨询师应视情况而做出合适的解释，也就是说，咨询师掌握的信息并不一定都要告诉来访者。会增加来访者心理负担的解释，来访者不能很好理解的解释，与来访者信奉的理论矛盾的解释，不利于来访者面对现实的解释等，都不应该被解释。解释的原则是有利于咨询的顺利进行，有利于来访者问题的解决和成长。

第四，要灵活地运用解释技巧。

怎么才能做到灵活应用呢？需要考虑的因素有：文化程度、理论修养、个性特征、领悟能力、问题特征、理论特点。

第五，咨询师的解释不能强加在来访者身上。

一方面不能在来访者还没这种心理准备的时候就匆忙地予以解释，过早往往会使来访者不知所措，难以接受；另一方面不能把来访者不同意或有怀疑的解释强加在他的身上。

5. 解释与释意的区别

解释不同于释意，释意的要义是准确地表达来访者的原意，它不改变来访者的参考系，解释则是提供咨询者自己的理解，它提供了新的参考系。解释有很强的影响力，但这取决于来访者是否接受这个解释。

解释的层次（深度）也是一个要斟酌的问题。一些初学者往往唯恐解释不深，恨不得把心理分析的最深的底蕴一下全抖搂出来。结果在解释时不得不先给来访者上一堂弗洛伊德的理论课，再来“联系实际”。这除了把来访者弄得云里雾里之外，没有任何积极价值。

好的解释应该是：

（1）不离开来访者及其当前问题。

（2）适合来访者的接受理解能力和接受心向。

（三）指导技术

1. 指导技术的概念

指导是告诉来访者怎样做。可能是一般性的简单建议，也可能是来自某一流派的特殊技术、程序。期待来访者按指导要求去实践认知、情感和行为的改变。指导建立在咨询者判断来访者愿意实践的前提条件上。指导实际就是改变建议或训练指导语；

简言之就是直截了当地指示来访者做什么和说什么，或者如何做和如何说。

指导的本质在于直接造成行为改变，它明白地指示改变什么，学习什么，以及如何改变，如何学习。所以指导有强烈的行为取向色彩。行为疗法中很多技术方法都可归于指导这一类别，例如行为管理、情绪性想象、放松训练等等。但也有一些派别反对使用指导，如以人为中心疗法。但不管怎样，多数咨询者还是或多或少地运用指导。

对怎样行动、怎样思考等提供建议，提供有助于来访者看待、思考的，他不曾了解的信息。

2. 指导技术的作用

（1）主要影响来访者的认知变量，也涉及新的可能的行动途径。

（2）自我揭示，咨询者把自己过去的或现在的经验、体会、感受告诉来访者。

有助于分享经验，并有助于建立和发展信任的、坦率开放的咨访关系，促进来访者自我剖析及开放。

正因为指导主要是行动定向的，单纯的指导是有局限的。对于不习惯满足于“知其然”而希望“知其所以然”的来访者，指导应该配合一定的解释。

（四）情感表达

1. 情感表达的概念

情感表达是准确而有效地向他人展示自己的价值关系，以便求得他人有效的合作，是通过识别他人的情感表达来及时、准确而有效地了解他人的价值关系，以便更好地与他人进行合作，是人通过面部表情、语言声调表情和身体姿态表情等方式向他人表达自己的情感特征与情绪变化的技术。

2. 情感表达的方式

人的情感表达主要有三种方式：面部表情、语言声调表情和身体姿态表情。

（1）面部表情

咨询师在运用和处理面部表情时，应该强调内心的真诚、同情等态度特质，面部表情要显得轻松、舒展、自然、真诚而富于变化。咨询师面部表情的基调应该是积极的而不是消极的，是生动的而不是刻板的，是自然的而不是做作的，特别是面部表情中的目光接触是咨询中常用的非言语技术之一。在会谈中，来访者的目光可以提供丰富的信息。咨询师与来访者保持目光接触，表示对来访者的关注和尊重，对对方的谈话感兴趣，并有支持鼓励的意味，但这种目光应该自然、亲切、柔和。目光不要始终注视对方，要视情形而定，恰当地控制目光的注意范围。一般情况下，目光落在对方的额头、面颊和下巴构成的区域比较好，这样显得亲切、轻松、自然。目光范围过小会使对方有压迫感，范围过大则会显得散漫、随便。

（2）身体姿势

身体姿势能有效地传递来访者的思想、情感和行为信息，咨询师要善于把握。从咨询师方面来说，一般要求在会谈过程中身体微微前倾，自然放松，对来访者保持开放、亲切的姿态，这是咨询师运用和处理身体姿势的总的基调，另外，要求咨询师点头、手势等动作能恰当地配合语言和表情。

（3）声音特征

对这些声音特征的准确把握，既要结合当时的谈话内容，又要联系整个会谈中的前因后果。咨询师不但要对来访者声音特征的改变保持敏感，善于把握来访者声音特征所表露出来的信息，而且要有意识地利用这些特征，自觉运用声音的效果来加强自己所表述内容的意义及情感。做解释、指导、概括时，语气平和，语速中等，可给来访者稳重、自信、可靠的感觉；做情感反应时，应使用与情感内容相吻合的语气。

（五）内容表达

1. 内容表达的概念

内容表达是指咨询师传递信息、提出建议、提供忠告、给予保证、进行褒贬和反馈等。内容表达是个体心理咨询技术的影响性技术之一。

2. 内容表达的功用

其实咨询过程中各项影响技巧都离不开内容表达，都是通过内容表达起作用的。广而言之，指导、解释、影响性概述、自我开放等都是一种内容表达。反馈也是一种内容表达，反映咨询师对求助者的种种看法，借此可使求助者了解自己的状况，也可以使咨询师从来访者的言语和非言语反应中得知自己的反馈是否正确，从而相应地做出调整。提出忠告和建议也是内容表达的一种形式，但应注意措辞要和缓、尊重。

3. 内容表达与内容反应

（1）内容表达是咨询师表达自己的意见，内容反应则是咨询师反应来访者的叙述。

（2）虽然内容反应中也含有咨询师所施加的影响，但比起内容表达来，则要显得隐蔽、间接、薄弱得多。

（3）求助者中心学派、非指导性咨询师多用内容反应，而希望直接施加影响、表达自己观点的咨询师则多喜欢内容表达。

（六）自我开放

1. 自我开放的概念

自我开放又叫自我暴露，这个名词是由焦若德在1958年提出来的。自我暴露的意思是指把自己个人的有关信息讲出来，使别人知道的这样一个过程。心理治疗会谈中，最初只重视来访者的自我暴露，认为这在治疗中是必须的，是使治疗成功的必备条件。后来人们也开始重视咨询师的自我暴露，认为这与来访者的自我暴露是同样重要的，许多文献认为这是一个治疗的双方交互作用的过程。拉扎勒斯指出，咨询师的言语性的自我暴露具有开辟治疗的交流渠道的功效。

自我暴露对咨询师来说是一种有助于与来访者建立相互信任和开诚布公的良好关系的影响技术。咨询师的自我暴露在会谈中起着非常积极的作用，会使来访者感到咨询师对他的吸引力增加了，也提高了来访者积极参与会谈的兴趣。而且数量适中的咨询师的自我暴露比那些咨询师几乎没做什么自我暴露的治疗会谈更能吸引对方再次来访。

2. 自我开放的形式

咨询师的自我暴露有两种形式，一种是向来访者表明自己在治疗会谈当时对来访者言行问题的体验，另一种则是告诉对方自己过去的一些有关的情绪体验及经历、经验。

第一种形式的自我暴露在治疗中经常出现。这种自我暴露传递给来访者的是积极的信息，有时也有负性的信息。所以，咨询师一定要注意，不能只顾表述自己的情绪而不体恤对方的心情。注意到这一点，负性的暴露方能收到良好的效果。在来访者看来，咨询师也是一个有血有肉、有自己感情的人，他表达负性情绪说明对自己有一定程度的接近，而与此同时又能体恤理解自己，则来访者更易感到对方值得信任。

第二种形式的自我暴露是咨询师谈及与来访者所谈话题有关的过去经验。咨询师在讲述自己的过去经验时，应注意做到简明扼要。如讲得过于冗长、过于详细，则咨询师会使会谈偏离帮助来访者的中心。咨询师要很快把话题转回到来访者身上，进一步提出一些开放性问题，这样有助于咨询师更深入地了解来访者。

总的来看，上述两种形式的自我暴露都有利于治疗关系的建立与巩固。一般来说，咨询师的自我暴露越多，来访者的相应行为也就越多，他就越愿意谈他自己的所思所想所言所行。但也有人认为这二者的关系并非线性增长的关系，认为咨询师的自我暴露是有一定限度的，低于或超过这个限度的自我暴露对治疗不但不能起到推动作用，反而会对对方的感情和治疗关系具有破坏性作用。如咨询师几乎不做任何自我暴露，就可能也得不到来访者的自我暴露反应；而咨询师自我暴露过多，则使来访者在会谈中可以利用的时间减少，而且这样可能会使来访者感到咨询师也不是一个心理健康的人，而可能会转而关心咨询师的问题了。

（七）影响性概述

1. 影响性概述的概念

影响性概述是心理咨询师在咨询过程中常用的技术之一。咨询师将自己所叙述的主题、意见等经组织整理后，以简明扼要的形式表达出来，即为影响性概述。通俗地讲，影响性概述相当于内容较多的内容表达。

2. 影响性概述的功能

影响性概述可使来访者有机会重温咨询师所说的话，加深印象，亦可使咨询师有机会回顾讨论的内容，加入新的资料，强调某些特殊内容，提出重点，为后续交谈奠定基础。

影响性概述既可在面谈中间使用，也可在结束时使用。有时常和参与性概述一起使用。比如，当用于面谈结束时，咨询师可总结来访者的主要问题、原因及影响等，然后小结咨访双方所做的工作，概述自己所阐述的主要观点。这样会使整个咨询过程脉络清楚，条理分明，有利于来访者把握咨询全局，加深印象。

3. 影响性概述与参与性概述不同

影响性概述是咨询师表达的观点，参与性概述的是来访者叙述的内容。因而，前者较后者对来访者的影响更为主动、积极和深刻。

（八）非言语行为的运用

1. 非言语行为运用的概念

咨询过程中会出现大量的非言语行为，这些非言语行为或伴随言语内容一起出现，或对言语内容做补充、修正，或独立地出现，代表独立的意义，在咨询活动中起着非常重要的作用。咨询师的非言语行为对咨询过程有重要影响。正确把握和运用非言语行为技术，有利于促进会谈的进行。

2. 非言语行为运用的意义

人类之间信息的传递主要靠言语表达和非言语行为来实现。人类的非言语行为非常丰富，它所表达的内容、情感比言语更多、更准确，能对言语表达的内容做补充、修正，或独立地出现，代表独立的意义。

因此，在心理咨询中，咨询师绝不能忽视来访者的非言语行为所传递的信息，这些信息可能无法从言语交流中获得，但一旦错过，往往不能准确地了解来访者的内心体验，难以对来访者进行准确的心理分析并做出正确的判断，延误咨询的最佳时机。因此，在心理咨询中，咨询者应加强对来访者非言语行为的观察，以准确、及时地获取信息。

咨询师应重视把自己的非言语行为融入言语表达中去，渗透在咨询过程中，因为通常非言语行为传达的共情态度比言语还多，影响力更大。因此来访者并非只是嘴在参与咨询，而是整个人都在参与咨询。

咨询师的非言语行为受到其价值观、品德修养、信念等诸多因素影响。因此，它是理论和技巧之外的东西，但对咨询成败举足轻重。

非言语行为能提供许多言语不能直接提供的信息，甚至是来访者想要回避、隐藏、作假的内容。借助于来访者的非言语行为，咨询师可以做到：

（1）更全面地了解来访者的心理活动。

（2）更好地表达自己对来访者的支持和理解。

总之，在心理咨询和治疗中，咨询师应该充分理解和把握会谈技术，能够恰到好处地运用会谈技术，促进会谈的进行，使咨询得以顺利进行。

第三节　团体心理咨询技术

团体心理咨询是一种助人的过程。目前，在学校教育、临床治疗及其他社会机构中已受到广泛重视，并逐步被推广应用。为了使团体心理咨询发挥其应有的效用，作为一个团体的领导者除了必须要有团体动力的知识和团体咨询的理论外，还必须了解和掌握团体咨询的各种技术和方法，才能有效地引导团体的发展方向，达到团体咨询的目标，促进团体成员个人的成长与改变。团体心理咨询的方法与技术多种多样，团体咨询过程中既使用个别咨询的技术，也使用团体特有的技术。本小节将介绍团体心理咨询中独特且常用的方法与技术。

一、团体心理咨询常用的基本技术

无论是国外专家还是国内专家都一致认为：团体领导者为了达成团体目标，发展团体动力，促进团体成员互动，提升学习效率，适时地采用某些技术非常有必要。但是，团体进行过程中，技术、策略、方法、态度其实很难严格区分，所以方法、态度、策略或手段，都可以视为“技术”。团体领导技术运用的目的是促进团体成员间的互动，让团体依其特性与需要运作，发挥团体最大的效能。

团体咨询与个体咨询最大的不同在于团体内所自然呈现的人际互动，团体经验的关键也在于团体成员之间的互动。促进团体成员互动的技术较注重从整个团体层面与人际层面考虑做必要的介入，并推动团体动力的发展。

徐西森将基本技术分为初层次领导技术（同理心、积极倾听、澄清、支持、解释、摘要、反应、发问、反馈、非语言、促进）和高层次领导技术（保护、目标设定、建议、面质、立即性、沉默、自我表露、阻止、联结、折中、评估、设限、调律、整合）；吴武典将团体过程的技术概括为 3 类 24 项，如反应技术：倾听、真诚、同理心、澄清、尊重；互动技术：联结感受、认知解释、支持鼓励；主动技术：解释、面质、自我开放、询问。

二、使用技术的原则

无论团体领导的技术如何分类，重点都在于为什么要使用这项技术。柯里曾指出，我们不希望任何一位团体领导者一成不变地使用我们所提到的技术，并且在没有思考是否合适你的团体成员和你与每个成员的独特关系之前就使用它们。任何技术的运用都是为了更有效地协助团体成员不断成长。所以技术的学习与应用重点在于：对团体发展有什么影响，对成员成长有什么影响，技术的使用时机是否恰当，技术使用是否适合领导者的个人特质和领导风格等。

三、团体中的特有技术

（一）建立关系

建立关系是互动技术的基础。团体领导者必须具备无条件积极关注、真诚、共情、尊重等基本态度，使成员感到温暖、安全，从而在团体中开放自己，形成良好的团体气氛，形成尊重、接纳、关怀的人际关系，互相信任。

（二）解释

解释是互动技术之一。解释指团体领导者对团体成员言语行为或非言语行为的陈述给予意义的过程，目的在于帮助成员自我了解并引导成员改变自我的行为。当成员对自我的行为有所曲解时，解释是必要的，但解释不是说服而是提供思考。解释必须采用清晰、准确、简洁的语言才能使成员领悟。

【案例】

领导者：“今天的团体活动进行了 20 多分钟，大家看上去谈得很热闹，但是谈论的内容却是与团体无关的人和事。大家没有谈自己的事，这是否与我们彼此信任程度有关系？”或“我认为团体这样长时间沉默的原因之一是我们可能缺乏对团体目标的讨论，导致大家因害怕所谈论的事不太适当而有所迟疑。”

（三）联结

联结是典型的团体技术，领导者将成员间所表达的观念、行为或情绪相似之处予以衔接、使之产生关联。或把成员未觉察到的一些有关联的片段资料予以串联，以帮助成员了解彼此的异同之处，增加彼此的认同感，同时提示成员重新检视个人资料的机会，使之领悟，并走向改变行为的积极方向。或者更进一步找出团体中产生的主题，予以联结，以促进团体讨论共同关心的问题，提升团体效能与凝聚力。运用联结技术时，同时可鼓励成员间彼此进行直接自由地沟通，以促进团体的互动与效能。

【案例】

成员 A：“我交友是很慎重很认真的，对时下流行的所谓‘不求天长地久，只求曾经拥有’的说法不敢苟同，毕竟是人生大事嘛，需三思而后行。”

成员 B：“如果我遇到那种满嘴甜言蜜语，行为却极不负责的人，我是不会与他交往的。”

领导者：“你们两人对交友的看法好像有一些共同的地方，都是态度认真、重视人品。可以多说一些你们的考虑和各自的感受或想法吗？”

（四）促动

促动也称催化，是协助团体成员增加有意义的互动的技术，也是贯穿团体咨询整个过程的技术。促动是指团体领导者采取行动促使团体成员参与，如热身、破冰，或介绍重要的资料给团体的一种技术。团体咨询过程中，资料的提供极其必要，包括程序的说明、各种指引以及与团体咨询有关的知识介绍。

（五）阻止

阻止的技术是团体领导者防止团体或部分成员的不适当行为所采取的措施，非针对个人，也避免贴标签。例如攻击未出席的成员，讨论某成员的闲话，穷追不舍地逼问等。当出现这类情况时，领导者需要用坚定但温和的语气加以制止。

【案例】

成员 A：“晓琳今天没来团体，肯定去收拾她新买的房子了。上次在团体中，她讲了买房子的维权经历，花了那么多时间，一点都不顾及我们的感受。”

领导者：“晓琳今天没来是有点意外，大家有一些情绪想表达也是可以理解的。但她真正缺席的原因还不清楚，建议大家不要做没有根据的推测，这样不合适。我们可以在团体下次聚会时再当面与她讨论，请她告诉我们。还有，她今天不在，我们先不谈论她的事情，我们需要等她在时，直接与她沟通。”

（六）保护

保护技术的使用是为了确保团体成员在团体中免于不必要的心理冒险，或者不必要的身心伤害而采取的必要的、安全的反应。因为在多人参加的团体中，难免会出现冲突或其他负向行为，领导者要及时觉察，并安全疏导。

【案例】

某成员因为求职失败而十分沮丧，其他成员七嘴八舌地盯住她问这问那，使她有点难堪，明显表现出不耐烦。

领导者：“大家好像非常关心她，很想帮助她，但现在她看上去心情不太好，一定很难过。有谁愿意先来分享自己类似的经验，给大家参考？”

（七）支持

支持的技术是指团体领导者给予成员鼓励，增强其信心，也有助于提高团体凝聚力。团体成员在开始面对自己的心理困扰时，往往会表现出抗拒或不愿意坦率地表达，团体领导者要多鼓励、多支持，肯定成员的优点，表扬其已有的进步，让他们感到安全、有信心。

【案例】

领导者：“刚才小文讲出了她小时候的成长经历，让我很感动，感谢小文对团体的信任、对大家的信任。看到大家都那么用心地听，积极地反馈，团体内彼此互相信任，我相信大家可以成长更多。”

（八）反馈

反馈也称回馈，给予反馈是团体最重要、最有效的技术之一，是领导者基于对成员的行为过程的了解，表达对成员具体而必要的反应，以利于成员利用这些信息改变自己的行为。反馈的时机要适宜，尽量用非判断性的语言。反馈也可以是成员之间自发地给予，也可以由领导者邀请成员给予。

【案例】

领导者：“京生，听你讲你读书的不寻常经历，我看到了你的毅力和坚持，让我很感动，也很佩服你。”

（九）自我表露

自我表露也称开放自我，指团体领导者在适当的时机，有意义、建设性地分享个人类似的经验、感受和看法。领导者自我表露的内容必须与团体的主题有关，与此时此地成员关注的问题有关。自我表露有助于领导者与成员建立良好的关系，促进团体气氛，同时增强成员示范性学习的效果，激发成员的思考。

【案例】

领导者：“团体中三个人都谈到了儿时的生活与经历造成今天与父母关系的紧张和互相不理解。我也有同样的经验……但我现在明白了我父母其实很关心我，只是他们不会表达。我自己主动一些，情况就会改善很多。”

（十）折中

领导者以客观公正的立场，邀请团体中的成员表达不同的看法，以确保所有的意见都有一个被听到的公平的机会。

【案例】

领导者：“似乎团体里对这件事有两种看法。我们刚听完反对学生宿舍晚上集中熄灯的意见，另外赞成熄灯意见的人，你们的意见是否也可以给大家说说？”

（十一）聚焦

聚焦包括建立、维持或转移焦点的技术。团体领导者要有能力判断此时团体的焦点是什么，以及了解此时此地最适合的焦点，才能恰当地运用聚焦技术。团体的焦点有时是个人，有时是一个主题或是活动。通常，领导者可以运用活动或练习来建立团体的焦点，灵活使用绕圈或配对的方法，使成员们有效聚焦。如果团体中有太多成员的话，领导者就要有技术地引导其他成员参与，阻止个别成员占用团体太多时间，巧妙地转移焦点到其他成员身上或是转移到主题上。

【案例】

领导者：“小李，你刚刚已经说了很多你自己对网上交友的看法，我们是不是也听听团体中其他人的看法？”或“刚才平平谈到他个人的兴趣时，我发现大家转移了话题，热烈地讨论自己喜欢的歌星和他们的作品，我们的主题是探讨自己，我们还是把话题拉回到主题上，好吗？”

（十二）引话

引话技术一般用在面对一些较害羞或较沉默的成员，领导者需要适当地鼓励他们发言的时候。团体领导者可运用活动，直接邀请所有成员，指名，或用眼神或其他手势等非语言技术引导成员讲话。使用该技术的关键是领导者对团体的准确判断。引话时要让被引导者感觉到他们发言很重要，领导者与其他成员非常有兴趣，想了解他们，但要注意，不要强迫他们，以免他们因为紧张反而更加退缩。

【案例】

领导者：“小燕，我注意到你一直没有说话，我不知道刚才所谈的主题是不是也与你有关，如果有关的话，请你可以自由地谈一谈你想谈的。”

（十三）运用眼神

团体进行过程中领导者常常需要用目光环视整个团体，即使团体注意力集中在某个成员身上时，领导者也需要自然地运用余光来观察团体，这样能搜集到许多宝贵的信息，例如有谁对说话者同意或有异议、谁好像有话要说、谁的情绪反应强烈、特殊非口语的信号等，均为领导者随时介入的依据。另外，领导者也可运用眼神鼓励成员说话或有意转移视线阻止成员说话。

【案例】

领导者：“小张，我注意到刚刚小文在谈她的时候，你一直在点头，是不是你也有类似的经验？如果有的话，愿不愿意也跟小文分享一下呢？”

（十四）观察

对团体过程的观察是领导者自始至终都需要使用的技术。同时，引导成员增进对团体过程的观察力与敏感性，也是领导者重要的领导技术之一。如果一直将团体停留在成员们所谈的内容上，而忽略了团体进行的过程（即此时此刻团体正发生的事情、互动模式和程序），将会忽略许多宝贵的资料。

【案例】

领导者："我想指出我已经观察到的现象，这对我们来说很重要。我已经注意到，每当在团体当中谈及我们这个团体要做某项活动时，好像大部分人都会看着我，由我来解决这个问题，我想是不是大家会假设团体要做什么是我的责任。还记得团体中很重要的一个观点就是——团体是我们大家的。"

四、行动的技术

（一）起始

起始技术也称开启技术，是领导者用来在适当的时机介入团体，让成员进入活动状态的技术。一般在团体之初、团体动力停滞、团体从一个方向转向另一个方向时使用。起始技术可以带动成员的参与感，并将之转化为积极的团体动力。

【案例】

领导者："期中考试刚结束，从你们的表情上看得出大家都很努力也很疲劳，为了彼此鼓劲，请大家站起来，围成圈，互相拍打穴位，帮助团体伙伴放松一下身体。"

（二）询问

询问是一项重要技术。询问的问题需与成员的自我资料有关，如与成员目前的生活有关的内容，成员愿意努力并改变的内容，成员愿意冒险并承担责任的内容等。询问可以引导成员深入思考，帮助成员探索自己的内心世界，明确成员个人可以改变的领域。询问包括开放式和封闭式两种。询问过程中，领导者应该尽量使用开放式语句引导成员对自己行为的内涵及原因进行自我探索，从而增进自我了解。

【案例】

成员A："我最近心情不好，总是打不起精神，什么都不想做。"

领导者："你能不能说说你从什么时候开始出现这种情况的？当时发生了什么事情？"

（三）面质

面质是个体咨询和团体咨询的一种常用技术。当团体领导者认清成员在思想、感觉、行为方面的矛盾和不一致时，应明确指出，并要求回答。这就是面质。面质时要善用实际的资料，并表现接纳与认可的态度，目的是促进成员自我思考、勇敢面对现实，有助于成员的成长。面质运用不当时，成员会感到受攻击和受威胁。

一般在以下几种情况时需要面质：

1. 成员现在所说的与所做的不一致。

2. 成员所说的与所感受的不一致。

3. 成员现在所说的与过去说的不一致。

4. 成员所说的与领导者所觉察的不一致。

面质最好是在建立了良好的关系后使用，面质时态度要尊重关怀，内容要具体正确。使用得当对成员的改变非常有效。

【案例】

成员A："现在的研究生教育水平很差，学生在混，老师在忙自己的事，学生们根本学不到真本事，简直就是浪费生命。"

领导者："你觉得现在的研究生教育水平不行，读研究生在浪费你的生命。但你仍然继续读着，能告诉我这是为什么吗？"

或者，领导者："你一直在说对同学远离你不在乎，没什么了不起，但你的语气却提高许多，听起来好像很生气，你有没有觉察到？你愿意说一说吗？"

（四）调停

调停是指当团体的时间使用不恰当，团体进行的方向与步调偏离主题时所采取的干涉行动，如团体发展速度太快、成员不习惯或难以忍受团体气氛、团体讨论跑题的时候。

需采取调停行动的情况有：

1. 成员反应含有敌意。

2. 大部分成员的意见不正确时。

3. 团体成员被迫接受团体的决定。

4. 团体制造过分的紧张或顺从的压力等。

技术使用的目的是把团体咨询的焦点集中到与团体有关的内容上。在团体咨询过程中，如果有人漫无边际地聊天、高谈阔论、袖手旁观、漫不经心，领导者必须采取行动集中焦点，把漫谈拉回到某一有意义的内容上。

【案例】

领导者："刚才小B在谈自己童年的经历时，小A情绪反应非常强烈，以致大家都去关注她，说明我们的团体成员之间非常关心。但是，小B还没说完，我们还是把注意力先集中到这里，继续支持她自我探索。”

（五）示范

示范是指通过电影、录像及治疗者同龄人的适应行为，为团体成员提供仿效的榜样，以矫正不适应行为。在团体咨询中，团体领导者无论愿意与否，他的言行都为团体成员起到示范作用。有些领导者还专门邀请与团体成员有相类似的背景，但适应良好的志愿者为团体成员提供一个良好的学习和模仿的榜样，这往往能产生十分特殊的疗效。

五、团体技术的具体应用

（一）结识技术

结识技术就是指尽快地、轻松地、有效地使团体成员相识，并建立对团体的信任所采取的方式与技术。例如以结构式“柔软体操”方式进行，使大家拉近距离，减轻焦虑和不安感，彼此了解。起始技术有语言的形式和非语言的形式，活动方式也有多种。采取哪种最合适，要根据团体的结构、成员的特征而定。例如不同形式的自我介绍、互相介绍、信任之旅、信任跌倒、信任圈等。

（二）分组技术

在团体心理咨询过程中，常常需要将团体分成6～8人一组，如何分组看似简单，其实并不容易，适当的组合方法不仅会为促成适合谈话的小团体，产生积极的功能。例如，在新生适应团体中，如果按照来源地分组，如北京、上海、东北、西北等，团体成员会惊讶地发现原来自己的周围竟然有老乡，马上会增添几分亲切感，少了几分孤独寂寞感，更容易融入团体。下面介绍几种分组方法：

1. 报数随机组合法

这种方法最简单，用得最多。首先确定几个人一组，共分成几组，然后成员报数，报1的组成一组，报2的组成另一组……以此类推。

2. 抓阄随机组合法

成员进入团体时，每人抓阄，可以用不同颜色的纸、不同形状的纸、不同的词组等方法，事先按人数分组的要求准备。比如分成四组，每组六人，可以将团体名称“你我同行”四个字拆开，各写六张“你”“我”“同”“行”，抓到纸条后，相同字的人在一组。

3. 生日等随机组合法

领导者还可以按成员生日的月份分组。例如，1～3月出生的人一组，4～6月出生的一组，7～9月出生的一组，10～12月出生的一组。也可以按照个人特征组合，如戴眼镜的、长头发的等。

4. 同类组合法

为了某些目的，同类组合法更便于成员交流，例如按照职业分组，如大学教师、中学教师、小学教师各成一组；按照身份分组，如父母、子女各成一组；按照性别分组，如男、女各成一组；按照行业分组，如教育界、企业界、公务员各成一组；按照出生地分组，如东西南北中各成一组等。利用同类分组可以使具有相近和相似特征的成员一起讨论问题。

5. 分层随机组合法

在某些团体的特别设计中，希望成员混合，有差异的人能在一起讨论。如希望每组有男性和女性，可以先请男性报数，再请女性报数，然后随机组合。还有不同行业的人组成的团体也需要专门的分组安排。

6. 内外圈组合法

内外圈组合法也可称为金鱼缸式。将团体成员一分为二，一半在内圈，一半在外圈，内圈讨论，外圈观察或者倾听，十分钟后交换；或者内外圈的人一一对应，进行交流。还可以固定内圈，移动外圈，使成员可以在短时间内与更多的成员交流。

7. 活动随机组合法

团体在热身阶段，采取一些活动，如无家可归、刮大风、松鼠与大树、成长三部曲等，成员在团体中可以自由活动，自由选择，就近组合。随机组合的好处是不管成员之间的差别有多大，都有可能分到一组，让参加者感到每一组都是平等的，没有地位高低之分。

（三）建立与强化团体契约或规范的技术

团体心理咨询基于团体领导者和成员之间的互相尊重与配合，为保证团体正常发挥功能，双方都要遵守一些团体的规则，因此建立团体契约和规范是必不可少的。

1. 团体契约和规范的作用与形式

团体契约和规范给予团体领导者与成员共同努力的目标并对他们将在一起工作的方式进行协定、约束，它可以是书面形式的，也可以是口头形式的。一般书面形式更为有效，白纸黑字一目了然，可以常常复习，提醒领导者和成员。

2. 团体契约与规范的制定

可以采用开放方式，邀请成员共同讨论团体规范，并在团体过程中不断地引导示范，例如，前述所提希望成员如何参与的建议，都可以在团体规范中具体讨论。另外保密、守时、不可身体攻击等也需要强调说明。为避免团体成为给出一大堆无谓建议的场所，团体规范中也可以让成员了解，团体可以以探索个人问题为规范，而非以寻求问题解决为规范来运作。

3. 团体契约和规范的内容

团体契约和规范的订立必须包括领导者和团体成员两个方面。

对成员的要求一般为：

（1）参加每次的团体聚会。

（2）遵守不迟到、早退的规定。

（3）团体中发生的事件绝对不在团体外描述。

（4）完成团体交代的任务和要求。

（5）每次聚会完全投入参与所有活动。

对团体领导者的要求一般为：

（1）准备每次团体聚会。

（2）每次团体聚会准时开始，准时结束。

（3）提供每次团体聚会所需活动、器材等。

（4）只与相关同事和督导讨论团体聚会内容。

（5）自己评估每次聚会是否符合成员目的，满足成员的需求。

（6）提供相关资源以协助成员达成其目标。

除了规范的内容外，还需要领导者和成员各自签名并写上日期。

（四）处理成员负面情绪的技术

1. 处理成员焦虑、害怕的情绪，建立信任感

成员面对陌生的人与团体情境，难免有些担忧，领导者应注重信任感的建立，适当地示范、引导，甚至运用具有催化性的活动，让团体打破陌生感，鼓励表达个人感受（不论正向、负向），适当地让成员了解其他人也如此。

2. 处理防卫或抗拒

团体初期，成员自然会有些防卫或抗拒的行为，如将重点放在他人而少谈自己、问别人问题、用概括性语言“大家都”“我们”“你们”或不参与、沉默等，领导者需敏锐地觉察并尊重成员的此类行为，提供给成员表达此类行为的内在情感的机会，主动带头示范自己的感受，但不责备成员。另外直接引导成员用适合的行为方式或直接而温和地面质成员也是不错的选择，如：“小明，你常常很详细地叙述事情，甚至太烦琐，让我很难专心，我反倒是很想知道你是怎么受到这些事情影响的，我不知道是不是其他人也有这样的感觉？”“你对这件事分析得很有道理，但我更想知道这件事与你的关联是什么？”

六、过程技术

过程技术是指维持和发展团体并有效地促进成员改变的技术的总称，一般指团体工作阶段常用的技术。前面所述的三种基本技术（反应技术、互动技术、行动技术）都包括在内。如果从过程的发展看，还可以细分为引导参与的技术和解决问题的技术。此阶段技术的特色，在于使成员有机会面对自己，产生更深的了解与顿悟，发现过去与现在的经验与行为的关联。领导者采用咨询理论的取向将影响其运用的技术，如完形学派的领导者常用空椅法、幻游等增进成员的觉察能力。但一般而言，领导者常视团体需要运用多种学派的技术，但不论用哪种已发展的技术，要切记的是成员所给予的讯息，而准备随时放弃我们所谓的技术……

（一）引导参与的技术

引导参与的技术是指团体领导者能依照团体成员个人的需要去引导他们，能提供足够的背景资料，刺激成员思考、沟通，以确定解决问题的行动。为此，团体领导者必须鼓励并协助团体内各成员讨论和决定团体的事务，鼓励并提供给每一个团体成员民主参与的机会，不使过于活跃的人剥夺他人的机会，也不使拘谨的人袖手旁观，失去参与活动的机会。引导参与的技术还包括以事实为中心，避免无谓的纷争，增进团体的向心力。

（二）解决问题的技术

解决问题的技术是指帮助团体成员正确评估自己的能力与环境的变化，积极地做出符合自己人生目标和价值观的选择、决定，减轻由于在生活中遇到问题而产生的心理压力，使身心有效地适应社会，达到生活愉快的目的的一种技术。

解决问题的过程就是思考和运用科学方法的过程。一般步骤有：

1. 了解问题的存在，确认有解决的必要。

2. 分析问题的性质，直接面对问题的目标，开始搜集有关资料。

3. 分析资料，列举解决问题可能的办法。

4. 评估每个解决问题的办法的可行性及预期效果。

5. 运用观察或实验的方法来尝试解决问题。

6. 选定最合宜的可行方法，去解决问题。

在团体咨询中，领导者若提供给成员比较客观而合理的解决问题的原则，将有助于成员处理生活问题。这些原则是正确而完整的观察，以分析与综合的方法解释观察的结果，证明结论的正确。团体成员在团体中运用这些原则，不断学习与改进解决问题的技术，将会使自己多方面受益。

（三）角色扮演的技术

当成员无法清楚地陈述有关自己与他人的沟通或关系上的困扰，或有必要做沟通方面的技术演练、行为预演时，领导者可使成员以角色扮演的方式，深入探索问题，并从中有效介入或示范。

（四）变换形式与体验的技术

1. 内外圈交流的方式

在团体中的成员有不同的意见或特质时，领导者可让团体成员分为内外圈，增进成员对彼此的了解，探讨彼此间的差异。如：请较沉默的成员与投入较多的成员分为内外圈，或请赞同与否定某种意见的成员分成内外圈，彼此谈论，倾听个人感受与想法，最后再归纳整理。

2. 增加体验的方式

当团体有必要聚焦某一成员或某一主题时，可以通过夸大其情绪、想法或行为，让他体验和感受，从而达到领悟。此方式可以根据需要和情景灵活运用。如，一成员一直觉得负担很重，可以让该成员拿电话簿压在自己头上，感受此负担，或者背着一个成员并绕圈，然后逐一在每位成员面前说：“某某，你……让我觉得负担很重。”或者夫妻沟通团体中，让男性成员一整天抱着大书包（替代怀孕）做事，体验怀孕的妻子的感受和经验等。

3. 雕塑的方式

领导者若发现只是交谈或叙述没有办法深入探索，可通过借助肢体上的静态动作的方式，使成员更强烈地感受某一种情绪或状况。如某成员描述丈夫总是对自己发号施令、高高在上，她不喜欢这样，事实却又如此，令人很无奈，此时，可让该成员邀请几位成员就其家庭关系的性质，依位置高矮、远近、姿势等来代表彼此间的关系，让该成员对夫妻关系看得更清楚，从而达到领悟，以引发进一步的改变或探索。

（五）及时介入的技术

团体进行过程中当领导者发现以下现象出现，应尽快介入，加以引导：

1. 一个成员为另一个成员说话。
2. 团体中某人打断另一个成员说话。
3. 团体成员集中注意在团体之外的人、事、物时。
4. 成员中有人在说话的前后常先寻求他人的认同。
5. 有人说：“因为我不想伤害他，所以我不说了。”
6. 成员中有人认为其问题是由某人引起的。
7. 某成员认为，“我一直都是那样”。
8. 某成员认为，“我只要等待，事情就会转变”。
9. 团体中有不一致的行为出现时。
10. 团体变成无效率的漫谈式。

（六）家庭作业或行动练习的技术

改变行为或想法的承诺常需配合家庭作业或行动练习来增强，因此领导者若采取此技术，可用此阶段在团体中教导或示范作为练习的方式。

七、结束技术

结束的技术包括每次聚会结束的技术和团体整个历程结束的技术。团体训练咨询的结束应是自然而顺利的，也应是领导者可以预期的。怎样使团体愉快地结束需要运用一些技术。一般而言有三种方式：第一是结束之前，成员互相赠送小礼物，道别祝福；第二是领导者在结束时对团体咨询做一简要的回顾与总结；第三是团体成员检讨自己在团体中扮演的角色，是否达到期望，自己切身的感受；第四是成员展望未来，明确今后应该怎么做，如何巩固团体咨询的效果。

（一）每次聚会结束的技术

每次团体聚会，领导者都需要留出至少十分钟时间，采用一些技术顺利结束团体。可以通过邀请成员总结的方法、领导者总结的方法、安排家庭作业、预告强调下一次聚会的时间和内容、安排结束的活动（如大团圆等练习）等。邀请成员个人总结，就是鼓励成员说出此次聚会对自己的意义。可以问以下的问题：

1. 你能简短地说明这次聚会的感受吗？

2. 在下一次聚会之前，你愿意采取什么具体方法使你的生活有所改变？

3. 这次聚会中，你经历到最重要的事情是什么？

4. 今天，别人的表现最令你感动的是什么？

5. 你从中学到了什么？

（二）预告结束的技术

团体将结束，领导者最好在结束前一、二次团体活动时先告知成员，让成员提早做心理准备，处理想解决但未完成的问题，也可先讨论分离的情绪、整理所得、制订或修改行动计划。

（三）采用活动的技术

通常领导者可直接告诉成员，或以一些活动，如真情告白、留住你的心、水晶球、未来同学会、互送卡片、大团圆、化装舞会、茶话会等方式引发成员回顾所学，互相反馈与展望未来，若是自发性强的团体，可让团体决定最适当的结束方式。

（四）评估团体效果的技术

团体结束后的追踪聚会、问卷或访问等评估团体能力的技术，也是领导者需具备的，在评估团体效果时需依据团体目标及成员个人成长等方向来做适当的评估。

（五）追踪技术

追踪技术是指团体结束以后的一段时间内，追踪团体成员，了解咨询效果所采用的方式与技术。团体咨询的真正目的是希望团体成员在团体中所学到的一切能扩大到生活领域中，长久地发挥积极影响。因此，衡量团体咨询的效果，不能只看团体结束时的问卷。采用什么方式能准确地了解到成员的改变状况是一个非常复杂的问题，涉及许多影响因素，有待于从事团体咨询的人员深入研究。

总之，不同团体阶段适用不同的技术是非常重要的。

参考文献

[1] 樊富珉，何瑾．团体心理咨询的理论、技术与设计．北京：中央广播电视大学出版社，2014.

[2] 韦志中．团体心理学：本会团体心理咨询模式理论与实践．北京：清华大学出版社，2014.

[3] 张小乔．心理咨询的理论与操作．北京：中国人民大学出版社，1998.

[4] 姚本先．学校心理健康教育新论．北京：高等教育出版社，2010.

[5] 路坦．团体心理咨询的理念与实践探析．聊城大学学报，2007.

[6] 温金梅．体验式心理教育理论与实践．北京：国防大学出版社，2015.

[7] 汪瑞林. 周洪宇代表访谈：教育如何应对第三次工业革命．中国教育报，2013.

[8] 樊富珉．团体咨询的理论与实践. 北京：清华大学学报，2008.

[9]Dreikurs, R.Grouppsychotherapy from the pointofview of Adlerian psychology. In H.M.Ruitenbeek（ED）. Group therapy today: styles，methods，and techniques.Chica: Aldline.

[10] 韦志中．本会团体心理咨询实践．广州：广东科技出版社，2008.

[11] 梁东标．团体心理辅导模式综述．教育导刊，2001.

[12] 张静．团体心理辅导在高职生生活适应中的应用．山东师范大学学位论文，2009.

[13] 刘琼珍．班级团体辅导对高职新生心理健康的影响研究．华中师范大学学位论文，2017.

[14] 刘萍，孟庆铂，吴亚军．团体咨询在高职心理健康教育课程中的应用．北京城市学院学报，2008.

[15] 周蓉．体验式心理健康活动课的实践．科技创业家，2012（7）.

第三章　心理咨询的伦理与设置

心理咨询必须有完整的伦理与设置，咨询师必须严格遵守这些伦理与设置。因为这不仅有助于提高个人的助人能力，保护来访者，更是保护咨询师的一种表现。咨询师通过这些伦理与设置，能够客观地评价自己的能力，对自己有更清晰的认识，知道在什么情况下才能够最大化地发挥自己的力量，最大化地激发来访者本身的力量，从而给予来访者最有效的帮助，避免来访者因为与咨询师之间的某些个人因素而受到新的伤害。

第一节　心理咨询中的伦理与设置原则

1. 心理咨询师的工作必须以心理学、教育学、医学和社会学等相关学科的理论为指导，尊重科学，尊重事实，摒弃个人好恶，禁止宣扬迷信或采用非科学的理论和方法。

2. 心理咨询师应积极与同行及相关部门密切合作。当咨询师感到无法帮助来访者或来访者的问题已超出服务范围时，应及时终止咨询关系，将来访者转介给专家或其他有关机构处理。心理咨询师在任何时候都不应该相互贬低，并且不贬低其他同行机构。

3. 心理咨询师应认真、负责地接待好每一位来访者，与来访者建立良好的咨访关系，尊重来访者的人格、权利与意见，对来访者的姓名、咨询内容及测量结果等予以保密。若因工作或研究需要使用心理咨询资料时，应确保来访者的民事权利不会受到侵犯，并经来访者书面同意。

4. 在实施有关人格、智力、情绪和心理健康等心理测试时，应向受测者说明测试的程序、目的及注意事项等，并在测试后对测试结果给予适当的反馈和解释。解释时要注意尽量避免使用极端的词汇，避免给受测者带来负面的心理影响，不得随意夸大心理测试工具的效用。

5. 在与来访者建立咨访关系和实施心理治疗之前，应告知来访者此次咨询或治疗的目的、规则及一些注意事项；对问题的界定、预期的目标、采取的策略，以及可能出现的结果，双方应经过协商达成一致意见。若咨询属研究性或实验性的，应经来访者同意后方可进行。此外，为避免给来访者造成不必要的心理压力和医源性疾病，咨询师不能随意做出有关精神疾病的诊断或随意给来访者贴标签。

6. 心理咨询师在咨询过程中，如果发现来访者情绪不稳、行为反常，有自残、自杀或伤害他人的倾向时，应立即采取适当的措施进行干预，并及时告知有关人员，相互配合共同帮助来访者，以避免悲剧的发生。但应将有关的保密信息披露程度限制在最低范围之内。

7. 心理咨询师在咨询的过程中应坚持客观性原则，对来访者一视同仁，不将个人的情感、好恶掺杂在工作中，注意保持角色的一致性。咨询师应关注来访者的人格发展，不当救世主，不替来访者做决定，防止来访者对咨询师产生过分的依赖或发生不恰当的移情，更不能与来访者发生超越咨访关系的其他任何关系。

第二节　个体心理咨询中常见的伦理与设置问题

一、可能影响咨询关系与效果的伦理问题

1. 权力欲与支配欲。咨询师提供强迫性忠告，通过对来访者的控制来掩盖或补偿自己的自卑和无能。这种行为可能削弱来访者的自我能力，鼓励其依赖。

2. 与来访者保持双重关系。既是咨询师又是朋友，个人关系在咨询关系中延续。

3. 触摸。除握手以外的身体接触，过分表示亲昵或关爱行为，讨好来访者。

4. 表现欲。过度显示专业能力，“培训”来访者或寻求来访者的认同与欣赏。

5. 自作多情。对关系过度敏感，不愿投入热情，害怕来访者的移情，不作为。

6. 依赖倾向。渴望得到同情，渴望通过谈自己的私事来打动来访者。

7. 无力感。随意破例（例如：让来访者打电话到家里，随意接受来访者延长谈话的要求，允许来访者私下找咨询师，允许来访者得到咨询师的特殊照顾或为他分担责任，承诺帮助来访者去操纵其亲人朋友，承诺一直关怀来访者，告诉来访者该做什么或如何去做等），被来访者操纵或控制，或过多地卷入来访者的心理困境。

8. 贪欲。接受财物，或托其办事等，剥削来访者。

9. 色情。利用来访者在治疗中对咨询师的理想化和依赖，与来访者形成浪漫关系，引发其性幻想和白日梦；或有意无意地显示自己的性吸引力，通过咨询关系来接近喜欢的来访者。

10. 偏好。回避异性或只治疗异性，讨厌强悍的女人或男人，喜欢治疗有地位或有品位的人等。

二、容易引起法律诉讼或严重伤害来访者的伦理问题

据美国心理学会资料显示，心理咨询师和咨询人员涉及的此类问题有性、生意、不当泄密和自杀危机干预失误等。

（一）不当泄密

守密是咨询关系的核心，以保证彼此的信任与内心袒露：

1. 非经来访者同意，不应违愿约定与其家人有专业性接触。

2. 治疗资料用于专业讨论前，需先告知来访者，得到其允许后使用。

3. 如需要录像或录音，需向来访者说明用途并得到许可。

4. 禁止将来访者的资料改头换面用于社会话题、新闻、出书或亲友间的闲谈。

仅在下列情况下，在与督导或同行讨论后，解密应限制在适宜范围内：

1. 来访者可能对自己或对别人进行伤害。

2. 16 岁以下未成年儿童遭受乱伦、强暴、虐待或类似困境。

3. 来访者需要紧急送医院治疗。

（二）与性有关的不当行为

心理咨询关系存在一种特殊的亲密性，咨询师跟来访者有性接触、性猥亵、赤身露体，对来访者意淫或鼓励来访者爱自己，或跟以前的来访者有性方面的关系，督导与被督导者或实习生有性接触等都被视为违规。

（三）与生意有关的不当行为

转介来访者而收取介绍费，跟来访者做生意，向来访者借钱，利用来访者的专业知识为自己牟利。

（四）其他不当行为

1. 对付费困难的人停止治疗，放弃来访者。

2. 没有保存适当的治疗记录。

3. 接受超越自己专业能力范围的来访者，缺乏职业资格。

4. 药物滥用。

5. 过高收费，或变相索取钱物，如重复测查和提供不必要的昂贵资料或方法。

6. 对未成年者提供避孕或堕胎咨询。

7. 诽谤、侮辱、侵害来访者。

8. 对不能处理的来访者未做恰当的转介。

9. 未能告知来访者可做哪些选择来保护自己的利益等。

三、来访者的权利问题

1. 知情同意的权利，包括治疗的技术取向、双方的权利与责任、治疗的时间与诊费、有无其他待选资源等。

2. 知道守密的限度与治疗可能面临的风险（深层痛苦被激活）。

3. 告知影响来访者意愿的因素，如录音录像、单面镜、被迫接受有重要关系的人的陪同等。

4. 知晓对未成年的来访者如何进行咨询、收费和保护其利益。

第三节　个体心理咨询的设置内容

个体心理咨询的设置内容主要包括五个方面：咨询流程的设置、心理咨询技术的设置、职业道德伦理的设置、咨询收费的设置和督导的设置。

一、咨询流程的设置

（一）时间设置

心理咨询中的时间设置，主要是为了把咨询控制在来访者注意力最集中的时间段，这样对于解决来访者的问题更有效。

1. 咨询时间

个人咨询的面谈时间一般以每次 50 分钟左右较为合适。咨访双方都能全神贯注的时间限度大约在 1 小时以内。一般的咨询时间安排是从整点或半点开始，这样便于记忆和安排。如果来访者较多，则需要进行 50 分钟的设置，这样来访者在咨询结束后，可以有 10 分钟的休息和恢复，然后离开。咨询师也可以在前后两个咨询中留有休息时间，既可以用来补记重要的咨询片段或准备接下来的咨询，又可以处理一些紧急事务。当然根据来访者的不同情况或选用的不同咨询技术，咨询的时间也会有一些差异，需要具体问题具体对待。

2. 咨询频率

经典精神分析的咨询频率通常是每周安排四到五次的咨询，其他形式的个体咨询目前每周一次或每周两次的设置比较普遍，团体咨询常常是一周一次或是一月一次，家庭咨询中也有两周一次或一月一次的设置。依据来访者的不同情况设置心理咨询的频率，可以保证咨询效果。

3. 咨询疗程

咨询疗程指从第一次会谈到咨询目标实现的过程，是整个心理咨询持续的时间长度。心理咨询的疗程长短取决于求助者心理困难的程度、咨询目标及所选用的咨询技术。有的疗程短到一次就可以结束，有的则可长达几年甚至是十几年的时间。目前心理咨询中的疗程一般都在 6 ～ 20 次。

在不同的咨询阶段，根据不同的咨询任务，咨询时间的长度和频率还需要不断进行适当的调整。比如在初期阶段，咨询的主要任务是全面了解来访者的情况，此时的咨询时间通常会大于 1 小时，这样有利于和来访者建立良好的同盟关系。在咨询的终结阶段，来访者的自主性越来越强，越来越独立，面对的问题也逐步得到有效的解决，咨询只是一个后续的过程，则可以逐步降低咨询频率，直到咨询的最后结束。

（二）预约设置

咨询师的咨询时间安排上需要有严格的设置，包括要有严格的预约设置。一方面是为了避免咨询中经常有人任意来往，给来访者造成不安全的感觉；另一方面也是为了保障咨询师有休息时间，能够在咨询后有足够的时间整理自己的思绪，做好迎接下一位来访者的准备。咨询师一般不接受临时到访者，除非属于危机干预。

1. 初步访谈的设置

初步访谈的设置是在咨询的初步阶段。在这一阶段，咨询的主要任务第一方面是了解来访者的疾病史、个人生活史等信息，进行心理诊断与评估；第二方面是让来访者了解心理咨询的流程、权利、义务及咨询的原理，了解咨询师，建立良好的咨访关系；第三方面是咨询师需要去评估自己与来访者是否匹配，这是心理咨询的重要设置之一，因为如果来访者和咨询师没有建立起良好的、相互信任的咨访关系，就会直接影响到接下来的咨询效果。

2. 咨询中的设置

咨询中的设置包括咨询室的布置，咨询室要简洁、舒适、安全、轻松。不恰当的布置，会对来访者的情绪造成影响。如过于鲜艳的颜色，会让来访者情绪无法平静；过于拥挤的空间会让来访者产生压迫感等，这些都不利于心理咨询的开展。

心理咨询中的设置还表现在不要过多地使用专业术语，如果出现的话，需要向来访者解释说明。在咨询过程中，最好不要进行记录、录音、录像等，如果一定需要的话，必须经过来访者的同意。另外，咨询师不可以接收来访者的礼物。

在咨询的过程中，接听电话、抽烟、和来访者发生身体接触等方面都必须有严格的设置，这既是对咨访关系的保护，也是对咨询效果的保障。

3. 转介设置

由于心理咨询是建立在特定的咨询关系之上的，所以，转介的设置不仅是对来访者的保护，也是对咨询师的保护。

如来访者与咨询师有其他较特殊的人际关系，最好转介给其他咨询师；若咨询了几次之后，双方对咨询效果不满意，最好及时转介；来访者求助的问题正好是咨询师的弱项，最好转介；来访者的价值观与咨询师的价值观有冲突的话，也应及时转介；来访者与咨询师因在个性等人格特征方面存在一些不协调，也应及时转介。

此外，要随时注意心理咨询的适用范围，当发现来访者的问题已经超出心理咨询所能帮助的范畴，如来访者出现幻觉、妄想或严重的认知、行为障碍等情况时，应建议来访者及时转到相关的医院进行诊治，以防贻误治疗时机，酿成不良后果。

（三）回访设置

心理咨询的回访设置，包括咨询方案进行过程中的回访和咨询最终结束后的回访。

1. 咨询中的回访设置

咨询中的回访设置指在心理咨询中，每一次咨询结束后的跟踪回访。这对于咨询师对咨询效果的评估和来访者的自我评估都很重要，咨询师也能及时掌握来访者在离开咨询室后的自我调节与适应情况，为下一次咨询收集必要的资料。

2. 咨询终结后的回访设置

咨询终结后的回访设置一方面可以对来访者进行跟踪服务，另一方面也可以根据咨询工作的活动记录，结合来访者的具体情况进行咨询效果的评估，整理出专业性较强、资料较完整的咨询记录。

（四）地点设置

心理咨询作为一项专业的助人工作，是有别于其他任何工作的，它必须有严格的地点设置，这是心理咨询设置中最根本的一点。心理咨询的地点，一般是在固定的，装饰得比较安全、温暖的场景——心理咨询室中进行的。一般情况下咨询师是不出诊的，如果遇到特殊情况一定要出诊的话，出诊的场所必须符合或贴近心理咨询的相关规定和设置。

二、心理咨询技术的设置

咨询技术的设置，是为了更有效地帮助来访者解决问题。任何一种心理问题的形成，都是由许多不同的因素导致的，在选用心理咨询技术时，一方面我们需要找出导致问题形成的最主要的因素，另一方面还需要结合来访者的人格特征、社会经历、家庭教养方式等内容，不能一成不变地照搬照套，那是对来访者不负责任的表现，同时也不利于来访者问题的解决。咨询技术设置的原则如下：

（一）咨询目标原则

咨询技术设置的首要原则就是咨询目标。这里所说的目标包括两个方面：第一个目标是来访者，在咨询的流程设置中我们提到初步访谈，根据初步访谈，我们可以初步了解来访者的相关信息，包括其对心理咨询的理解程度、对咨询师的认可和信任程度、是否能建立良好的咨访关系、是否有阻抗、是否对心理咨询有一个正确的认识等。根据这些，我们可以确定在咨询的过程中选用哪些咨询技术。第二个目标是需要解决的问题，即对来访者提出的问题进行客观的评估。根据问题形成的时间、症状的变化程度、对社会功能造成的影响等方面进行诊断，确定是属于一般心理问题、严重心理问题还是其他神经症性心理问题，根据准确的诊断，选择有效的咨询技术进行咨询和治疗。

（二）咨询效果原则

咨询技术设置的重要依据是咨询的效果。不管选择哪种咨询技术，其最终的目标都是要有效地帮助来访者解决困扰他们的问题。如果在咨询的过程中，只是顾及来访者的情绪变化，对其给予积极的共情和关注，却不能带领来访者一起去寻找问题的根源、面对事实的真相、选择适合的解决方法，那么，即使来访者在咨询室里的情绪得到了很好的控制，也不能算是一次成功的咨询，因为这可能是一种假象。除非咨询师是在有步骤地按照和来访者商议好的咨询方案进行咨询。

（三）来访者中心原则

咨询技术设置的最根本的依据是以来访者为中心。心理咨询是要解决人的问题，而不是问题本身。正如我们经常提到的：问题本身不是问题，谁遇到了问题才是问题。因此，咨询师一定要关注到，在咨询的过程中所运用的咨询技术与来访者的匹配程度。相同的咨询技术，运用在不同的来访者或不同的问题上，可能会有不同的咨询效果。我们一定要避免因为不合适的咨询技术而让来访者感到受伤害。

三、职业道德伦理的设置

心理咨询是一项高尚的助人工作。它之所以高尚，是因为在咨询的过程中，咨询师把来访者的利益放在第一位。通过心理咨询，如果我们不能很好地帮助来访者，那就要尽量避免给来访者带来新的伤害。所以在心理咨询中，职业道德的伦理设置非常重要。

（一）价值中立

心理咨询是一种以理论科学为基础的实践科学，在咨询的过程中，咨询师必须抱着实事求是的态度，不能对客观事实进行歪曲和臆测。而价值中立是客观描述关于来访者的问题，以及对相关资料进行分析的重要职业道德。

（二）尊重来访者意愿

在和来访者进行初步会谈后，需要和来访者一起制订咨询计划，并评估来访者的道德可接受性。

（三）保持开放的心态

在咨询过程中，咨询师必须以开放的心态来对待来访者和来访者所提出的问题，说明咨询计划的具体安排以及依据，并征求来访者的同意，让来访者了解心理咨询的理论与原则、知道对自己的问题的评估。

（四）采取保护措施

在心理咨询中，咨询师接触的是来访者的内心世界，必须和来访者一起面对需要解决的问题。没有人能预先知道在现象的背后，需要面对些什么样的问题，或许是一个小伤口，或许是一个大脓包。如果是小伤口，就不要让它感染；如果是大脓包，就要进行动刀前的麻醉。这些都是要考虑到的安全问题，咨询师首先要保护来访者不受到更大的伤害。

（五）尊重来访者的决定

在咨询过程中，咨询师首先要照顾来访者的情绪，要跟随来访者的具体变化进行咨询内容的设置，来访者有权利选择随时中断咨询。

（六）遵守保密原则

心理咨询会涉及来访者的隐私问题。在安全、温暖的氛围中，来访者将自己的内心世界完全敞开，是对咨询师的高度信任，是为了咨询师能够很好地帮助自己面对问题，去解决自己的问题。为了保护来访者，在咨询的过程中，来访者所提供的所有资料都应加以保密。如果需要公开发表，必须对内容进行专业的处理，并征得来访者的同意。

（七）保持咨访关系的纯粹

来访者是为了寻求帮助而走进咨询中心的，咨询师不能利用来访者的问题，及其对咨询师的信任与依赖等关系与来访者建立咨询以外的其他关系。

四、咨询收费的设置

心理咨询付费是心理咨询行业必要的设置，免费的心理咨询不仅咨询效果不好，而且很容易脱落。

有些来访者，其问题的根源就是希望不劳而获，如果咨询师不收取报酬，他们就不会意识到问题所在，也就没有办法去有效地解决问题。有些来访者的问题在于不敢承担责任，很多时候他们喜欢把问题推给咨询师，希望咨询师替他们去做决定、去解决问题。如果这样的咨询不收取报酬，来访者就不会真正地替自己承担责任。所以咨询收费的设置，可以更有效地促使来访者产生更强的动机，激发自身的潜力去解决问题。

支付咨询费用，可以作为一种经济行为来表示对咨询师所付出劳动的尊重和感谢。同时，咨询费用的设置，也可以作为对咨询师职业道德上的约束，使咨询师可以全身心地投入到咨询中，以专业、负责任的态度来帮助来访者。

从另一个角度来看，咨询付费的设置，实际上也是对一部分心理上还未准备好的来访者进行筛选，排除了一部分不适合做咨询的来访者。等到来访者对心理咨询有一定程度的了解后，能够尊重咨询付费的设置，再进行心理咨询，才会有比较好的咨询效果。

五、督导的设置

心理咨询的督导设置，不仅仅是卸载咨询师的精神垃圾，保证其有一个健康的心态，还在于使其定期接受督导，可以和更高一级的督导老师研究在咨询过程中遇到的一些经典案例，以及咨询技术方面存在的一些问题，促使咨询师本身各方面的成长。咨询师不仅需要具备助人助己的能力，更需要具备愿意接受别人帮助的能力，而接受心理督导的设置正是这种能力的一种表现。

（一）技术督导

技术督导是指对咨询师的案例及咨询技术运用方面的督导，包括以下几个方面：

1. 督导流程

心理咨询的技术督导，不同于其他行业的技术督导，可以手把手地传授技术，它必须有严格的设置和正规的流程。

首先，接受督导的咨询师必须提前进行准备，这种准备包括：需要督导案例的归纳和总结，并整理出书面的记录。

其次，督导的过程，有非常严格的设置。咨询师要客观地描述咨询案例的内容和咨询过程，以及自己所运用的咨询技术和达到的效果，不做其他过多的陈述和解释。督导老师会根据咨询师的客观描述，就咨询师所报案例的咨询过程和咨询技术等问题进行分析和澄清。

最后，由督导老师进行总结，并就整个过程提出合适的建议。

2. 督导伦理

督导老师在对咨询师进行督导的同时，要做好保护被督导的咨询师的工作。因为作为被督导的对象，他们希望在督导老师这里能使自己在专业方面遇到的问题得到处理。

首先，被督导的咨询师是一个来访者的角色，是非常需要安全和力量的。

其次，被督导的咨询师在专业上遇到了需要提升和成长的地方，督导老师切记要保护好咨询师的积极性，不能因为自己不合适的做法和态度，而导致被督导的咨询师产生消极的心理和职业倦怠。

再次，督导的目的是帮助被督导的咨询师解决专业方面遇到的问题，使咨询师在咨询技术上有一个提高和成长，因此应避免过于空泛的讨论。

最后，值得注意的是督导老师和被督导的咨询师之间的特殊关系：他们既是高级的咨访关系，同时也是老师和学生的关系。不能超越这两种关系建立任何其他的关系。

3. 保密

和正规的咨询一样，在督导的过程中，咨询师提供的督导案例及所有的相关个人信息，都需要严格遵守保密设置。

（二）个人成长督导

个人成长督导的形式是一对一地进行咨询，目标是以被督导的咨询师的成长为主。

这个目标可分为几个方面：一方面是解决咨询师本身存在的心理问题，如其自身的心理创伤没有得到修复，在帮助来访者的时候，触发了自己的问题，影响了助人能力，需要自我成长。另一方面是解决咨询师在咨询的过程中，由于积累了太多的负性情绪，对自己造成的情绪困扰和心理问题。

这是一个帮助咨询师清除精神垃圾、审视自我的过程。有了自我成长督导的设置，咨询师才能够不断完善自我，保持较高的心理健康水平，使自己的助人能力得到不断的提高。

（三）小组督导

小组督导在形式上区别于个人成长督导，由 3 ～ 10 位咨询师组成，其目的是解决咨询师在技术与个人成长方面的问题。小组督导与其他形式的督导不同之处在于：在这个督导小组中，没有一个严格意义上的督导老师，只有一个小组带领者。他（她）带领着小组中的咨询师去进行自我探索、讨论咨询技术和研究经典案例，大家在一起相互分析和学习，组员之间是相互平等和相互促进的。

第四节　团体咨询设置与团体文化设置

团体心理咨询与个体咨询在咨询形式、咨询目标、咨询技术上都有很大的区别。团体心理咨询参与人数较多，流程也相对复杂，但是同样需要遵守相关的伦理规范和进行科学的设置，只有这样才能保证团体咨询的顺利开展，并达到应有的效果。

一、咨询团体设置

（一）团体成员应经过团体带领者的面谈初选

面谈可分两次进行，每次 1 小时。第一次主要内容包括：团体领导咨询师的自我介绍，对申请者生活状态的了解，个性的评估（团体需要不同个性的人互动），可能会有的量表测查，治疗动机和目标的探讨等。第二次主要内容包括：对团体的预期，团体情况介绍，进入团体须知，签署知情同意书和保密声明，缴纳第一期费用等。第一次面谈后未被选中参加团体的来访者无须接受第二次面谈，但可被列入候补名单。当团体出现空缺的时候再联系并征得同意进行第二次面谈，办理参加团体的手续。如果列入候补的人数超过 6 人，可以随时另行开设新的团体。

（二）团体成员应避免在团体内部形成亚团体，以免损害团体凝聚力

如果团体成员在进入团体之前有过其他交往或关联，应向团体说明，并在团体情境中学习如何对可能存在的多重关系的干扰保持觉察。如果成员在团体治疗时间以外相互交往交流，应在后续的聚会中将交往交流内容带到团体公开和分享。

（三）团体成员有严格的保守团体秘密的义务

任何成员（包括团体带领者）不得录音，不得向团体之外的第三人（包括亲密关系）透露团体其他成员的隐私及团体互动的细节详情、其他成员的言论等内容。成员应承担起保护其他成员不因为袒露隐私而受到伤害的责任。遇到可能威胁到团体安全的特殊情形，全体成员应共同讨论并制订应对之策。

（四）成员应尽可能积极参与团体治疗，不要迟到、缺席

凡缺席者仍然需要支付治疗费用，因为团体需要付出同样的时间聚会。确有要事

无法参加聚会的，应提前至少 12 小时通知带领团体的咨询师，并在下次聚会时向团体做解释。在下次聚会的时候，团体将在领导者的主持下用至少 5 分钟的时间将上次聚会所发生的互动、分享的事情简要告知给上次缺席者。

（五）团体成员禁止发生人际冲突

团体成员在团体互动中表达愤怒情绪时严禁侮辱、谩骂其他成员或发生肢体冲突。一旦违反此规定，应立刻退出团体。被伤害成员可保留或使用通过司法渠道解决争端的权利，团体成员及带领者有义务出庭做证。团体不回避任何可能的人际争端，并要积极地从争端中学习相处之道。

（六）团体成员的转介

如果团体成员在团体治疗期间因触碰到重大情结，需要转为个案咨询或辅以其他咨询方式，应与团体带领咨询师单独协商确定，其咨询进展将酌情在团体中分享。

（七）团体成员的退出

团体成员若决定退出团体，应提前至少 3 次聚会提出，并继续参加 3 次聚会，给团体足够的时间接受和适应变化，也给自己更多的机会深思熟虑，完成离别，让团体和自己都不留遗憾。（注意：刚进入团体的成员有些会经历不适应和焦虑引发的退出冲动的考验，并可能阻止自己从团体获得帮助。这是正常现象，请务必忍耐，坚持参与到第 9 次再决定要不要与团体分离。）

（八）团体成员的候补

当团体因不可抗力或成员退出而减员时，带领团体咨询师将在 1 ～ 2 个月内物色候补成员进入团体，以满足团体动力的需要，及提供新的刺激因素。老成员对新成员应持欢迎态度。

二、团体文化设置

（一）团体理念

1. 团体治疗开始之前任何成员曾经的生活经历，都是团体学习分享的资源，而不是问题，但重点在当下而不在过去。

2. 团体治疗期间任何成员的个人生活遭遇和变化都是团体学习分享的资源，而不是问题，但重点在建构而不在解析。

3. 团体治疗期间任何成员之间发生的即时互动现象（包括违规行为、冲突）都是团体学习分享的资源，而不是问题，重点在心灵成长而不在维持太平。

（二）团体鼓励成员自我开放

以真实自我与他人互动，以信任相互连接，只有开放自己才能建立团体安全的氛围。另外，只有安全的团体氛围才有助于成员开放自己。因此应提倡团体成员主动开放自己，并对其他成员的开放持鼓励态度，尊重和允许他人有不同的节奏和限度，用温和的期待对待其他成员的自我开放。

（三）团体鼓励成员积极互动

以真诚相互支持，以爱心相互帮助。鼓励成员关注他人的分享，同时觉察自己的心念，尽可能给予分享者发自内心的真实反馈。喜欢也罢，厌恶也罢，支持也罢，攻击也罢，甚至敷衍也罢，只要真实表达当下的自己，就有机会反思和收获。通过他人了解自己，运用自己了解他人，共同进步，共同成长，这是团体治疗的魅力所在。

（四）团体鼓励成员投身沉浸其中

以团体为生活方式的组成部分，因为团体治疗的小环境可以提供社会大环境所难以提供的精神慰藉和心理支持，起到心灵家园的作用，可以陪伴成员的人生旅程。但团体反对除了团体规则以外的任何形式的对成员的控制，也不制造或鼓励依赖，目标是要促进个体更加成熟独立。团体不是母体，而是一个特殊的朋友社交圈。

（五）团体带领者与成员完全平等

团体带领者与成员完全平等，以成员的身份参与互动，但有责任在适当时机推动或干预团体运作方向，引导团体沟通或超越沟通进行回顾反思，帮助成员连接感受和认知、巩固收获、启动变化，维护团体的健康、安全和持续发展。

第五节　团体咨询的保密原则与契约实施

一、保密原则

心理咨询的保密原则，是指心理咨询师有义务为来访者保密。未经来访者本人同意，心理咨询师不可以把其在心理咨询中所暴露的个人隐私和个人资料告诉任何人。

（一）团体咨询更应该注重保密原则

与个体咨询不同的是，团体咨询由众多成员组成，团体如果想要达到一个良好的效果，并不只是受到导师能力的影响，也受到成员开放程度的影响。在个体咨询中，只有咨询师和来访者两个人，来访者会感觉到相对安全和放心，可以开放自我，暴露内心真正的感觉。而在团体咨询中，由于人数较多，个人的防御心理会加重，会担心自己的隐私可能被其他成员或非团体成员获悉，隐私被泄露的机会大大增加。因此，在团体中，更需要做到为成员保密，这是成员开放自我的一个重要前提。

（二）团体咨询保密原则的关键点

1. 所有成员的承诺。

2. 从不同角度保护成员的个人资料、经历等隐私。

3. 根据课程需要，可以把课程的课件、录音等列入保密范围。

4. 与个体咨询的保密原则一样，团体咨询也有保密例外：若发现成员有危害自身或他人的情况，咨询师必须采取必要的措施，防止意外事件发生（必要时通知有关部门或家属），但应将有关保密的信息泄露限制在最低的范围内。

5. 保密协议。此范本如下：

______________课程保密协议

亲爱的成员，由于本课程为体验式的团体，其中可能会涉及成员的个人隐私，为保证课程的顺利进行，请签署以下协议。

（1）参加课程的学员都必须签署本保密协议。

（2）不经导师和成员同意，活动过程中不得录音、录像。

（3）若导师或成员要把成员的经历作为教学使用，需要征得该成员的同意，否则不能使用。

（4）成员及导师所写的文章，若涉及成员隐私部分，需要经过一定深度的修改，不能在文章中找到原型。要发表的论文里面需要涉及成员具体准确信息的，需要征得该成员的同意。

（5）没有经成员同意，成员及导师不得私自把成员在课程中表达的信息透露给其家人或者单位。

（6）以上保密原则在中国法律规定范围内有效，违反法律除外。

承诺人：____________________

日期：______________________

二、契约的形成与实施

契约，是指在团体中由导师和成员为维护团体利益，共同制定并遵守的团体规则。制定契约的过程，成员可以提出自己对团体的要求和希望成员共同遵守的规定，并最终形成一份共同认可的约定。

（一）契约的作用

契约的作用主要有以下几点：

1. 契约是成员进入当下的一个心理仪式。

2. 契约是为维护团体利益而制定的对成员的心理约束。

3. 契约是团体顺利进行的重要保险之一，能增强成员开放度，使之更好地投入团体中。

4. 契约能使成员感到被尊重、被接纳。

5. 契约能使成员明确其责任与义务，认真对待和维护团体的利益。

（二）契约的形式

本会团体在团体中设置了三种契约形式。

1. 共同契约

共同契约是第一个保险设置。在这个契约中涉及时间的问题，成员要承诺不会在活动期间迟到或早退。这种形式更适合于心理教育和预防性团体。

2. 自我宣誓

自我宣誓是第二个保险设置。这种形式更适合于心理成长和咨询性团体，但经常和上一个契约一起在大团体中使用。

3. 人格宣誓

人格宣誓是第三个保险设置。这种形式通常结合前面两种形式，用于心理治疗与危机干预团体。

下面是一个人格宣誓示例。

导师引导语：我们每个人都有不同的成长经历，都有不同的个性特点和对事物的看法。就拿我自己来说，我可以告诉大家我的性取向，也可以告诉大家我和情人的关系，但我却不愿意让别人知道自己的年龄。这些就是我们在对待自身隐私问题上的差别。可能有些人认为很好的观点，对另一部分人来说却是没有道理的。然而，我们每一个人今天来到这里，都有一个共同的目标，那就是希望明天的自己比今天更优秀。所以，为了大家共同的利益，我们现在先认真地做几件事情。让我们站起来，围成一个圆圈，然后把你的手放到旁边人的腰上，或者拉着他的手。然后，用眼睛看全场每一个人的眼睛，并在每个人身上停留 10 秒钟以上。在这个过程中，你们需要静静地体会我说的话。

我们来自不同的地方，我们是不同的个体，我们要重新在团体里找到过去成长中失去的原本属于自己的东西。我们要成长，而成长需要大家的共同努力。我在这里宣誓，我不做违背团体目标实现的事情，因为团体的目标也是我的目标。这些事情包括：在团体进行时接听手机、迟到或早退等所有会影响我们共同利益的事情。我和其他人一样都来自不同的成长家庭，无论发生任何观点交叉，我都用人格承诺，不攻击，不建议，不分析，少解释。我更要坚守一个原则：仅仅把参加团体的感受带到这个团体之外，不带走别人的故事和表现。

好，我们继续看着身边和对面的朋友的眼睛，我们会发现，自己已经可以从对方的眼睛里看到自己，也可以看到自己的心。如果大家觉得上面的承诺有困难，现在可以提出来，或者私下告诉我。如果没有，让我们从我开始依次大声说出自己的名字，以表示我们遵守大家共同制定的承诺。

三、契约与保密协议的区别

契约与保密协议都是团体顺利进行的保障，两者都是围绕团体安全问题进行操作的。两者有相关的部分，也有相互区别的部分。

1. 保密协议是一种带有强制性的规定，契约则是一种软规定，不带有法律责任，但具有道德责任。

2. 保密协议是团体组织者根据咨询师职业道德规范制定的，契约是由团体成员共同协商制定的。

3．保密协议的目的是保证成员的隐私安全，契约的目的主要是保护成员在团体中不受伤害。

4．保密协议是对团体成员理性上的约束，而契约则是感性上的约束。

参考书目

韦志中，团体心理学：本会团体心理咨询模式理论与实践，清华大学出版社，2014.

第二部分

心理咨询技能

第四章 焦点咨询技能

焦点解决短期治疗（Solution-focused Brief Therapy, SFBT）是指以寻找解决问题的方法为核心的短程心理治疗技术，是20世纪80年代初期由史蒂夫·德·沙泽尔和妻子以及一群有多元训练背景（包括心理、社工、教育、哲学、医学等）的工作小组成员共同创立的。在这三十多年中，SFBT已逐步发展成熟，并广泛地应用于家庭服务、心理康复、公众社会服务、儿童福利、监狱、社区治疗中心、学校和医院等领域，并得到积极的肯定。

第一节 焦点解决的哲学基础

焦点解决短期治疗的哲学基础，主要是维特根斯坦语言和社会建构主义。

一、维特根斯坦的语言学理念

路德维希·维特根斯坦的哲学思想是焦点解决的重要理论来源之一，他发展了语言游戏的概念，提出了文字的不同意义。

维特根斯坦将语言比作游戏，非常别致而且十分贴切。游戏是一种活动，它的种种要素根据一定的规则而形成丰富多彩的不同组合，从而产生无穷无尽的魅力。语言也是如此。语言的功能主要不在于指称和表述实在的事物，而是一种在使用中逐渐形成的自主系统，它的基本要素——语词、规则和使用活动——构成了一个不可分割的活的整体。据说维特根斯坦是在观看足球赛时萌生了“语言游戏”的观念的。他发现足球的意义就在于球员按照足球比赛规则不停地踢球和传球，由此他想到了意义的使用。我们以纸牌游戏为例。任何一张纸牌，如红桃A，其意义并不是固定不变的，在不同的游戏中可以有不同的意义和作用。语词也是一样，在不同的游戏中按照不同的规则来使用，而它们的意义就存在于不同的使用之中。

这一语言学理念引来了一些批判，包括认为他过于理性，没有足够重视个人的情绪。这种质疑与德·沙泽尔的观点相对，后者认为：情绪也是语言的一部分，因此不应阻止来访者谈论他们的情绪，并且，根据维特根斯坦的理念，一个内在过程需要外在的标准，因此，焦点解决的谈话聚焦于行为。更深一步的批判包括，他没有足够重视来访者所处的社会和政治情境。对此，德·沙泽尔反驳道，如果来访者没有提到外部的环境，例如糟糕的住房，种族歧视等，咨询师这样做则是将自己的政治倾向带进了咨询室。

二、社会建构主义

焦点解决最主要的哲学立场是社会建构主义，建构主义认为每个人根据自己的经验来建构世界，世界建构的过程是心理的过程，它发生在大脑中。社会建构论则认为，我们所看到的事实是社会关系的结果。这意味着我们建构世界时，主要依据社会关系来对世界进行分类，这也解释了为何焦点解决治疗，强调对来访者使用关系问句，询问其与他人及与自己的关系，焦点解决治疗同时关注治疗关系的形成，确保与来访者保持合作的关系。咨询师并非进行评估和诊断的工作，来访者也并非寻求正确的建议或处方，来访者与咨询师共同针对来访者的未来进行工作。

德·沙泽尔曾说，治疗就是两个人一起尝试找到其中一个人到底想要什么。这需要咨询师接纳这样一种观点——咨询师是提出有用的问题的专家，但并不是来访者生活的专家，如果咨询师相信来访者最了解自己想要什么，那么只有来访者自己可以评判治疗的结果，当来访者的评估表明治疗结束时，问题就已经解决了，这使德·沙泽尔和实证主义者之间有了很大的分歧，实证主义者并不相信，来访者的反馈和评估可以作为信息的唯一来源。

最后德·沙泽尔的后结构主义观点意味着，他反对用理论来解释治疗如何产生效果。相反，他以哲学为方法，来描述而非解释治疗过程，正如他曾说的，如果被问到他的其他治疗方法，他只能描述他所看到的事情，而非给出一个关于他的理论，因此他强调，当谈论到来访者时，我们只应描述他所看到的和听到的，而避免一切解释性的语言。德·沙泽尔继承了维特根斯坦的观点。

第二节　焦点解决短期疗法的基本理念

SFBT 的基本精神是：强调如何解决问题，而非发现问题原因；以正向的、朝向未来的、朝向目标的积极态度促使改变的发生。具体精神可以从以下几方面体现：

一、事出并非定有因

许多问题发生的因果关系常常很难确定，问题往往是互动下的产物，原来的因演变成后来的果，后来的果又变成因，不断循环下去。因而，SFBT 强调建构解决方法而不是寻找问题的起因，治疗的核心任务是帮助个案想象他所期望的情形会发生什么变化、有什么不同、想得到解决的必要条件是什么。

二、问题症状同样也具有正向功能

SFBT 认为一个问题的存在，不见得只呈现出病态或弱点，有时也存在正向功能，协助来访者寻求更好的方法取代问题行为，而又能保有其正向的期待，是问题解决的关键。

三、合作与沟通是解决问题的关键

SFBT 认为在言谈的过程中，来访者和咨询师的关系是一种合作互动的关系。SFBT 强调以“建构解决之道的耳朵”倾听来访者述说的故事，通过配合来访者的声调、感情和用语，一步步进入来访者的世界做积极的行动引导，促进来访者的进一步改变，协助他们搜寻并创造新的意义，产生新的想法与行为。并且认为：没有失败，只有回馈；没有抗拒的来访者，只有不知变通的咨询师。咨询师与来访者合作的方式应是正向与未来导向的，支持来访者，通过正向的目标引导方式，并对模糊的陈述予以具体化。

四、不当解决方法是造成问题的根本

SFBT 假设症状或问题通常是人们试图解决问题但却“形成不适当的习惯模式”。

问题本身不是问题，而是由于解决问题的方法不当，导致问题的出现，甚至会带来更大的问题。

五、来访者是自身问题的专家

SFBT 认为来访者有能力自己解决问题，治疗应从强调来访者的优点而非缺点着手。这一理念突出表现在 SFBT 技术使用的实用性与灵活性，因人而异，没有统一的模式，主要关注来访者的特性、力量与偏好。在 SFBT 的基本精神中，不以精神病理的缺点看待人类行为，不特别去深究问题行为的根源，而是相信来访者本身具备所有改变现状的资源，强调利用来访者本身的资源达到改变的目标，提供机会让来访者去积极发现改变的线索。

六、从正向的意义出发

SFBT 强调来访者的正向力量，而不是去看他们的缺陷；强调他们成功的经验，而不是失败；强调来访者的可能性，而不是他们的限制。SFBT 是从正向的角度来拟定治疗目标，强调做什么能够解决问题。德·沙泽尔夫妇主张发展取向，一改传统治疗从原因入手、努力减少黑的做法，而从解决入手、努力增加白，白越来越多，黑自然越来越少。

七、骨牌效应

SFBT 认为，“小”的开始是成功的一半，小的目标可以带动个案解决行动的信心与动机，尤其是最先出现的小改变是曾经发生过的成功例外时，则行动起来就更容易。所以，SFBT 治疗师在治疗过程中，引导个案看到小改变的存在，看重小改变的价值，促进小改变的发生与持续。

八、凡事都有例外，有例外就能解决

SFBT 认为凡事都有例外，只要有例外发生，就能从例外中找到解决方法。因此，SFBT 在了解来访者问题性质的同时，特别持续地注意“例外”（exception）的存在。例外是指来访者的问题没有发生或严重程度较低、发生次数较少等较不被来访者注意的特定情境。

第三节 焦点解决短期疗法的实施过程

作为一种专业的介入，焦点解决的治疗流程与步骤清晰明了，且具有单次咨询的精神。即视每一次的咨询与治疗是第一次也是最后一次，因此每一次的咨询构架都是一样的。整个焦点解决短期治疗的咨询次数可为一次或连续多次（平均为五次）。每次咨询的时间约为 60 分钟。每次咨询的整个过程大致可以分为三个阶段：①建构解决的对话阶段；②休息阶段；③正向回馈阶段。第一阶段约为 40 分钟，其余两个阶段皆为 10 分钟。

一、建构解决的对话阶段

这一阶段是会谈的主轴，所以我们称之为建构解决的对话阶段，在对话的过程中，咨询师通过“建设性预设问句”所选取的方向、所使用的语言而产生的暗示和教育作用，试图影响来访者改变其认知，引导出正向解决问题的思考方式。因此，咨询的过程是注重“改变”的对话历程，在这一过程中，强调正向的、积极的、建设性的取向，则解决之道自然会被引发而成。

（一）准备阶段

在这个阶段中，咨询师与来访者寒暄，简介一个小时咨询的流程。在咨询师说明的同时，即引导来访者进入正向的、未来的及解决导向的会谈中。如果在休息阶段咨询师会使用工作小组的形式，亦需在此阶段让来访者知道。

（二）问题抱怨阶段

在这个阶段中，咨询师以倾听、接纳、同理的态度，收集来访者的抱怨。然而，与其他学派不同，焦点解决学派强调这一过程聚焦于来访者已使用过的解决问题的行动，即肯定来访者已经做过的有效的事情。同时，咨询师除了反映来访者的感受之外，更会暗示事情是有其他可能性存在的，以松动来访者的负面感受，使来访者从抱怨提升为希望改变的目标。

（三）设定目标阶段

这一阶段，咨询师会协助来访者发展出具体可行的目标，且是来访者需要的目标，而非咨询师为来访者设定的目标。因为有了目标就会有改变的动力。这里所强调的具体可行的目标指的是正向的、具体的、一小步的、在来访者“可控”范围内的且实际可行的目标。目标的形成是咨询师与来访者合作的过程，可以使用奇迹式问句、循环式问句、排序、评量式问句等技巧。

（四）探寻解决方案阶段

一旦来访者设定了正向的目标，接着咨询师就会协助来访者探索自己的资源，以达到所求的目标。焦点解决学派典型的做法是将焦点集中在问题不发生的时间、地点、活动等细节上，运用例外式问句、奇迹式问句、评量式问句等引出例外及其解决问题的弹性，并开发来访者的内在资源，让来访者发现那时自己是如何做到的，从而引出解决之道。与此同时也暗示来访者，咨询师相信他们做得到，且他们早已开始做一些有益的尝试。

二、休息阶段

通常在第一阶段进行 40 分钟之后，咨询师会告诉来访者要休息 10 分钟，并稍后回来给予回馈。在来访者休息的时间里，咨询师会独自跳出咨询的情境，回顾这个对话历程并加以整理，或与协同小组中心成员进行讨论，而后回来提供给来访者一些回馈。休息阶段作为焦点解决学派治疗过程的一个整合的部分，这段暂停时间将使得正向回馈更为聚焦、有组织及有方向性。

三、正向回馈阶段

焦点解决的治疗过程有着公式化的回馈。在休息阶段之后，咨询师将会用 10 分钟左右的时间给来访者一些回馈。回馈的内容包含：给予赞美和肯定、提供讯息及布置家庭作业。

（一）给予赞美和肯定

赞美的意义在于赋能，通过咨询师对于来访者自身和其正向资源、能力的鼓励，使得来访者注意到自己原本存在但被忽视的内在力量，改变来访者的主观认知，从而提升来访者为自己负责的能力与意愿，进而鼓舞来访者能持续行动以寻求改变。

（二）提供讯息

讯息的提供，可能是专家的观点或理论，也可能是来访者正在做而且有效的行动，或是其他一些想法。其目的在于将来访者的问题一般化，或是对问题提供不同的意义和观点，同时提供形成家庭作业的脉络。

（三）布置家庭作业

家庭作业就是来访者于下次会谈前必须完成的作业或任务，这旨在巩固治疗效果、增强改变信心、实现预定目标。

第四节　焦点解决短期疗法的治疗技巧

SFBT 聚焦于当事人如何改变，因而所使用的语言亦是有关“改变”的语言。在晤谈过程中，咨询师全神贯注地理解当事人的词汇及其意义，特别关注他们重视什么、想要什么以及相关的成功经验，然后进一步思考、形塑与提出下一个问句，并且尽量于问句中并入当事人的用字。

一、形塑

形塑一直存在于人们日常生活的对话当中，它常常是隐晦或未被注意的，除非双方发生争执。形塑是指“就发言者方才所讲的内容，加以描述、说明、阐述、转译之，或者予以特征化、归纳之”，即形塑为咨询师对当事人的说话内容，选择性地去谈论或发表意见。形塑的反应并不是一般的沟通反应，而是一个想要去推动或促发“改变”的选择。在形塑的意图下，摘要、简述语义、一般化与重新建构，即是常见的几种具体咨询技巧。

（一）摘要

摘要技巧可以让当事人确定咨询师的确是仔细在倾听，也让咨询师确认自己是否已经听懂了当事人所说的内容，并会将当事人之前说过的话做一番整理与联结。由于每位当事人都是独一无二的，SFBT 认为摘要是咨询中不可或缺的技术。

在 SFBT 晤谈中，与当事人诉说一个段落并获得当事人的想法、行动以及感觉，以提供当事人修改咨询师知觉的机会，也会促进当事人的反思。在进行摘要时，咨询师需要使用当事人的字词和说法。这不仅是一种尊重，也是尽可能了解当事人参照架构的方法之一。

此外，摘要还可以帮助咨询师以当事人刚刚所表达的内容为基础，形成后续的下一个问句。尤其，咨询师是以开放的精神来描述和提供摘要时，常能产生让当事人说得更多的效果，因为摘要技巧本来就具有反思性效果，是一个能让当事人决定如何继续描述其经验的有效方法。

（二）简述语意

简述语意即是重复当事人表述话语中的重点，好让当事人有阐述的机会，但是简述语意又不像摘要技巧一样会打断当事人的思绪而进行整理。SFBT 认为简述语意的方式与目的乃与摘要相类同，但又比摘要简短，可用来简化和澄清当事人的话语，以反馈当事人话语中的本质。因此，通过简述语意，SFBT 咨询师不但能对当事人表达倾听与尊重，也能跟随当事人的参照架构来工作，并可因此建构出解决之道。

尤为特别的是，罗杰斯在个人中心学派中强力主张晤谈过程从头到尾都要使用摘要技巧，因此经验丰富的 SFBT 咨询师则会采用较多的简述语意，即咨询师只需使用较少的字词去展现他们对当事人的细心倾听。

但是，无论是简述语意还是摘要，SFBT 都非常强调咨询师需要以当事人的关键字与整体知觉为基础，而非以咨询师的语言来诠释当事人的故事，如此，才能发挥真正同理、理解的精神以及形塑的效果。

（三）一般化

在当事人谈论问题时，SFBT 咨询师会用一般化技巧来回应当事人：所处的困境及其反应（特别是情绪反应），是一般多数人皆会发生的，是常态性的一种展现，或者是一种发展阶段中常见的暂时性困境。一般化的展现能让当事人将其困扰视为生命中预期的挑战，而更能接受其情绪反应是其来有自的，也让当事人觉得自己并不是那么孤单或特异，而促使当事人对他们的困难产生“去病理化”的思维。

SFBT 咨询师在使用一般化的技巧时，常引用“当然”“自然”“可以了解”“像大多数”“是典型的”“难怪”等用字。咨询师也会将当事人所说的内容以“过去式”“阶段化”“暂时性”的用词加以回应，如“曾经”想要动手打他、“目前”这个阶段一般人都不容易熬、“暂时”“尚未”找到工作的难过，以暗示当事人他现在的负向感受将会成为历史，而且目前的状况有可能会有所变动。又或者，咨询师会将当事人以为的负向事实改为“主观”的部分觉知，如加上“是你说的”“似乎”“看起来”“变得”“感觉上”，而非“你就是”，以去除绝对性。同时，咨询师也会把当事人所用的强烈性、扩散性、绝对化的字眼，转换为严重程度较低的词汇、发生比例较少的用字，或者较为明确具体设定的范围。

【案例】

当事人：我考试考坏了，我真差劲，我很痛苦，快活不下去了。

咨询师：上次考试考得不尽理想，让你目前对自己的成绩感到不满意，并且觉得很难受。

一般化技巧暗示当事人一切的负面感受是可以理解的、是暂时性的、仍可改变的状态，是针对某些特定情境而非生命全部的。当然，咨询师回应时仍必须符合当事人所存感受的强烈程度。亦即，面对当事人的强烈情绪，SFBT 咨询师会使用一般化的技巧来帮助当事人不过度扩散其情绪的效应，也能削弱当事人对自己过去特立独行的恐惧，但是，对于当事人负向情绪的程度是同时有所回应且尊重接纳的。

（四）重新建构

重新建构即是用另一个新的正向语言与观点，来重新看待与诠释同一个问题。举凡某行为背后反映出当事人的特质、优点、能力、资源、动机、意图、努力、本意，或某事的意义与功能，都是重新建构的向度。例如，一个喜欢控制的人，也往往是一个很有计划与架构性的领导；一个青少年违抗的行为背后，也有开始独立思考的发展与行动的勇气。

重新建构也是咨询师将当事人所描述的事件，重新赋予新的正向意义，或是特别强调其中的某些正向价值与个人目标，而促使当事人看到自己真正看重与在乎之处，以进而形成新的解决方法。

当然，重新建构的表述，仍需要被当事人所认同，也需要符合心理健康与社会规范。于重新建构中，常用的中文语言结构至少有五种句型：

1.“虽然（负面）……但是（正面、可贵、难得）……”例如：“虽然你成绩不及格，但我看到你很努力。”“虽然你一直在责怪你的孩子，但也从这里看到你十分关心孩子。”

2.“我不确定……但我确定……”也是常用的一种句型。“我不确定你的孩子是否能马上变成你想要的样子，但我确定的是你希望孩子拥有一个好的未来。”

3.“至少”“起码（没更糟）”的语句检索，就容易看到正向价值。“至少你的孩子会跟你说他有这样的交友烦恼。”“你的领导虽然对你不满，但起码你的领导没有采取任何行动。”

4. 最重要的是，从当事人的抱怨与强烈情绪中，去发掘其正向的意义及其在乎之处。“从你对先生过世的痛苦中，我看到你们很深的感情。”“从你对你夫妻关系的不满中，我看到你好像很期待他能认同你。”

5. “一定有一个重要的理由”的信念，是咨询师探问“某些不当行为的背后动机”的重新建构的态度，也是一种直接回应当事人的方向。

二、代表性问句

（一）未知态度的开放式问句

在一般助人历程中，咨询师需要适时提出适当的开放式问句，以收集信息并具体了解当事人所言的内容与处境，同时也让当事人有机会澄清或探索自己的想法和感觉，而不只是想获得一个明确的答案。当然，咨询师要避免问一连串太多的问句，因为这会给当事人一种被询问、被挖心事的感觉，而减少了当事人的自我开放。

（二）“改变导向”的问句

在倾听当事人的描述后，特别是当事人的描述开始有所重复时，在前述基本咨询技巧与态度的原则下，SFBT 的咨询师会向当事人表示，此时应可以开始进行不同方向的思考，而开始大量运用“改变导向”的问句来加以引导。常见的“改变导向”的问句，包括奇迹问句、假设问句、例外问句、差异问句、应对问句、评量问句、关系问句、赞美以及追踪问句。

1. 奇迹问句

奇迹问句给予当事人一个深层的相信与想象：他们的生活是可以改变的。如此，能鼓舞当事人拥有希望，也让当事人愿意思考可能改变的结果与好坏。往往，奇迹问句特别能在尊重当事人的问题强度下，使当事人能戏剧化地从谈论问题转而开始聚焦思考解决之道，同时还能帮助当事人形成愿景与具体可行的目标。所以，奇迹问句不只是为了让当事人说出“美梦成真”的奇迹为何，而是想知道当事人认为何时咨询可以结束，并且探索、辨识和复制有形的咨询目标，及了解可能影响目标的因素。

【案例】

你的想象力好吗？我要问你一个奇怪的问题。（停顿）今晚你回家睡觉时，有一个奇迹就这么发生了，你带来这里的问题都解决了。（停顿）由于你在睡觉，所以不知道奇迹已经发生了。当你隔日起来，你会注意到什么，便知道奇迹已经发生了？

2. 假设问句

以假设性语句探问当事人在未来（而非过去）于某特定情境下的可能想法与作为，特别是关于当事人偏好的结果或达成目标时的情景。通过预设性问句来形成当事人期待的目标及其愿景，所产生的目标是当事人想要的目标，而不是咨询师认为他“应该”拥有的目标。当然，若当事人很难用正向的角度来看待问题或想不到例外，咨询师也可以用此具有预设立场的假设问句来创造可能性。

【案例】

当问题已经解决时，你如何可以得知？

如果我是你家墙上的时钟，而你们家已经改变了，我会看到你们在做些什么事情？

如果我问你的太太，她会认为如果你有了什么改变，会对你、对这个家是有帮助的？在你家，你有了这个改变谁会最惊讶？谁最不惊讶？怎么说？

当事情有所改善的时候，你第一个会注意到的讯号是什么？

开始往解决之道前进时，你的生活会出现什么讯号？

3. 例外问句

例外问句促使当事人有意识地注意与参考自己过去的成功之法，而让当事人从注意问题的严重性，转而思考解决问题的可能性与具体策略，并进而提升当事人的自信心与赋能感。当有例外发生时，咨询师记得询问足以促发例外的人、事、时、地、物等有用资源与互动历程，并且重复提醒当事人他的优势与成功之处。除了联结目标达成之外，“多使例外产生”，也可能会是当事人想要追求的方向。

【案例】

过去什么时候，你们夫妻是可以有像你们期待的那样，比较能平心静气地讨论孩子的事情的？那是怎么发生的？

以前有没有遇到过相似的困难？你那时是如何处理的，而让情况没有变得棘手？你还做了哪些有帮助的事情？

你认为你应该继续做什么，才能让这美好的事情继续发生？

跟最近的日子比起来，你如何得知你拥有较为美好的一天？别人又会注意到你有何不同？

当这些（例外）更常发生时，会有什么不同？这会是你想要的吗？

4. 差异问句

差异问句邀请当事人思考与回答：目前现况与例外经验之间，或者目前现况与美好愿景之间，有何不同的细节，使当事人在对照之下，除了能带出希望感外，也能激发找到适用于目前可以开始行动的目标或具体策略。此问句常接在奇迹问句与例外问句的运用之后。

【案例】

在你能认真平静念书的时候，会跟现在有什么不一样？你是怎么发现这样的差异的？

你觉得在奇迹发生后的景象，会与你目前的状况有什么不同？奇迹发生后，你就可以做什么现在不能做的，或者，就可以不用做什么现在不想做的？

5. 应对问句

应对问句询问当事人一些很小的、被视为理所当然的行动与动力是从何而来的，特别是当事人针对问题情境的自发应对与处理。应对问句能在同理支持当事人感受的同时，又激发当事人看到自己已发挥的能量与成功的经验，以及走过目前困境的有效方法。

【案例】

在最近因为失恋心情不好的状态下，你都是怎么让自己还能上班的？

我很好奇，在婚姻这么辛苦的过程中，是什么力量支撑你走过来的？

你采取了什么方法，让事情没有变得更糟？

在这么不乐观的情境下，你怎么能够没有放弃？

6. 评量问句

评量问句以 1 ～ 10 分为量尺，请当事人进行评量；常将大的愿景或正向目标置于 10 分的位置，询问当事人目前的现况所在的分数，以及对照两者之间的差异，进而询问现在与再进 1 分后的不同，以及如何迈进 1 分的方法，如此可帮助当事人在接纳理解现况后，又进而探讨如何推进一小步的行动。

评量问句可将当事人的愿景转化为可具体掌握的阶段与步骤，或者将当事人的感受、态度、动机与想法等抽象概念转变成具体的量化资料，以协助当事人自我澄清，以及表达与接纳难以言喻的内心状态与目标，也可用来协助当事人评估自身已经拥有的资源、改变的进展，或者进行安全与危机的评估。

【案例】

以 1 ～ 10 分来评价。10 分是你刚说的，奇迹发生后，你能平静充实地过日子的样子，1 分是相反的状况，那么你觉得现在自己在几分的位置？

何以能在这个分数，而不是更低的分数？

若再进 1 分，会跟现在有什么不同？

你觉得需要做什么才能够再进一分？

7. 关系问句

咨询师使用关系问句主要来探问当事人生活中的重要他人对他或对特定事物的态度。因而，关系问句会激发当事人的现实感，激发外在资源，并能在人际互动观点中，思考他们在生活情境中与别人想要的不同，进而反思如何启动目标与解决之道。也就是说，关系问句有助于在当事人“想要的目标”“愿意去做的目标”以及“别人对他的期待要求”之间取得平衡。有时，对于特定的当事人，关系问句可以提供给当事人他与咨询师之间的一个安全距离，因为当事人可以不用先谈自己的看法，而是先说出别人的看法。

【案例】

如果你的爸爸在这里，他会说你在学校的什么表现，让他以你为荣？

如果我询问把你送来辅导室的老师，他会希望你至少有些什么改变？

如果我问你的好朋友，他们会对你的处境，提出什么建议？

如果你的老板看到你有什么不同了，就不会找你麻烦了吗？

8. 赞美

赞美应是以“现实为基础”的。除直接赞美外，咨询师所给的“最有效的赞美”，是通过提问问句，让当事人在回答过程中，吐露自己的能力、自觉与善意，在此同时，当事人也能对于成功的方法更为意识化，进而提升自我价值。

【案例】

如果有一天你的孩子能够说话了，他会最感谢你这段时间为他做的什么事？他会怎么说？你又是如何能为他做到这些的？

你怎么能够在别人恶意批评你时，还是很冷静地、就事论事地讨论？你是怎么做到的？

9. 追踪问句

当当事人找到愿意尝试的一个方向时，咨询师会继续追问如何行动的细节；或者，会积极引导当事人如何将晤谈过程所得，持续运用至平日行为或结束晤谈后的生活中，以强化当事人的行动执行力与落实性。

【案例】

你在害怕的时候能够提醒自己要深呼吸，这真的不容易啊！你是怎么做到的？

你怎么知道自己一直维持在进步的轨道上？其他人又如何知道？

对于晤谈的收获与改变，你会如何运用在生活中？你需要什么才能使这些收获与改变效益发挥到极致？

第五节　焦点解决短期疗法的治疗原则

一、以“澄清式自我揭露”与“温和挑战”取代面质

（一）自我揭露

一般咨询中的自我揭露是指咨询师对当事人表白自己过去一些经验，主要目的是提升当事人的洞察力，并促进当事人对自己的想法、感觉、行为及相关议题的了解。有时也可用来挑战当事人，处理当事人的抗拒心理。

焦点解决疗法并不建议咨询师告诉当事人有关自己的过去经验，尤其是个人之前的惨痛故事，或直接作为建议提供给当事人的个人体验。因为咨询师个人故事的自我揭露难免会影响当事人，造成当事人模仿，或是让当事人有自叹不如的感受，如此将会削弱当事人建立他们自己解决方法的能力。

但是，这也不表示 SFBT 咨询师不能揭露自己。当当事人说话内容中有矛盾或不一致时，为了帮助自己了解与澄清当事人对他们生活的知觉，此时告诉当事人自己的当下想法与困惑是重要的。不过，SFBT 咨询师的这种自我坦露是以“澄清”的方式来询问当事人，并仍扣着目标导向与优势观点。例如：“你刚说你痛苦欲绝，但又会记得照顾你的孩子，我很困惑这两件事如何能够同时发生？你又是如何同时兼顾的？”

这样形式的自我坦露能催化当事人面对自己的挣扎，同时仍能在此澄清中看到自己的优势力量，进而愿意继续往解决导向的路线前进。当然，有时当事人会坚持想知道咨询师的个人故事，那么 SFBT 的咨询师会先询问当事人认为获得这样的信息会有什么帮助，然后再针对当事人的需求简短地、就事论事地回应当事人，并且再尽快地回到 SFBT 的晤谈轨道上来。

（二）面质

不少咨询派别会针对当事人不一致的言行或所谓不合理的信念进行面质，以促使当事人面对自己想法的扭曲。然而，SFBT 却认为，面质的技术可能导致当事人难堪，并使当事人对自己更加否认与怀疑。SFBT 相信当事人任何的想法在其脉络中一定有其道理，值得咨询师尊重与尝试理解。

因此，SFBT 咨询师并不强烈面质当事人的不一致，来处理当事人所谓的抗拒行为，反而选择采用前述较为温和的自我揭露方式，来澄清咨询师所发现当事人矛盾之处及其存在的主观诠释，最多以“温和挑战”的技巧来催化当事人反思。如此一来，不但可以避免使当事人产生负向感受，亦可以避免咨询师借自我揭露之名满足自己的需求。尤其，SFBT 视当事人为专家，会虚心地向当事人学习如何他帮助自己，常会更加引发当事人自发的自我反省与面对现实。

再者，SFBT 也认为在咨询中没有所谓当事人抗拒的存在；咨询师对于当事人，是以合作的态度与之共事的。SFBT 创始人之一德·沙泽尔撰写《抗拒之死》一文，强调 SFBT 不以抗拒的观点来看待当事人，而将当事人的“抗拒”善意解读为一种当事人保护自己的方法，或者反映了咨询师没有贴近当事人的需求与目标，而提醒辅导人员要谨慎处理与放慢脚步。因此，SFBT 假定：没有所谓抗拒的当事人，当事人都是竭尽所能地与咨询师合作，只有咨询师才会有与当事人合作困难的可能。

二、重视“行动”成效体验，而不以“解释”来产生顿悟

在一般咨询中，当事人常常疑惑于事件在他们生命中的意义。此时，咨询师会提供一个解释架构让当事人去思考。解释技巧意图超越当事人所描述或承认的陈述，而给予当事人一个新的定义或架构，以促进当事人以新的观点来看待自己的想法、行为，从而产生顿悟。

然而，SFBT 咨询师并不使用一般咨询技巧中所强调的解释技巧。这是因为 SFBT

非常强调咨询师需要以当事人的整体知觉为基础，落实“当事人才是专家”的原则，不以咨询师的语言来诠释当事人的故事，以能真正同理与理解当事人；同时 SFBT 也担心，有时咨询师的解释会对某些当事人产生暗示的作用，反而误导了当事人主观感受或意义诠释。

再者，大部分当事人在描述困扰时，都谈到他们想要“别人”做些改变。在一些咨询中这被认为是一种所谓的“防卫机制”，用来掩饰当事人的焦虑，因此一般咨询师会教导当事人，在晤谈过程中要以自己为焦点，才会获得良好的治疗效果及自我了解。

社会建构论认为当事人的描述、意义、经验与行动之间会有交互建构与相互循环。因此，SFBT 十分重视行动，认为先有了行动改变，感受与想法也就会跟着改变。所以，SFBT 的晤谈方向，在探索当事人生活中的例外资源以及期待生活中有什么样的改变之后，会将晤谈对话朝“有效行动”的方向移动，并开始邀请当事人思考如何落实拥有美好未来的选择。

三、关注晤谈过程与当事人非口语讯息的同步

在咨询关系中，要了解当事人，常包括要了解当事人表达的内容和过程。“内容”，指的是当事人的口语讯息或所说的平面资料；“过程”意指当事人表达信息的方法、立场与态度，也就是当事人提供信息时，同时所传达的感觉或影响。咨询师可选择对当事人表达中的内容或过程的素材进行介入。

当事人的非口语讯息，就是“过程”的一个重要线索。就像咨询师要注意自己的非口语行为一样，一般咨询多会强调咨询师需时时观察当事人的非口语讯息，然后再选择是否要探究其非口语讯息背后的意义，因为非口语讯息含有个人独特性及文化差异性的意义，同时也是一种自我呈现的方式。SFBT 也认为非口语讯息会因为当事人的脉络、文化及个别差异而产生不同的意义。

参考书目

[1] 许维素 . 焦点解决短期心理治疗的应用 . 世界图书出版公司北京公司，2009.

[2] 哈维·拉特纳，埃文·乔治，克里斯·艾夫森 . 焦点解决短程治疗：100 个关键点与技巧 . 化学工业出版社，2017.

第五章　叙事咨询技能

叙事疗法是受到广泛关注的后现代心理治疗方式，它摆脱了传统上将人看作为问题的治疗观念，透过“问题外化”“改写”“编排和诠释”“见证”等方法，使人变得更自主、更有动力。叙事心理治疗不仅可以让来访者的心理得以成长，同时还可以让咨询师对自我的角色有重新的统整与反思。叙事疗法是目前应用比较广泛的现代心理治疗技术，具有操作性强、效果显著等特点，具有较高的推广价值。

第一节　叙事疗法简述

一、叙事疗法的定义

叙事疗法有广义和狭义之分，广义的叙事疗法是以后现代叙事思想为理论指导的心理治疗理论与实践；狭义的叙事治疗特指由澳大利亚人麦克·怀特和新西兰人大卫·爱普斯顿提出的叙事治疗理论和模式。广义的叙事治疗可以包括转化叙事治疗、叙事评估、叙事艺术治疗等，同时斯宾塞·唐纳德认为广义叙事治疗可以包括精神分析，他将弗洛伊德称为“叙事传统”的“大师”，因为他善于将来访者“支离破碎的联想、梦和回忆的片段”编织成连贯完整的故事，然后用来理解“本来毫不相关的经历”和记忆。弗洛伊德的一个基本假设是：“症状是有意义的，它与病人的体验有关。”

广义的叙事治疗虽然从思想根基上始于后现代思潮，但是我们认为它最终不可能止步于此，它必然能够超越仅仅为反对现代范式而生的某种“后现代”而成为更为深广的文化视野中的一面旗帜。换句话说，广义的叙事心理治疗不会限于心理治疗，甚至不会限于心理学一隅。

还有人认为，叙事疗法简单地说就是说故事。每个故事都是一个叙事，但叙事并非都是传统意义上的故事，相比之下，它具有表达内容和方法上的多样性和复杂性。关于什么是叙事，有各种各样的表述，如“叙事是我们解释世界的源泉”，叙事是“人们理解自我生活和经历的方式，我们一直在故事中游弋”，叙事是“记述或设计以表达所发生的事情的前后联系的例子”等。叙事的拉丁语的本意指的是行为和具有连续性的体验。比较清晰的一种表述是：“叙事是为了告诉某人发生什么事”的一系列口头的、符号的或行为的序列。

二、叙事疗法的特点

（一）叙事治疗把“人”和“问题”分开

叙事治疗不再把来访者带来的问题看作是来访者的人格组成部分，即叙事治疗把“人”和“问题”分开。“问题”被比作人生故事中的一个插曲，是来访者对自己的生活进行理解和推进的过程中的一位不速之客，而且不一定是敌人。因而治疗师不是帮助或者代替来访者“去掉”问题，而是和来访者一起探讨如何处理人和问题之间的关系。

（二）叙事疗法主张和谐共生

治疗师不应当是来访者“除掉”问题的工具，而应是来访者生活故事的参与者，咨访双方共同探讨如何处理与问题之间的关系。比如：治疗师不是家长请来“修理”孩子的“多动症”的，而是和家长、孩子一起探讨如何面对“小调皮”的。而且，此处的“小调皮”不是指责孩子，而是对他们所抱怨的问题的拟人化称谓。这样一来就可以避免传统的治疗关系容易造成的对立情绪，避免心理治疗的误区。

（三）叙事治疗反对治疗师以“专家”自居

叙事治疗主张采取一种“开放的”立场，通过无条件的倾听，让来访者或者来访者家庭的故事自然展开，形成独特的主题，并丰富其生活意义。

（四）叙事治疗的目的

叙事治疗的目的是使参与双方生活意义丰富并实现心理成长。通过解构性的谈话或者活动，治疗过程可以帮助咨询师和来访者看到来访者生活中的“控制叙事”，在治疗过程中来访者和咨询师从更广大的视野中重新理解这种“控制叙事”，从而形成“新的选择叙事”。

第二节　叙事咨询技能——外化

叙事心理治疗将心理助人活动关注的焦点从个体的自我身上，转移到个体所纠结的问题上，通过一系列的探寻，帮助来访者将自我和自己所遇到的困扰分解开来。因为，来访者通常会将自己所遇到的困扰“内化”为自我，比如一个遭遇灾难的人，可能会因此产生“我是一个不幸的人”的自我界定。这种界定会大大削弱来访者改变的动力，甚至会让改变成为在心理上不可企及的东西。这种将人和问题分解开来，把注意的焦点放在问题上的过程，就是外化。它并不推卸责任，也不自欺欺人，而是一种真正负责任的态度，一种新的、具有解放力量的人生哲学，一种“无我”的心理学在心理助人活动中的具体体现。

一、外化的含义

外化是叙事治疗对待“问题”的立场和策略，即认为来访者的“问题”是他们内化了的“自我”。

来访者往往认为问题就是自己的一部分，就像身上的器官那么真实，但实际上“问题”是内化的结果。很多从文化中、从制度化了的对话中衍生出来的一些预设会让人把问题归咎于自己的身份、人格或者不可避免的条件限制。其实这些让人把问题内化为自己本身的一部分的各种假定本身也需要进行仔细的审视。怀特把这个过程称为“外化具有内化作用的话语”。叙事治疗要通过运用背景、命名、改换指称方式等方法帮助来访者领悟到人和问题的不同。

比如来访者可能说“我有抑郁症”，其实这是对他一系列的不舒服体验的一种简化，这种简化阻碍了他与自己的进一步交流。其实不但“问题”和人不是一回事，“力量”也不能被认为是人内在的素质。比如有人说“我是心理医生”，这很可能成为个人心理进一步成长的障碍。各种生活的张力其实都是内化的结果。当然外化是有边界的，并不能成为推脱责任的借口。比如一个经常殴打妻子的人可能会说“这是童年经历造成的”或“这是社会教育造成的”。这些解释都是对外化的误解。

外化不但要帮助人理解当前的问题叙事是如何形成的，而且要帮助人从根本上改变，开创未来生活世界的新的叙事方式。更重要的是外化的立场贯穿叙事治疗的始终，同时提供了一种安排生活的途径，可以让人安身立命。可以说外化是叙事治疗的一个重要特征。

二、外化的对象

外化不是一种技术，可以在这里用，在那里不用，对这个人用，对那个人不用。所以什么东西都可以外化。咨询室中的任何问题都可以使用外化式对话，只要保证外化时候特定人的体验，外化的范围可以包括来访者所有的经历、描述和想象。

外化式对话也可以出现在咨询室之外。团体、工作场所甚至社区都可以在各种各样的情况下使用外化式对话。在教育工程中运用社区外化式对话的著名案例之一发生在非洲东南部的马拉维。在那里外化式对话被用来对付艾滋病危机。艾滋病造成的社会印刻效应和自闭等问题导致了社区的分裂，它们被外化，其中“艾滋病”被拟人化地称为“艾滋先生或艾滋女士”。这样整个地区就能够和表演“艾滋先生或艾滋女士”角色的人对话，从而应对艾滋病的策略、希望和梦想得以表达，并且把整个社区团结起来。外化和拟人化的另一个情节“爱心女士”也号召了集体的积极行动。

外化的过程是我们和来访者合作的过程。开始谈话之前我们已经相信，问题不在他的身上，而是他所生活于其中的特定文化塑造的，这就会决定我们会问什么样的问题。当一个人描述自己的方式非常消极时（比如，我是个毫无用处的人），外化的机会就出现了。同样，如果一个人谈到了某种特质，似乎认为这种特质是自己身上“内在的”（比如，是我的勇敢帮助我渡过难关的），那么就应该利用这个机会来丰富他对这个特质的描述。通过外化我们可以“揭开”这个特质的面纱，了解它的历史，了解它与哪些问题的解决技术和知识有关。

在实践中我们发现，给外化的内容取一个恰当的名字非常重要。通常，被外化的生活故事的比喻（如责备、争吵、内疚、担心、害怕、忌妒）是由来访者说出来的。有时候要决定外化什么东西还要花一点儿时间。比如有个人说问题是“焦虑症”，很可能这不是来访者自己的话，从而不是恰当的外化表述。通过讨论，来访者可能会说出自己的表述，比如“恐惧袭来”“颤抖”“摇晃”。无论是什么说法，关键是要和来访者的体验非常接近。因为一旦问题的名字接近当下的体验，就意味着来访者的潜能和创造性更容易出现。比如对于一个孩子，他很难想象自己对周围的麻烦有什么招数，但是如果让他思考如何处理“调皮先生”，问题就不一样了。同样，对一个普通人来说处理“袭来的恐惧”可能比处理“焦虑症”更有办法（处理“焦虑症”可能被视为一个很专业的领域）。当外化的问题的名字与来访者的体验非常接近的时候，就可以引起他们的共鸣，激活他们自己的策略、技巧和观念（在他们自己的生活中获得的），这些资源更有利于解决他们的困境。

根据我们的经验，外化的内容会随着时间发生变化。人和问题的关系随着咨询的进行会发生变化，所以随着他们经验的变化，外化的内容也要相应地变化。外化式对话可以有非常大的弹性和创造性，它一直进行。我们不能用一个星期的外化语言，再用一个星期的内化语言。整个治疗过程中要一直使用外化语言。

还有一点值得说明，就是被外化的问题可以有不同的命名。当参加治疗的人员不止一位的时候，就会经常出现外化问题的命名不一致的情况。有时候和一个家庭交谈，被外化的问题可能有五个名字，尽管可以有不同的名字，但他们往往能够同意一个一个地讨论。

三、外化的功能

梅姬·卡莉和商娜·鲁塞尔曾经将外化的很多具体问题集中起来，以《关于外化常见问题的解答》为题发表于《国际叙事心理治疗与社区工作杂志》2002 年第 2 期上。她们把对话的功能总结如下：

（一）不必扮演专家

在外化式的对话中咨询师不必采取解决问题的专家立场，不必扮演洞察别人心理体验的专家。相反我们可以保持对问题的一种好奇，然后和来访者一起探索问题的来龙去脉，一起寻找他们与自己的问题之关系的另外某种可能。

（二）共同探讨

非常重要的一点是，咨询师不需要再因为问题责怪别人，这是一种解脱。同时咨询师可以和来访者一起探讨问题的影响和表现，一起寻找减弱问题影响的方法。

（三）外化式对话几乎总是涉及权力和政治

有很多心理学和心理治疗都是社会主流文化的卫道士，自觉不自觉地倾向于把社会问题转嫁到个人身上。通过外化式对话，我们可以弄清楚问题是怎样在现实的权力关系中被塑造出来的，从而可以帮助来访者不再把自己认同为问题本身。所以，心理治疗具有政治运作的意味，即将个人从社会历史文化的局限中解脱出来。

（四）立场和机会问题

在外化式对话中，咨询师可以用很多不同的立场来提问，有时候像个记者，有时候像是历史学家，有时候像是个侦探。我们不再仅仅讨论个人的内心和他们的错误以及解决方案，我们是在谈论生活史和人际关系，我们还可以为来访者走过的生活足迹做见证。在和那些有暴力倾向的男性进行外化式对话的时候，咨询师可以给他们创造很多机会，让他们讲述通过其他的方式显示男子汉气概的经验，帮助他们找到对自己的行为负责的方式，让他们以一种非暴力的方式来重新安排自己的生活。

（五）聆听与学习

在外化的操作中，咨询师可以聆听来访者叙说生活中感人至深的亲情和真诚的关系，而这些会帮助他们克服心理问题的影响，给他们以新的希望。外化式对话让咨询师参与到来访者从心理问题的控制下拯救自己的过程中，从而学到新的人生经验。

（六）问题外化的效果

问题外化在叙事疗法中占有举足轻重的地位，怀特和爱普斯顿在咨询工作中发现，将问题外化有助于个人问题的解决，并且可以达到下面所列出的一系列功效：

1. 减少人际间无益的、非建设性的责任归属的冲突。

2. 降低来访者面对问题的失败感和挫折感。因为个人容易在努力解决问题却仍然失败之后感到无力、无助、懊悔、消沉。

3. 提供方向，让人们可以相互合作、共同努力来面对和对抗“问题”，避开问题对生活和家庭关系的负面影响。

4. 开启新的可能性，使人能够采取具体行动，以摆脱问题的困扰，恢复正常的生活技能与家庭关系。

5. 面对“严重得要命”的问题，外化可以让来访者轻松下来，从而能够采取更为有效的措施来减轻精神压力。

6. 提供“对话”的可能，使人不必仅仅通过个人“独白”来面对问题的困扰。

四、外化对话的操作方法

在实践层面，关注被内化了的问题是外化对话的第一步。

比如对于一个称自己有“抑郁症”的人，咨询师应当关注来访者的“抑郁症认同”是如何形成的。关注来访者围绕“抑郁症”的一系列故事，包括有关他自己与“抑郁症”之间关系的故事。比如对于一个能够把抑郁和“自我”分开的人，我们就可以问他：“抑郁”对你的生活施加影响已经多久了，哪些因素会促使它出现，它出现的时候会如何影响你的生活，抑郁的影响什么时候最强、什么时候最弱，什么东西会维持抑郁，什么东西会抑制抑郁，等等。

这些问题可以把抑郁放在故事情境中，从而可以使来访者开始了解抑郁为何会对生活产生如此大的影响。同时可以为来访者从抑郁的控制下解脱出来提供参考信息。

能起到外化作用的对话可以扩大思考的范围。等到来访者能够理解人和问题的关系是历史文化塑造的之后，就可以探索性别、种族、文化、阶级等权利关系是如何塑造问题的。通过思考自我认同形成过程中政治因素的作用，就可能对生活产生新的理解，减少自责的影响，增加对更大的文化故事对我们的生活故事的影响的认识。

这样，我们可以把有外化作用的对话理解为一种“小政治”活动。它把历史文化建构的东西重新放回历史文化中去考查。这样就比把问题放在个人身上增加了很多行动的可能性。

为了帮助同行更好地运用外化对话技术，怀特在实践中总结出了一套行之有效的询问方式。他运用“地图”这个比喻，表示不能把这个过程当作对话的实质，或者说不能把地图等同于疆土，地图只是个示意的方向。在他的外化地图中，他把外化分为四个步骤：命名问题、询问影响、评估影响和论证评估。

（一）命名问题

老子说：“物名之而成。”在没有命名之前，谈话的对象是弥散性的。如果没有具体的谈话对象，会谈就没有方向性，不能聚焦，不能成为有效的交流。在实际运用问题外化的技巧时，可以通过一些描述词，将问题具象化。廖本富提到一些提问方式，如“那个问题长得像什么？”“它今年多大了？”“忧郁是如何向你进攻的？你又是如何反击回去的？”“愤怒的任务是什么？它如何控制你？”“自卑大王对你的要求是什么？当你迎合它的要求时，你做了什么事情？”“你是如何制服这个强而有力的愤怒巨人，使它成为你的仆人的？”以及“你是如何打败羞耻感这个家伙的？”

问题命名的名称应该是名词，并且要尽量贴近来访者的体验，通常要使用来访者的语言。命名的过程要和来访者商量。

倾听来访者描述他所处的困境时，要注意是什么东西在困扰他。比如说，如果来访者说“我在这件事情上感到十分内疚”，那么我们可以询问“这种内疚感给你带来了什么障碍”。如果来访者说“我儿子总是捣乱”，我们可以问“这种捣乱的做法会给你和儿子的交往带来什么障碍”。

外化出来的问题名称可能会在咨询过程中发生改变。一开始，没有找到合适的名称之前，不妨把问题称为“它”或者“这个问题”。如果命名出来的名称不止一个，可以询问来访者它们之间存在什么关系。如果有关系，往往可以给这个关系命名。如果没有关系，则可以询问来访者哪个问题比较重要，询问来访者希望先谈哪个问题。

外化过程中常用的一个技巧是把来访者使用的动词或者形容词换成名词。比如如果来访者说“我们经常吵架”，我们可以说“这种争吵……”如果来访者说“我很抑郁”，我们可以说“这种抑郁的情绪……”有时候来访者会使用一些形象的描述，比如“心里面好像压了一块石头”，我们就可以问“这块石头有多大？它是什么时候到你的心里面去的？”

总体上来说，命名包括三个步骤：让来访者详细描述其难题，了解这个问题在来访者生活中的发展过程，和来访者商量一个贴近其体验的名称。

（二）询问影响

如果命名的过程做得理想，来访者往往可以不再使用第一人称代词。不再总是说“我是如何如何”，而是开始说“这件事……”这个时候就可以进入第二步：询问问题对人的相对影响。

这里主要了解三个方面的内容：

第一，问题对来访者的哪些方面有影响？有什么影响？哪些方面影响大一些？哪些方面影响小一些？

第二，如果把问题比作一个人，有自己的想法的话，它是要把来访者的生活引导向何处？它是气势汹汹的还是慢慢悠悠的？

第三，来访者生活中哪些人、事、物是对问题有利的？或者说什么因素会增强问题的力量？哪些因素会削弱问题的力量？

（三）评估影响

了解了问题对来访者生活的影响之后，可以邀请来访者做一个判断：这些影响或者改变是不是自己想要的？这些影响是好的、坏的还是不好不坏的？这个阶段可以帮助来访者做一个选择。通常在外化之前，来访者会感到自己没有选择，只能受制于问题。

（四）论证评估

在这个阶段，邀请来访者说明自己对问题影响的评估。如果问题对其生活的影响是好的，就要了解为什么是好的，好在哪里，如果是坏的，就要了解坏在哪里，阻碍了来访者哪些愿望的达成；如果好坏参半，也还是一样可以询问原因。

五、外化需要注意的事项

（一）注意事项之马丁的观点

尽管外化有各种各样的好处，但是在运用的时候还有很多难题需要特别小心。马丁提出以下几个需要注意的问题：

1. 如果不在后结构主义的概念框架下运用，外化的价值就会非常有限。

2. 使用外化不一定总是恰当。

3. 通过“命名”来外化问题，有时候会显得过于简单化，很难给来访者提供具体的帮助。

4. 外化不适于用来界定具有强迫特征的行为。

同时他还提出外化可能存在治疗伦理的问题：“很长时间以来，外化的伦理问题一直在困扰着我。我感到自己似乎在运用一种技术影响别人，却不让人家知道。我知道是‘为他好’，但是别人不知道。或许我在攻击别人的信念，他们相信‘我就是问题’，但是我在攻击这个信仰却不告诉他们。我在想：不把问题看作是他们的人格的一部分，而把它看成是和他们的自我分开的，这对他们有好处，外化能帮他们做到这一点。”

马丁·佩恩对叙事心理治疗的伦理问题的思考的结论是：“无论如何，叙事心理治疗是透明的——没有什么隐瞒，来访者可以清清楚楚地听到我所说的话。没有运用外化语言的时候，我根本没有强迫来访者接受什么。个人中心疗法中有‘个人必须和真正的内在自我发生实质性的关联’的假设”，精神分析中关于移情过程的假设。叙事心理治疗的外化假设并不像它们那么隐秘。

（二）注意事项之罗杰斯的观点

虽然在马丁看来叙事心理治疗的确是透明的，但是这种对透明的理解是否与罗杰斯相同呢？我们看看罗杰斯是怎么说的：

我们已经发现，当心理治疗师是他所是，当他在关系中对他的来访者真诚以待，不加“掩饰”和不戴面具，在那一时刻使之开放地变为他自己的流动的感受和态度，这就可以促进个人的转化。我们使用“和谐一致”这个术语来试图描述这个条件。我的意思是说，治疗师正在体验的感受对他自己是开放的，对他的觉知是开放的，而他个人也能够体验这些感受，成为这些感受，并在适当的时候表达这些感受。没有人能够完全达到这种状态，但是如果治疗师越能够更多地倾听并接纳他内心正在发生的一切，越能够无所恐惧地体验自己的复杂感受，他的和谐一致（真诚透明）的程度就越高。

似乎罗杰斯更强调个人内部的直觉、情感、身体感受。他认为每个人都有自己的原始性的机体智慧。但是这些在叙事治疗中很少见。这个差别导致了当前心理治疗界相当激烈的争论。争论的话题主要有两个：一是心灵治疗的超越性问题，二是主体的身体化或者说身体体现问题。《超个人心理治疗》和《象征与叙事：现象学心理治疗》详细介绍了其观点。

六、外化对话的价值

对话外化之后，来访者最常见的反应是感到轻松，因为他们意识到自己不是问题，能够有更多的方式接近他们自己的其他故事，接近他们生活中曾经非常模糊的其他方面。

外化式对话让问题不再居于“生活的中心”，也就是说在人和他的各种问题之间创造一个空间，无论问题是什么。以前认为自己毫无价值的人，现在开始认识到“无价值感”控制着他们的生活。“无价值感”的产生是有历史的，人可以摆脱它的控制。

问题外化之后，人就可能认清问题产生的机制，从而可以找到削弱问题的方法。比如，如果“无价值感”开始严重影响一个人的生活，很有可能是某些价值观、评断或者被虐待导致的。外化式对话可以提高我们对这个过程的认识，并且可以一起探索更多可以避免它们的消极作用的手段。

等到问题被外化了，我们便可以在应对和问题之间的关系上采取一个立场。这不仅仅是“支持”或者“反对”那么简单，因为经验总是有个过渡，比较复杂。比如在外化“无价值感”的对话中，一个人可能希望既除去“无价值感”，同时还能够保留自己“反思自己的行为对别人的影响”的能力。让人在与问题的关系上选择一个立场，有利于给人更多空间，帮助他们开始摆脱问题的控制。但是要考虑到经验的复杂性。

当一个人后退一步，与问题分开，就可以思考问题的历史和消极影响，可以意识到自己现在所处的立场与以前习惯了的位置不一样。这个立场往往没有自责、评判等。

当问题不再是生活的核心之后，谈话的中心内容将是一个人对自己的生活的认识和处理技巧，这些对于处理问题有非常重要的价值，是要进一步挖掘的东西。并且一旦认识到问题和与和问题有关的人本身不是同一回事，朋友和家庭成员就会更愿意团聚到来访者的周围，成为他的支持小组，可以帮助他维持应对问题的努力，在他打退堂鼓的时候提供支持。随着来访者羞耻感的降低，问题不再被内化，集体行动的可能性就变得更大。

七、外化对话的难点

（一）需要训练

外化谈话和别的治疗方法一样，必须通过一定时间的严格训练才能做到。一开始很多心理治疗师会觉得外化的语言很奇怪，运用起来也比较笨拙。甚至有的人会觉得谈话进行得很别扭。要将这种谈话方式天衣无缝地融合到工作中，需要时间和训练（包括咨询情境中的训练和咨询室外面生活情境中的训练）。

（二）需要时间

同时，要完全形成外化谈话所依据的思维方式也需要一些时间。外化谈话挑战内化的做法，而内化的做法在日常生活中已根深蒂固，因此外化不仅仅是一种治疗“技术”，而且是一种生活态度。那些来咨询的人通常习惯于日常的内化做法，总是“想方设法”把问题放在自己身上。作为叙事治疗的咨询师，我们有责任帮他们找到采取不同的理解和行动的参考框架。刚开始接触外化式对话的时候，对这些新的思维方式，我们需要花点时间来适应。对我们很多人来说，外化式对话代表着一种看待我们自己的生活和我们要帮助的人的生活的非常特别的视角。

（三）需要恰当的比喻

从实践的角度考虑，咨询师在运用外化式对话的时候的确经常遇到一个麻烦，那就是在外化式对话中运用哪个比喻更恰当。

有时候，当问题被外化之后，来咨询的家庭往往用“斗争”来比喻他们和问题的关系。他们可能会说自己希望如何“打败”“击溃”“消灭”问题。作为咨询师，有时候会感到很为难。斗争和争夺这样的比喻经常出现。我们咨询师是否应该使用它们呢？有时候斗争之类的比喻会造成紧张和压力，结果很多细微的体验就被忽略了。冲突和斗争之类的比喻还可能重复我们不希望出现的生活体验。然而在另外一些情况下，人们完全在纷争中生存的时候会觉得斗争之类的比喻对于描述他们的生活最合适（比如面对致命的厌食症或者自我怨恨等）。

有一点似乎比较重要，就是我们作为咨询师不要主动提出斗争之类的比喻，并且我们对那些可以让问题不那么占据来访者生活重心的比喻要有敏感性。比如"摆脱问题的影响""改变和问题的关系""和问题建立契约""给问题搞破坏""训练问题"等。另外的比喻还可以包括自己想接受问题的哪些方面的影响，不想接受问题的哪些方面的影响。非暴力的、非敌对的、非对立性的比喻有无数的选择，都可以帮助来访者减少问题对他们生活的影响。

叙事治疗的文献中，强调对立的比喻或者鼓动消灭问题的比喻几乎没有，作为叙事治疗咨询师，我们所要做的是尽量多地给来访者提供可以替代那些对立性的比喻。要做好外化的工作，最好选择一些温和的比喻。比如运用"教育问题""训练问题""和问题停战"等，不用"和问题做斗争""击溃问题""杀死问题"等。

（四）咨询师灵活把握外化的程度和方向

如果有人对别人很不好，欺负人、取笑人甚至对别人施加暴力，治疗中该怎么办？在这些情况下能否使用外化式对话？

对这样的来访者，我们作为咨询师，绝对不能通过外化的操作为他们开脱责任。有很多外化式对话的方式可以让人更积极地对自己的行为负责，避免更严重的问题的发生。作为咨询师，我们一定要谨慎区分各种情况，区分不同的治疗阶段，能够从总体上把握治疗的走向，清楚地体察各种伦理的、人际关系的敏感点，并且能够恰当处理。

外化不是把人和他们的行为或者行为的真实影响分开。外化式对话的一个主要方面是详细地发掘问题的影响，外化式对话可以用来帮助来访者对问题的影响采取一个立场，和其他有关人员一起面对问题的影响，减少问题的影响。

和曾经使用过暴力的人（比如说对妻子有明显的虐待倾向的丈夫）一起做咨询的时候，不可能仅仅依靠把"暴力"或者"虐待"作为问题外化出来，就可以有效提高来访者的责任感，或者减弱这个来访者的暴力或虐待倾向的负面影响。外化式对话的一个重要方面是要探讨是哪些特定的观念、想法和做法维系着问题的存在。

特定的“暴力”背后可能是“对别人的评价”“削弱别人的行为表现”“行使权力的行为表现”“不细心”“控制别人的行为表现”“不合群”“思维丑恶”“残酷的行为表现”“优越感”等。在对话中小心地、清晰地表达这些做法和想法的影响非常重要。通过表达，可以帮助当事人更清楚地看到自己生活方式的根源及其演变的历程。当一个人能够追溯这些想法和做法的真实效果的历史，并能够清晰地表达这段历史时，当这些想法和做法背后所隐含的更大的文化背景中有关的性别或者权力等的假设能够和这些想法和做法联系起来时，这个人在处理和这些有关权力和控制的想法和做法的关系的时候就更可能采取负责任的行动。在这个过程中，我们也可能找到一些特殊的例外，即来访者也会有不显示暴力、控制和权力的想法和做法，这些例外情形就可以给来访者提供新颖故事的开端，使来访者学会主动地采取负责任的行动，比如补偿、关心别人和同情别人，并且学会体验正面行为所带来的积极情感。

和那些有破坏倾向的人谈话，让他们对暴力负责任或者对给别人造成的伤害负责任时，咨询师需要有种责任感（无论是否采取外化式对话），需要采取措施，对暴力行为的受害者提供足够的安全保证，增强有关人员的隐患防范意识，防止出现意外。

外化不是摆脱责任，所以如果一个人对别人施加了暴力，比如有人强暴了别人，就不能仅仅把这些行为作为外化的对象。外化要做的是探究这些行为所依据的信念是如何产生的，如何被维持的。比如“对别人的评价”“替天行道”“控制别人”等。然后探究什么时候这些信念比较薄弱，为什么如此，并致力于构建替代性的新颖故事。遇到可能危及别人安全的情况还要做危机干预。

八、外化练习

外化练习的分组：两个人一组。

外化练习的分工：一个人扮演咨询师，一个人扮演来访者。请扮演来访者的人在心中想一件最近生活或者工作中遇到的小问题。

外化练习的步骤：

第一步，请来访者向咨询师讲述一下心中的小问题。

第二步，请咨询师按照以下步骤提问：

（一）命名问题

1. 首先通过提问细节让来访者更加充分地描述问题。

咨询师提问示例：能否请你讲得再详细一点？

2. 了解问题在来访者生活中的来龙去脉。

咨询师提问示例：这个问题是从什么时候开始的？

3. 和来访者商量一个名称。

咨询师提问示例：你可以给这个问题取一个名字吗？

（二）探索问题带来的改变或者相对影响

1. 问题对来访者哪些方面有影响？相对而言哪些方面的影响大，哪些方面的影响小一些？为什么？

提问示例：这个问题对你的人际关系有影响吗？

2. 问题把来访者的生活导向何方？

提问示例：这个问题要把你的生活变成什么样子？

3. 问题所使用的方法。

提问示例：它是怎么做到的？通过恐吓你吗？

4. 问题的语气。

提问示例：它是咄咄逼人还是循循善诱？

5. 是什么人、事、物在支持问题？谁的出现会让这个问题变大？

（三）评估问题的影响

请来访者选择关于问题的立场，并对治疗师所提的问题做具体的真实回答。

例如，治疗师可以问来访者：你怎么看这个问题对你的生活带来的这些影响？是好的、坏的还是不好不坏的？

（四）论证评估

治疗师从问题的影响看来访者的愿望、目标、梦想、价值观、原则、决心、承诺等。可以总结和评估，从以下这几个问题入手：为什么这些影响是不好的呢？问题阻碍了来访者的什么愿望呢？

第三节　叙事咨询技能——改写

改写即帮助来访者寻找问题之外的生活，来访者充满问题的故事尽管强大，但终究不会遮蔽他们的整个生活。在他们的记忆中，或多或少总会有那么一些事情，会让他们对自己产生一些好的感受。即便实在回忆不起这种事件，还是可能会在想象的空间中看到希望和梦想。改写对话就是从这些例外事件——不被问题控制的生活空间——出发，帮助来访者重新建构自己的生活故事。

一、例外事件

（一）抓住叙事治疗过程中“独特的结果”

“上星期我们谈话之后，你的情况有什么变化？”这似乎是来访者和咨询师再次见面时很自然的一般性问题，而其实我们期望的是特殊而具体的“转变性的事件”。两次交谈间隔的时间有长有短，回答的细节也是千差万别，有时是肯定的，有时则是否定的。不论如何，我们总是期待来访者的生活会发生某种哪怕是非常细微的变化。实际上，任何一个人都不可能以完全相同的方式度过两段时间的，不管是两天、两个小时，还是两分钟。生活是一个不断变化的意识流，永恒不变和简单重复的生活只是在想象中才有可能。而“完全相同的”经验更是一种幻觉。塔特曾经说，生活本身就是意识的变异状态，或者说是“因境而生”的意识片段的联合体，“我们‘正常’的意识状态并非‘自然的’意识状态，而是高度情境化的、个人不完全自知的建构，是一种主动的仿制过程，这种仿制是对我们的文化史和个人史中好与坏两个极端的某种折中。”

一个人总能在生活中找到个人真心喜欢的经验层面，即使在充满苦恼的情况下，也能够找到“例外”情况。这就是与具有支配性的主导故事不同的另外一个“新颖”故事。在此可以称为新生活的可能，可以称之为替代性的故事。寻找新生活的可能的过程，就好像一个考古学家的工作一样，所以咨询师要非常谨慎，非常有耐心，只有这样才能找到真正有价值的故事碎片。以下是治疗师会谈的节选，可以表现这种细心发掘的态度：

“他还是不想去上学。”父亲的声音焦灼而无力，神情中透着绝望，“情况和前几个月差不多。我们真的非常着急，再这样下去孩子就完了。”治疗师问：“他几个月一步都不出家门吗？”母亲表达了自己不同的看法：“不是的，他前天就去看望了他的表弟。”

从叙事治疗的角度来看，一个闭门不出的人竟然走出家门，这是一个令人兴奋的良好开端，从这里出发就有可能开始新的生活故事的建构。如果治疗师也像孩子的父亲一样，只是关注他一直不想去上学的问题，那么，事情就会显得毫无进展，因为走出家门去看望亲戚似乎与“解决问题”并没有什么实际的关系。

正如前面反复提到的，我们的生活往往被一些固定化的模式控制着，所有符合这个模式的经验才能被意识到，而其他的事情都是例外事件。叙事治疗称这些例外为“独特的结果”。

最值得关注的要害在于，这些独特的结果往往不被赋予重要的价值，甚至完全被忽略，似乎根本不曾在生活中存在过。在上面这个例子中，孩子的父亲习惯于孩子不能上学的支配性叙事，孩子去看望表弟的事件就很难进入他的意识域。问他上个星期的情况，他会很自然地说根本没有什么变化。但是从孩子母亲的话看来，孩子的确曾经走出家门。这个事件对他们家庭中的支配性叙事就是一个“例外的事件”或者“独特的结果”。在我们每个人的生活中，这种自己所喜欢、所向往的经验应该有很多很多，只不过没有被注意到，没有被组织成为重要的故事情节而已。叙事治疗恰恰要把眼光放在这些不被注意的积极变化和新颖体验上。因为这些积极体验、独特的结果、微小的情节，都可以是个人新的生活故事的开端。它们会出现滚雪球一样的效果，逐渐扩大，慢慢地，原来似乎占据着全部生活的问题故事，不再显得那么重要，甚至会无足轻重，被淡忘；而新的情节会不断形成和发展，直到走向完全不同的结局。

（二）提高积极体验：善念治疗

我们在这里只需强调一个论点：当下的每一个善念都可以是我们个人精神生活发生变化的一个新起点。根据佛家的缘起理论（布雷热，1995），一个善念可以引发一连串善念。缘起理论在佛教修行中的运用，不是去揭露和加强敌对和抗衡的机制，而是将心灵活动不断地导向正途。这样的做法往往产生非常直接的治疗作用。

“治疗从发现提高积极体验的法门开始。有时可能只需要一个微笑。治疗作用在我们试图理解这种积极体验的过程中不断强化。从细微之处入手，真正的慈悲在治疗中应当占有重要的地位。接触美的体验，接触自然和良好的人际关系，可以逐渐克服抑郁。随着新体验的不断积累，慢慢就会到达一个关键点，此时积极的体验就可以战胜消极的体验。这就是人们的心灵康复之道。要为人们抚平创伤，慈悲、爱和理解是最好的治疗。”

什么样的念头才是“善念”？真正的慈悲或者说大慈悲，具有绝对的、超越性的含义，而不是局限于特定文化形态的伦理规范的含义。我们可以这样来理解叙事治疗中寻求“例外”的技术：我们不应该用经验层面的是非、对错的二元（两极）判断，来看待当事人对某个具体行为的抉择，而是要超越这种是非、对错的两极对待的模式，从根本的原初或本然的立场做超然的关照，以欣赏、赞叹、接纳、共情（通心）的心态感受当事人的故事的流动，促进当事人身上体现出来的生生不息的大化流行的创造力。

假如治疗师没有这样的超越性的修养，而在治疗的会谈中只知道追问实际发生过的所谓“历史的”事实，就会使“例外事件”技术的应用变成咄咄逼人的审讯，就从根本上与心理治疗或心灵康复的目的背道而驰。没有真正的慈悲、爱和理解，心理治疗就会异化为对个人精神世界的侵凌和对生活的误导。

二、解构

解构是咨询师愿意放下自己原来对事物的了解去对来访者做好奇的问话和对话，相信来访者的地方性故事才是对话舞台的中心，不将自己的想法霸占在对话的空间里，不会去要求来访者按照自己的价值去思考、去生活。咨询师愿意持续不断地去省思是什么阻碍了来访者对自己的好奇与珍惜。解构的对话必须建立在外化的概念上，此处的外化指人不等于是问题，人其实是思考自己问题的主人与专家。

运用叙事心理治疗的咨询师需要对来访者带来的问题进行解构。来访者的问题本身是具有一定结构的。结构本身不是问题，但是一旦这个结构被僵化了，问题就出现了。

作为一个普通人，我偶尔讲述自己的“我的自卑”之类的故事，这本来没有太大的问题。但是如果这个关于“自己是一个自卑者”的故事被内化了，成了来访者自我认同的一个核心部分——也就是说这个自卑的故事结构被僵化为个人自我意识的基本结构——那么其他的生活故事都会以这个叙事结构为蓝本，这时我们会发现，我这个“人”就开始有“问题”了。在我的生活经验中，所有与这个自卑的故事不相符的各种具体的经历都会被过滤掉，甚至完全不能被我所体验到，这样一来我的个人精神生活就会越来越狭隘，最后就会走进死胡同。生活的境界狭隘到一定的程度，就会对“我”形成严重的困扰，我会觉得整个世界都笼罩在“自卑”的阴云下面，很多事情就不能做，不敢做，生活停滞不前，精神上感觉走投无路。这时，我就可能需要寻求心理治疗的帮助了。

人们会遭遇各种实际的困苦和灾难，这当然不能完全归结为叙事结构这一个因素在起作用。祥林嫂在丈夫死后被迫改嫁，成为“不洁净”的女人，承受着封建社会的歧视，承受着心灵挣扎的煎熬。后来丈夫又死了，而且唯一的儿子阿毛也被狼叼走了。她所经历的不仅是切肤之痛，而且是心灵最深处的创伤和撕裂。祥林嫂反复不停地逢人便说同样的几句话，这种叙事的作用正好强化了她对伤痛事件的专注，使她完全沉湎于刻骨铭心的痛苦体验中。而她的精神生活的流动机会完全停滞，心理的视角已经凝固、僵化，生活中再没有任何希望或可能，她最终走向死亡的悲剧就成为不可避免的了。她已经失去了心灵康复的内在力量。我们不可以说，只要她能够改变自己的观察视角和叙事的结构，痛苦就能够完全化解。我们可以切实地感受到，即使在这样艰难无助、近乎绝望的情况下，祥林嫂仍然在努力挣扎着，试图修补自己精神世界的裂痕和漏洞。对于灵魂有无的疑惑和追问，成为她的人生故事如何结局的关键或枢纽：如果人死后没有灵魂，她就无法见到自己的儿子；如果人死后还有灵魂，有地狱，那么阎王会不会真的要把她的身体分成两半，分别交给她的两个丈夫？我们不知道，祥林嫂所盼望的究竟是哪一种情形，或许在两种情形中她是翻来覆去地比较而不能取舍。

无论如何，叙事都是个人精神创痛得以救治和疗愈的必经途径。鲁迅写《祝福》，主要是揭露封建文化的意识形态对于老百姓精神生活的压迫和限制。祥林嫂的故事告诉人们，除了这样一个生活故事之外，还存在很多别人生活样式的可能。我们每个人不要像祥林嫂那样，蒙昧地把特定形态的封建文化的叙事内化为自己的人格结构，从而失去创造性生存的能力。鲁迅的批判矛头指向的是积重难返的“吃人”的封建文化和它所维护的社会制度及其知识结构。

文化的假设有社会约束的作用和规范人心的作用，但是它们最终的目的应该是平和吉祥的生活，而不应该是压抑人性的自由发展，限制生活的可能境界。以这样一个理想化的生活目标为判断标准，我们就会发现各种各样的问题人群，多多少少都是因为受到僵化的文化假设的压迫和束缚，使自己的生命成为某个时代流行的故事的牺牲品。对于已经把这些假设的结构完全内化到近乎僵化的个人来说，如果他们感到已经很不舒服，迫切地寻求心理的帮助，那么治疗师就要帮助他们松动、拆解、去除这些结构的束缚，同时超越并包容它们，这就是治疗的解构作用。

三、解构和外化之间的关系

解构和外化之间是什么关系呢？它们是一个过程的两个阶段。外化的目的是先让人能够和问题分开，也就是能够在问题之外看问题。问题最终也是一个故事，一个被反复复制的故事，就像电脑的病毒，这个故事有一定的结构，而且这种结构被僵化了（也就是被反复复制，缺乏对个人的本土知识的尊重和运用）。现在把问题外化了，就可以有心理空间来审视这个结构，审视的结果就是要让这个僵化了的结构松动，可以容许新的生活加入。新生活的可能性慢慢地积累，僵化的结构就被打破了，这就是解构。

在治疗中如何通过叙事去解构？解构的方法比较简单、直接，比较容易理解。比方说，要解开一个绳结，首先你得仔细观察这个绳结的材质、缠绕方式、线头。其实人的问题——被内化了的问题，就是被视为人的一部分，如同胳膊。现在问题叙事被外化出来，就好比把一个东西放在面前，我们可以来了解它的构造，它是如何形成的等。对于问题叙事，那就要去了解它的主题、人物、情节，把这个故事放到它的背景中来看。在治疗过程中，咨询师可以问来访者问题最初是怎么开始的，对于问题的认定如何影响来访者规划生活的方式等。

在实践的层面上，“解构”可以被理解为“倾听那些没有被说出的声音”。倾听，是心理治疗的最基本的技术。尤其是在叙事治疗中，听比说更为关键。那么，治疗师应该怎样听？我们可以简单地说：听言外之音，听无言之言。来到咨询室的人往往相信当前的某个具体问题就是他们生活的全部。他们诉说的任何事都与这个问题有关。似乎生活中再没有任何空间可以容纳问题之外的东西。“倾听没有被说出的声音”是一个很高的技术和要求，它可以在外化的基础上进一步为来访者拓展叙事的空间，在这个空间中新的生活故事将会涌现出来。

四、丰富新故事

（一）由薄到厚

一般来说，人的经验有上有下。上层的经验大多是成功的经验，形成正向积极的自我认同，下层的经验大多是挫折的经验，形成负面消极的自我认同。一个学生如果累积了比较多的积极自我认同，凡事较有自信，所思所为就会上轨道，不需要教师、父母多操心。相反，如果一个学生消极的自我认同远多于积极的自我认同，就会失去支撑其向上的力量，使他沉沦下去。

叙事心理治疗的辅导方法，是在消极的自我认同中，寻找隐藏在其中的积极的自我认同。该疗法的策略，有点像中国古老的太极图：在黑色的区域里隐藏着一个白点，这个白点不仔细看还看不到。其实白点和黑面是共生的。如果在人的内心，当白点由点被扩大到一个面的程度，整个情形就会由量变转换为质变。找到白点之后，如何让白点扩大呢？叙事心理辅导采用的是“由单薄到丰厚”的策略。

叙事疗法认为，来访者积极的资产有时会被自己压缩成薄片，甚至视而不见。如果将薄片还原，在意识层面加深自己的觉察，这样由薄而厚，就能形成积极有力的自我观念。

（二）“打开行李箱”

【案例】

学生：老师，我不知道我真正喜欢的是什么？

辅导老师：你自己觉得你是个怎样的人？

学生：我不知道……

辅导老师：同学怎么称赞你？

学生：（笑）他们说我很认真。

辅导老师：怎么说？

学生：就是上次的义卖会啦……

辅导老师：你可不可以谈一下那一次的经验？

学生：上次校庆举办的义卖会，只要我在场，就会硬拉很多人来，我们班级的摊子面前可真是“people mountain people sea”（人山人海）。同学们都不知道我怎么把他们找来的。我有办法让他们掏出钱来，大家都说我们班的摊位没有我是不行的。

辅导老师：在这件事里，你觉得你有哪些天分？

学生：我……好像……有推销的天分。

辅导老师：过去是不是还有类似的经验？说来听听……

学生：我在初三的时候……老师，我在想，我好像的确有推销的天分，我妈妈也这样说我。

学生：初一的时候，妈妈在摆地摊。有一次她生病，身体不舒服，我刚好考完试，她要我替她一下。那一天我卖得比妈妈还多。好多逛街的人原来只是看看，并不想买，我好像有办法让他们买……

学生：老师，大学的哪些系可以让我将来在这方面发展？

在上述对话中，学生的第一个“不知道”并不是真正的不知道，而是内在的经验没有被学生觉察到。当与推销的天分有关的事件叙述出来的时候，随着故事的叙说，会带出厚厚一叠有关的经验。麦克·怀特还形容这种策略为“打开行李箱”（unpack），人的生命就像一个行李箱，里面有很多宝贝，还没被打开、发现，打开行李箱，将行李箱里面多姿多彩的内容展现出来，这与由薄变厚有异曲同工之妙，从薄到厚就像打开一个行李箱，把里面的东西一一翻出来，有时候会得到意想不到的惊喜，这些惊喜就像沧海遗珠，点亮枯燥昏暗的生活。

（三）丰富新故事的方式

弗里曼和寇姆兹认为要发展对抗问题故事的新颖故事，便是要发展丰富、详细而有意义的故事，也是一个由薄到厚的过程。

1. telling 与 retelling 的过程。通过对细节的描述创造一种景象，让人神游其中，其间的情绪、想法、表情、行动都能丰富故事，使之成为真实的存在。

2. 寻找闪亮时刻和独特经验等丰富故事。每个故事都有不同的主题、发展的时间线、空间点等，在来访者发现自己可以对问题有能力感的例外经验时，咨询师要去增强来访者的力量，并协助来访者从这些例外经验中发现那些自己所喜欢的新故事，并引导其发展，让新故事更为真实，更为扩大，甚至请他人作为见证，加强新故事的情节及故事的可信度等，因而取代旧有的问题故事，能够与支配故事进行对抗。

3. 透过想象，产生图案、画面。在重写故事的过程中，咨询师的兴趣在于建构人“主动进取的自我”，问话的角度则由加强故事中支持“个人力量”的观点切入。为了引导个人说出具有个人力量的故事，特别有用的方法便是提出“如何”或隐含“如何”的问话。同时，咨询师和来访者都可以通过想象故事的场景和人物，在脑海中构造相应的图案和画面，以此增强故事对来访者的积极作用。

4. 建立未来愿景。可以将来访者的故事丰富化，里面加入其对故事发展走向的未来愿景，这样可以让来访者对未来的发展有憧憬和积极向往的趋向。

（四）注意事项

1. 不要有成见。咨询师需要时刻提醒自己，不可以对来访者和自己的身份有某种固定不变的期待。例如问一对来咨询的夫妻“你们这次来有什么问题需要解决”，这个问话的压迫性反而导致了更严重的问题。

2. 不可以推进太快。探索例外和寻找比喻时都不要走得太快，走得太快会欲速不达。

五、改写

（一）改写技术的定义

人类没有单纯的行为，每种行为的背后都是有动机的，无论这种动机是有意识的还是无意识的。具有动机的行为，应该称之为行动。所谓改写技术，就是运用高度积极的好奇和耐心，借助精巧的提问，让行为背后的动机得到凸显。换句话说，是将单薄的故事讲成丰富的故事的过程。或者说，所谓改写是从例外生活的例外片段出发，演绎成来访者的新生活的过程。

通过描述行动或者是询问行动所表达的意义、目的、动机、愿望、价值观、梦想等，可以改变我们对一个事件的理解。有时候，一个看似“问题故事”主题的事件，可能会被转化成为例外事件，并成为改写的起点。

（二）改写练习

两个人一组，先练习，然后互换。练习怎么通过提问找到一个积极行动背后的意义。练习具体要求：

第一步，甲扮演来访者。先分享一个你目前的爱好，比如跳舞、看电影、斗地主、和家人或朋友一起等。乙扮演咨询师。通过提一些问题来帮助甲描述这其中的乐趣。他一定有什么体验、有什么感受。请注意：甲分享的是一个爱好，分享一个自己喜欢的特点，不是心理问题，而是自己的爱好、力量、梦想、在意的东西等。

第二步，请甲讲一讲为什么这个重要，哪些东西让你感觉是你看重的。

第三步，回想一下你以前的爱好，描述一下其中所反映的与你现在的爱好当中所隐含的价值观相同或相类似的一些东西。

第四步，继续往前回溯，也许可以回忆起童年，那个时候你的哪一些爱好也反映了类似的价值观？通过这些事件，请来访者思考自己是一个什么样的人。完成之后交换角色。

第四节　叙事咨询技能——编排和诠释

一、重新编排好的故事

叙述心理治疗主要是让来访者先讲出自己的生命故事，以此为主轴，再透过咨询师的重写，丰富故事内容。对一般人来说，说故事是为了向别人传达一件自身经历或听来的、阅读来的事情。不过，心理学家认为，说故事可以改变自己。因为，我们可以在重新叙述自己的故事甚至只是重新叙述一个不是自己的故事中，发现新的角度，产生新的态度，从而产生新的重建力量。简单地说，好的故事可以产生洞察力，或者使得那些本来只是模模糊糊的感觉与生命力得以彰显出来，为自我或我们所强烈地意识到。面对日常生活的困扰、平庸或是烦闷，把自己的人生、历史用不同的角度来“重新编排”，成为一个积极的、自己的故事。这样或许可以改变盲目与抑郁的心境。

哲学家萨特说过：人类一直是一个说故事者，他总是活在他自身与他人的故事中。他也总是透过这些故事来看一切的事物，并且以好像在不断地重新述说这些故事的方式生活下去。可以说，故事创造一种世界观，一种人生价值。

二、开放而积极的诠释

好的故事不仅可以治疗心理疾病和精神扭曲，而且可以使人从中寻找自信和认同，透过令人愉悦、感动的隐喻故事，我们可以重新找到面对烦恼的现实状况的方法，正视我们的过去，并且找到一个继续努力、正向发展未来的深层动机和强大动力。“为了创造生活的意义，人就面对了一项任务，那就是他必须安排自身事件经验的时间顺序，建立自己和周遭世界前后一致的一份记录。他必须把过去和现在，以及未来预期会发生的事件经验连成线性顺序，才能够建立这一份记录。这一份记录可以称为故事或自我叙事。这个叙事如果成功，人对生活就会有连续感，觉得生活有意义。简单地说：若要创造生活的意义，表达我们自己，经验就必须‘成为故事’。”

叙事心理治疗的故事所引发的不是封闭的结论，而是开放的感想。有时在故事中还需要加入“重要他人”的角色，从中寻找新的意义与方向，让来访者能够清楚地看到自己的生命过程。例如，有一个寻求帮助的来访者，他因为觉得自己不受到别人的重视而感到挫折、沮丧、自卑，当他讲述自己的生命故事时，觉得自己一无是处，但咨询师要求他回忆过去生命中哪个人对他“还不错”，原本脑中空白的来访者，勉强回忆起一个小学老师的名字。咨询师鼓励他打电话给老师，结果却得到一个“意外的惊喜”。这名教师虽然已经忘了他的姓名和长相，但还是向他连连道谢，并且表示，因为来访者的电话，让他感觉到自己的存在，对教学工作已经深感疲惫的他，又重新获得了动力。这通电话的结果是：来访者不仅帮助了老师，也意识到自己的生命原来也是这么重要。

第五节 叙事咨询技能——见证

要请来访者在意的人做见证人，有时候来访者在意的人不一定适合做见证人，也不一定愿意做见证人。这样就要做一些筛选。有时候来访者在意的人可能恰恰是给他带来伤害的人，这样的人不适合做见证人。有时候来访者在意的人可能已经不在人世了，这样可以使用空椅子技术代替，或者可以放置一个维系着来访者与那个人的心理联系的纪念物，让来访者想象他如果在场会怎么说。有时候来访者想邀请的见证人可能不是现实中存在的人物，可能会是宠物，这都是可取的。只要来访者认为见证人知道来访者在这之前的咨询中所表达的优点、力量、希望、梦想、价值观等，就可以邀请。这有点像心理剧。

邀请见证人之后，要对见证人做培训。让他们知道谈话进行的程序。让他们事先知道你将会问他们以下问题：

一、表达

表达就是对见证人进行提问，一问一答，互相之间说出当下的真实想法。

咨询师问见证人：“你刚才在我们的对话中听到的什么东西让你印象特别深刻？刚才对话中的哪一点特别打动你，让你印象特别深刻？”这一点就要事先要求见证人注意，一定要是例外事件。

二、景象

要问见证人：“当你听到那些积极事件，例外事件的时候，你（见证人）脑中浮现一个什么样的景象？”无论如何，要求一定是个景象、图像。

三、共鸣

问见证人：“你刚才听到他那个例外事件的时候，你有没有什么经历让你产生共鸣的？”让他（见证人）联想到自己有什么样的生活事件。请注意：这个地方也要求是积极的共鸣！比如说见证人在回应的时候说，来访者这件事情做得很好，然后就表示“我怎么就做不好呢？”这样一个共鸣就会让被见证的人有一种负罪感，咨询师就要事先跟见证人要求：第一要听积极的例外事件；第二要讲自己的例外事件，在回应的时候其实是讲的自己的力量感，如“我也有一次……做得挺好的，我也在这种情境中遇到过这样的情况，我活下来了”。

四、触动

问见证人：“听了他的故事会让你有什么改变？”其实这个“触动”在英文中是“transportation”，意思是“运输”，它的本意实际上是见证人听了咨询的对话后会有什么改变。

五、好奇

在这个见证技术里边往往还有一步，这就是好奇：他（见证者）是怎么做到的？这个问题不需要来访者回答，只是表达对其力量的好奇，开启一段探索的旅程。

第六节　叙事治疗的意义

一、启发作用

在叙事心理治疗中，重要的不是“叙事疗法”名称本身，而是叙事的方法。说故事的叙事方法可以视为对现存的思辨、实验、调查、观察和其他传统方法的补充。

如果把叙事作为一种扎根隐喻，它可以说是不同于传统心理学的“器官”“机械”的隐喻。叙事隐喻比起另两种隐喻有更深刻的思想。它使心理过程与内容结合，使心理学与日常生活结合，使心理与社会文化历史结合，这可以克服以往心理学研究把人从文化内容、社会历史文本中抽离出来的弊端，为我们的教育提供了更广阔的空间和背景。

叙事作为一种方法在心理学研究中有不可替代的作用。首先，叙事可作为心理学研究中获得深度资料的重要手段。叙事资料作为数据资料的补充，可以通过对具体个案的深入剖析而揭示出一般的规律或独特的意义。其次，叙事还可作为干预手段在研究中使用。叙事总是与反思联系在一起，我们在叙说生活故事的过程中，也就审视了自己。这种反思或审视是一种内源性的干预，使我们自律，变得对我们的生活负责。

二、影响力

在叙事心理治疗的概念与方法当中，有许多值得教育工作者及父母反思的空间。

许多师生与亲子间的冲突在于长辈以优势的真理地位要求青少年接受教导，在多数情况下，这样的方式带有很大的强制性，大多只能使青少年强行接受，但接踵而来的问题是：有些透过主流真理压制个体意义的方式达成的生活，学生能否心悦诚服地接受？进而他们能否快乐地成长？家庭与师生基于亲密的生活接触，在青少年生命中常扮演具有决定性影响力的角色，教师与父母的责任重大，谨慎使用这样的影响力变得尤为重要。

例如，对于班级或家庭中部分的“问题学生”或“问题青少年”，解决其问题的方式恐怕不在于要求贯彻老师或父母“真知灼见”的规定或预测，任何问题的发生都不应以找出一种看似最佳的解决途径要求学生或子女改变行为就可以了，而是应该试图理解他们对事件背后原因的认知，对其个人人生意义的看法，让他们明白其行为与主流价值间的落差从何而来，协助他们思考应如何面对主流定义下的真理，进而找出自我改变的方式以及调整对自己人生的看法。

在对待学生或子女的教育中，尝试找出他们看待人生的方式，远比精确地指出一种适合他们发展的道路来得重要，毕竟教师与父母的知识都并非中性，而都带有浓浓的权力意味。这样的知识或许有效，但不见得适合每一个个性差异极大的子女或学生，而对主流“真理”的适应不良，是可能形成“问题少年”的。如果方法失当，有时效果会适得其反。

三、发现生命的意义

在咨询师和来访者处于“叙事心理治疗”中时，他们所面对的不是一种可以置身事外的“工具”或“技术”，而是来访者的生命故事，反映的是来访者的生命态度、生命要求和生命抉择。在这里，对待生命的积极态度很重要。同样的事实，因为不同的解读，就会释放出不同方向的力量。我们每个人都有历史的痕迹，有许多的故事，故事中积极的资产被发现，向上的动力就会源源不断。例如，如果认为单亲家庭是“成长的缺陷”，那么只是看到了负性的一面，是向下的沉沦，但是如果看成是逆境的磨炼，那么它会成为成长的动力。生命经验的转化，就在于对生命故事的咀嚼：“如果妈妈还活着，她希望你怎么做？”“你从这件事情中学到了什么？”“这件事教给你什么？”正是这些咀嚼，使学生发现了生命的意义。在辅导和教育中，这种发现并非无中生有，是让学生得以经验现身，让他们自己去发现。正如英语中“discover”（发现）一词，“cover”是盖住的意思，在“cover”前加了“dis”，是不让它盖住，让原有的展现出来。叙事心理治疗原本就是要让我们每个人成为自己的心理捕手。

参考文献

李明．叙事心理治疗．商务印书馆，2016.

第六章　绘画心理治疗

绘画疗法是心理艺术治疗的方法之一，是让绘画者通过绘画的创作过程，利用非言语工具，将潜意识内压抑的感情与冲突呈现出来，并且在绘画的过程中获得疏解与满足，从而达到诊断与治疗的良好效果。无论是成年和儿童都可在方寸之间呈现完整的表现，又可以在“欣赏自己”的过程中满足心理需求。

第一节　绘画心理治疗技术

一、什么是绘画心理治疗

（一）绘画心理治疗概述

绘画作为情感表达的工具，能够反映出人们内在的、潜意识层面的信息（心理意象），是将潜意识的内容视觉化的过程。生理心理学家发现，大脑右半球具有音乐、绘画、综合的集合空间鉴别能力。而同时对精神分裂症侧化损害研究发现，精神分裂症患者大脑右半球功能亢盛，表现为情感活动异常，主要是负性情感的体验。这说明右半球功能损害影响患者情绪机能。所以同属右半球控制的绘画艺术活动是可以影响和治疗患者的情绪机能障碍的。

绘画疗法主要是以分析心理学中的心理投射为基础。在分析心理学中，投射被认为是无意识主动表现自身的活动，是一种类似自由意志物在意识中的反映。投射的产物不仅以艺术的形式存在，梦境、幻觉、妄想等也都可以理解为心理投射。人们对绘画的防御心理较低，不知不觉中就会把内心深层次的动机、情绪、焦虑、冲突、价值观和愿望等投射在绘画作品中，有时也可以将早期记忆中被隐藏或被压抑的内容更快地释放出来，并且开始重建过去。

绘画心理治疗技术是表达性艺术治疗的一种，是通过绘画来表达人们内心的思绪、感受及经验。所表达的内容可能是来自意识层面，也可能是来自潜意识层面。绘画心理治疗技术主要包括两个部分：创作过程和艺术表达。

创作过程指给定一个主题，来访者根据指导语画出指定主题的画面的过程。而艺术表达则引导来访者对创作的画进行分享：画的是什么？为什么这么画？画画时候的心情？这幅画讲述了一个什么故事或者表达了什么意思？除了语言的表达，还可以借助文字的方式来表达，比如为这幅画写一个故事，或者写一首诗。

创作过程和艺术表达在绘画心理治疗技术中起着同等重要的作用。创作的过程本身就是心理的表达，是内心心理空间的情绪和人格得到呈现的过程。因此，创作亦是治疗，即使我们不需要知道很多道理，但在创作艺术作品的过程中，就可以实现心理治疗效果。

（二）两种背景下的绘画心理治疗技术

很多人对绘画艺术心理治疗技术认识尚不全面，以为绘画心理治疗就等同于绘画心理分析，因此经常会听到有人这样说："我来画幅画，你来给我分析一下。"其实绘画心理治疗有两个方向：一是心理分析背景下的绘画心理治疗，二是艺术表达背景下的绘画心理治疗。

心理分析背景下的绘画心理治疗就是大多数人对绘画技术的认识——分析一幅画，从一幅画里解读来访者的心理特点和人格特征。这个方向下的绘画心理治疗，侧重对绘画的形式和内容进行分析，要求分析者有丰富的心理分析技术，能解读不同文化下的符号意义，适合于专门接受过心理分析训练的心理咨询师。

而艺术表达背景下的绘画艺术治疗侧重于分享与表达，即来访者在咨询师的陪伴下，讲述他所创作的艺术作品。这个方向下的绘画心理治疗，不需要去知道什么样的形式和内容代表什么样的心理特点和人格特征，强调的是表达即过程，艺术即分享。

表面上看，上述两者有所不同。前者是咨询师为主导的，而后者是来访者为主导，咨询师作为陪伴的；前者是分析为什么、是什么，而后者则是主要侧重于表达发生了什么。但实际上，两个背景下的绘画心理治疗并不割裂，其实是一个技术的两面。

所以，如果有人问艺术表达背景下的表达分享是否包括分析呢？答案是肯定的。表达分享的过程里面是一定会包含分析的，只是这个分析过程不表现给来访者看，也不会把分析的结果告诉来访者。在来访者表达分享的过程里，咨询师是带着分析在思考的。例如在咨询中看到一幅画，画面全部都是黑色的，没有任何其他的颜色，那么咨询师就会对这幅画进行相关的分析，但咨询师不会直接指出问题和自己的假设，而是带着好奇，去引导来访者，做出进一步的分享和探索。在表达分享中，用分析出的线索指导咨询的方向，这就是所谓的暗分析，讲究看透不说透。

相对地，心理分析背景下的分析也同样包括表达和分享。同样一个主题的呈现，不同文化背景下的来访者会有不同的解释，比如说对于龙，中西方的符号意义就不一样。在中国，龙是神话传说中的神异动物，常用来象征祥瑞，是中华民族最具代表性的传统文化符号之一，而在西方龙就常与邪恶画上等号。即便是在同一种文化背景下，因为来访者原生家庭、生长环境、教育经历等的不同，同一个内容对不同的人来说意义也可能不一样。比如画树的时候，很多时候能看到树干上画了洞，这个洞对有些来访者来说是过去经历中受的伤，是伤疤。但对另外一些人来说，他们自幼学画的时候就被教授要求在树上画一些圈，表示年轮。所以，不能看到树上的洞就认为是伤疤或者其他，而是要听来访者的表达分享，听听在他那里，到底是伤疤还是年轮。这就要求咨询师不能刻板地去分析，需要结合来访者的实际情况来总体把握。

事实上，越是把绘画心理治疗技术运用得好的咨询师，越善于把两个背景下的绘画心理治疗技术结合起来用。在表达分享中分析，用分析的线索指导咨询的方向，从而更加促进来访者分享得更深刻，表达得更淋漓尽致，达到情绪释放、问题修复等咨询目标。

（三）本会团体侧重于艺术表达背景下的绘画心理治疗

不管是在运用绘画心理治疗技术做咨询时，还是在教授绘画心理治疗技术的课程中，都会遇到有人指着他的画对我说：“我画的这些都代表什么意思呀？老师您帮我分析分析吧！”通常会这样问的人，都可以做这样的假设：这个人在作画的时候，他是匆匆忙忙的，他是作业式的，他觉得只要他画出来了，老师便会告知他是怎么回事，所以在创作的过程里，他不会全情地投入，体验也就不会深刻。有这样的前提，即便告诉他关于画的分析，也没有任何的意义，甚至在有些时候，还可能有负面的影响。因此，我在带领作画的时候，无论个人咨询还是团体咨询，我都会有这样的前提告知：请重视创作过程，创作的过程即是治疗的过程。创作的过程本身就实现了情绪的释放以及对心理空间的重新排列，甚至也是潜意识意识化的过程，也在隐喻和象征的时候实现了意义的转换，这些都是在艺术作品创作过程中实现的。所以如果仅仅局限在对绘画的心理分析，缺乏投入过程的表达和分享，就会显得狭隘，大大浪费了艺术治疗本身的意义。

艺术治疗的过程是满足人们需要表达的过程，而不是给予道理的过程。告知道理，只会让其心里有谱，更有掌控感，仅此而已。最后有人会把这种心里有谱的感觉当作是心理治疗的效果，但其实不是的，真正的治疗效果是爱，是表达，咨询师和来访者之间的爱的关系才是疗效因子之一。来访者确确实实表达了自己，把自己的需要进行了呈现和转换，进行了意义的升华，这才是真正的疗效。

二、绘画心理治疗技术的特点

（一）水到渠成：动之以情，晓之以理

传统的心理治疗方法是晓之以理在前，动之以情在后，而绘画心理疗法却是动之以情在前，晓之以理在后，使治疗效果水到渠成。本书主导的绘画心理治疗强调的就是表达和分享，恰恰就是这样一种水到渠成的技术。

（二）突破防御，减少阻抗

在绘画治疗的过程中，绘画本身就能有效地使用到突破防御这一点。来访者根据当下最强烈的情绪作画所表达出的是更贴近自我的内容，来访者的内在情绪及状态在这样的过程中得到表达。这便是绘画治疗容易突破防御，减少阻抗的功能体现。

（三）不同的艺术治疗载体

不同的艺术治疗媒介所表达的特点是不一样的。艺术治疗可以通过任何艺术作为载体来实现，如音乐、诗歌、绘画、雕刻、戏剧等。每种艺术载体表现出来的功能也是有区别的。

因此，艺术治疗是以不同的艺术媒介作为载体，实现心理表达、心理教育和心理治疗的一种心理治疗技术。绘画疗法在实施中可结合其他艺术载体进行，如画完一幅画后为画作首诗。

第二节 心情画

心情画是当下心情的表达，可以随时随地，可以释放情绪，可以从无意识到意识，可以转化认知，可以规整空间，可以用在个体，可以用在团体，不需太多道理，只是表达现在的心情，期待美丽的作品。

一、准备阶段

工具准备：两张空白纸，一盒蜡笔。

环境准备：安静的环境，有足够作画的空间。

心境准备：放松自己的心情，打开自己的想象。

时间准备：20 分钟左右。做好一切准备，等待咨询师的指引。

二、个体“心情画”技术演示

（一）引导语

现在有蜡笔和白纸，请把你现在的心情画下来。然后再用一首诗来形容画的内容和心情。

（二）分享过程

分享内容包括：画中文字，如题目、画的内容，引导来访者描述画面和感受。

三、团体“心情画”技术演示

（一）引导语

请所有的学员们闭上眼睛，然后深呼吸，连续三次，这时如果把你此刻的心情想象成是一种天气的话，会是一种什么样的天气？当想到这是什么天气时，继续想象在这样的天气下，会有哪些东西存在？它可能是一片湖一片海，或者是一片草地一座高山，或者更多的东西。

等你想好了之后把这个画面定格下来，就像拍照一样。固定好之后，请你慢慢睁开眼睛，然后选择你最想要表达的色彩，把它画在你的纸上，画完之后再为你的画起一个名字，写上日期和你的名字。（5 分钟时间）然后再为你的作品写首简单的诗，不需要太多道理，只是此刻的情绪，对，你就是这样想着的，也不知道是怎么回事，这样才是最真实的。（5 分钟时间）

（二）分享过程

在分享时，学员们并不需要立即问别人发生了什么，只需要尊重当下，尊重自己，把情绪表达出来，然后沿着这样的脉络去前进，就可以找到真相。在这样的过程中咨询关系逐渐建立，情绪也逐渐得到表达，而且真相不断浮现。这也是绘画治疗的疗效所在之处。

情绪是会说话的，一般情况下，我们会通过语言把它表达出来，但是在作画的过程中，情绪在笔尖是自由呈现的，我们虽然没有用语言表达，但是最后还是会用诗词语句来表达画中的内容，当来访者用语言来描述自己的作品时，会把潜意识的情绪与逻辑思维中的认知相结合，这样两者就可以达到统一。心情画是画者当下的心情的表达，但它又不仅仅局限在当下，可以从当下一直延伸，从而达到情绪的释放，把无意识层面的东西转化到意识层面，达到规整心理空间，转化认知的咨询效果，是非常好用的一个艺术治疗方法。

第三节　九宫格（九分割统合绘画法）

一、什么是九分割统合绘画法

九宫格又称九分割统合绘画法，是日本心理学家森谷宽之创造的一种艺术疗法，其想法产生于 1983 年，森谷宽之对中井的“框格法”产生了浓厚的兴趣，觉得通过画格子能对描画空间起到保护的作用，而且因为描画空间更具有层次性，能让缺乏绘画欲的人更容易下笔。森谷宽之又在一本介绍曼陀罗的书中受到启发，尤其金刚曼陀罗是呈九分割的布局，因此自创了九分割统合绘画法，又称九宫格。

这个绘画疗法的技术就是源于心理分析背景，源于文化，源于曼陀罗所延伸出来的技术。但本章介绍的技术显然已经进行了融合，我们不再是以心理分析为背景，而是更多的加入体验、分享和表达。

二、九宫格绘画技术特点和功能

（一）立体的呈现

中国人做心理辅导往往具有整体性，因为中国的文化具有整体观，所以九宫格这个技术是可以比较立体地把一个人的心理空间里面的现状给呈现出来。

（二）叙事性

它是一个格一个格的，一个格一幅画，一幅画就是一个故事，故事与故事之间又有重叠，这样构建了故事的连续性，有叙事的功能。叙事的过程符合表达与转换，事情的背后有态度，态度背后有情感，所以在情绪情感的表达中可能实现一些叙事性的表达与转换。

（三）能够找到我们心里的一些症结

因为它是一个立体的技术，所以也容易找到一个人的症结。中医里有这样的一句话“通则不痛，痛则不通”，意思是人的身体里有一些症结，像经络不通瘀积在那个地方，如果我们通过刮痧，通过按摩，通过针灸，疏通了就好。当一个整体呈现的时候，我们可以看到局部的一些结，这样就能找到重点。

（四）应用范围广

九宫格应用的范围比较广，比如说我们可以做“我的父亲母亲”的主题，主要关于我的重要他人，在于体现我的客体关系；而“我的童年”的方向是关于自我。另外，无论是在一对一的个体心理咨询和辅导过程当中，还是在团体心理咨询的活动中，都可以引导对象成员进行九宫格的绘画创作和表达，从而实现我们的咨询目标。

三、操作过程

（一）工具

A4 纸，铅笔，蜡笔或水彩笔，橡皮擦。

（二）操作过程

在 A4 纸上画上框，再分成九个小方格。

如图 6.1 所示，起始点一个是在右下角开始往上走，逆时针的方向来到中心这个圆点，1、2、3、4、5、6、7、8、9，或者如图 6.2 所示从中心开始，顺时针的方向，从 1 到 2、3、4、5、6、7、8、9，最后又回到了右下角。除此，还可以从左上角开始，如图 6.3 所示顺时针的方向 1、2、3、4、5、6、7、8、9。不管是哪一种都说明一个现象，把九个格看成是一个空间的整体，本来是一个平面的，由于顺序上进行了一些调整，它就变成一个立体的了，不管是从中间还是右下角开始转圈，都符合曼陀罗的一些元素。（图 6.3 较为常用）

5	4	3
6	9	2
7	8	1

图 6.1　九宫格图示一

5	6	7
4	1	8
3	2	9

图 6.2　九宫格图示二

1	2	3
8	9	4
7	6	5

图 6.3　九宫格图示三

最后，在画好的九个格里面画画，画的内容可以自由命题，也可以指定内容，可以根据当时的咨询情况或者团体内容来定。九宫格技术对绘画的本身没有要求，只要能表达画者的意思即可。

四、操作过程的注意点

第一个注意点，九宫格四周的边框一定要用笔画上去，这样才能形成一个整体的隐私的心理空间。

第二个注意点，是要画满这张纸，每个格子里要填充足够的空间。

第三个注意点，如果是团体辅导，最好是带领他们亲自画出九宫格，而不是为他们统一印好九宫格。

九宫格是画手的心理空间，相当于一所房子，如果住的是他亲自盖的房子，他会很舒心，感觉更加安全。如果他不知道这个房子从哪里来的，以前住过谁，那他就会缺乏安全感，所以注意细节很重要。

九宫格这个技术是分三个方面来进行的，一个是知其然，一个是知其所以然，还有是知其所以然以然。我命名为知其一就是会操作，知其二是知道为什么会这样操作，知其三是这个技术是我自己亲自制作的，这样才是一个心理学技术应用的高手。

大家在学一个技术操作的时候，需要用心多留意，学一个技术是不难的，难的是它背后有很多的细节和很多的原理需要弄懂，懂了之后还要有自己的理解，之后应用时还要有灵活变换的能力。然后，再提高一个档次，你就不再是一个操作者，你可以成为这个方面的专家，你可以自己去创造技术，像森谷宽之，这样就可以成为真正的科学心理学工作者。

五、九宫格技术案例指导

本章以一个团体心理咨询过程中以“我的父亲母亲”为主题的一场九宫格绘画治疗为例来示范技术操作过程中的指导语和分享注意事项。

（一）指导语

请大家把 A4 纸横着放，并在这张纸上开始画个方框分为九个格子，不能使用折痕代替，九宫格画完之后在纸的顶边写上“我的父亲母亲”。写完之后请轻轻地闭上眼睛，在你的头顶会出现这一行字——我的父亲母亲，出现这一行字之后，紧跟着就会出现一个画面，可能是爸爸，也可能是妈妈，可能是两人同时出现，可能两人都没出现，而出现的是一个情境，比如说在田野里，在家里，等等。反正不管出现什么画面，你都要像照相机一样把这些画面照下来，然后睁开眼睛，把它用笔画在第一个格子里，或是从中间或是从右下角开始。不需要精益求精，只要把大概的意思画出来就好了，留一些线条都是可以的。当第一个格画完之后，再闭上眼睛，有一行字——我的父亲母亲——在头顶上飘过，接着就会出现第二个画面，然后睁开眼睛，把画面涂在第二格。有些人会说自己画得不够好，不会画，很多学员都有这样的担心。不要担心你画得不好，我们不是美术学校，我们只需要你是真心表达，你只要涂出来就好了，如果你不会画人，你就画个圆圈火柴人。九个格都画完以后，你可以为你的九宫格上色加工、美化它，直到你觉得可以停止画画。准备好后请大家开始画。

（二）分享注意事项

九宫格有很多特点和好处，它可以是一个人心理空间的立体展现，它可以有不同方向的应用，它可以结合故事让我们在叙事的过程中实现心理的疗愈，它可以去发现我们的一些“通者不痛，痛者不通”的点，它可以在团体中用，也可以在个体中用。

在分享过程中，要注意几点：一是画中故事的整体性，作画者是以怎样的线索来呈现的；二是在叙述过程中，他在哪里会描述得更多更详细，这些信息都可以帮助咨询师找到“痛点”；三是如果出现九个格无法画满的情况，也请他分享一下此种状态下的想法和感受。

第四节　风景构成法

一、风景构成法的两个关键

风景构成法是由日本的中井久夫先生1969年创立的一种艺术疗法。它有两个关键词，一个是风景，一个是构成。

第一个，风景。就是一个人心理世界的呈现，也就是一个人心理世界里面的风景，通过外在的象征物把它呈现出来。

第二个，构成。多个自然界环境中的物质构成了一幅画，每一个人的不同就在于建构的不同，我们建构自我的方式不一样，我们的人生也就不一样。这也同时体现了一个人构建心理世界的水平。

通过去建构一个风景，把多个元素放进去，里面的关系很重要。这个关系体现了意识和无意识的交流。外显的东西是意识层面的，但外显的背后透露着无意识的信息。当我们把意识和无意识连接，基本上就可以看出一个人的内部关系和外部关系，从而对一个人进行诊断和评估。在这个过程中还有一个很重要的关键词是象征。如果你在象征隐喻方面没有任何理论基础，那你也只能当它是一个体验了，不要试图去瞎分析，会胡乱给别人戴帽子。

技术有三个层次。第一技术是人，第二技术是经验和理论，第三技术才是方法和操作原理。

二、实操演练

（一）准备

B2 纸，水彩笔，安静的环境。

（二）主题

我的风景画。

（三）操作指南

1.11 个元素，依次呈现。

呈现顺序：

（1）道路—河流—山—房子—人物—树木—田地—动物—花草—石头—自己想加的元素

（2）山—道路—河流—房子—人物—树木—田地—动物—花草—石头—自己想加的元素

（3）河流—道路—山—房子—人物—树木—田地—动物—花草—石头—自己加的元素

2. 画完后可以用不同的色彩去修饰。

3. 在背面给绘画加一个故事解说：什么场景，在什么时候，发生了什么事。

（四）指导语

请在 B2 纸的一边写上“风景构成画”，或者“我的风景画”，接下来会有 11 个元素依次被说出来，每说出一个，就在 B2 纸上画一个，每个元素的数量不限，每个元素的布局和搭配可自由呈现，当 11 个元素全部完成后，就会在纸上构成一幅风景画。

请画第一个元素：河流（等画完或者三分钟后）。

请画第二个元素：道路（等画完或者三分钟后）。

请画第三个元素：山（等画完或者三分钟后）。

请画第四个元素：房子（等画完或者三分钟后）。

请画第五个元素：人物（等画完或者三分钟后）。

请画第六个元素：树木（等画完或者三分钟后）。

请画第七个元素：田地（等画完或者三分钟后）。

请画第八个元素：动物（等画完或者三分钟后）。

请画第九个元素：花草（等画完或者三分钟后）。

请画第十个元素：石头（等画完或者三分钟后）。

请画第十一个元素：自己想加的元素（等画完或者三分钟后）。

现在 11 个元素已经全部画好，看看画好的画，可以增加一些色彩，做一些补充，做一些装饰，如果不想加，也可以。

装饰完了画，请在 B2 纸背面给绘画加一个故事做解说：什么场景，在什么时候，发生了什么事。

分享绘画，分享时可以表达，从画里你对自己有什么样的看法。

（五）分享过程指导

我们在看一幅画的时候，无论是咨询师还是来访者都有一个概念叫作第一窗口。意思就是一幅画摊在你的面前，最刺激你的，最引起你注意的那个物品是什么。有时候第一窗口可能是一个东西，有时候可能是色彩，有时候也可能是整体。可是第一窗口是不是一定是第一时间要拿出来分享的呢？不一定的。所以在分享的过程中还是要看咨询师和来访者的互动，在来访者没有主动互动的情况下，咨询师可以根据自己的第一窗口来请对方谈一谈。

（六）部分物品的象征意义

河流代表无意识，道路代表意识，房子代表一个人的安全感和家，树代表自己，一种生命，这是一些固定的解释，但不是绝对化的。刚才说到第一窗口是固定的，但取决于具体情况。即便是固定的象征物也是会有变化的。

要达到良好的效果，在具体的操作中，我们还是要看每一个咨询师的人格，看与来访者建立的咨询关系，看咨询师自己对当下此时此地的把握，以及对文化象征符号的了解，和对问题的穿透力及敏锐度等，这些东西不是一些外在的技巧可以弥补的。

第五节 家庭文化绘画技术——我的六个家

一、理论背景和技术特点

这个技术的背景，首先就是文化心理学。文化心理学是一个基本的理念，我们以家庭的治疗理论和方法，在艺术表达的推动下，以绘画技术作为载体，最终实现我们想要解决的因夫妻间文化的不融合、不理解、不认同而产生的冲突。

此技术最鲜明的特点就是具有文化性。用这种技术，我们可以比较直接地把文化呈现在里面，语言一般是很难表达清楚的。所以在以文化为背景的绘画技术下，把具象画出来，特点就会表现得很鲜明了。可以让夫妻双方在这过程中真正做到设身处地。我们这个“我的六个家”技术正是可以做到实现一种文化场的设置。

这里还有历史观的特点。我们要知道问题从哪里来，这就是一个过程，是一个发展的，关于时间的问题。很多时候我们觉得很了解对方，但在这样一个技术的过程里面，你会很戏剧地发现他 / 她的过去，他 / 她的历史有很多都是你不了解的。而当你真正了解对方的时候，你做的任何事，都不会有伤害性。

第三个特点就是戏剧性。戏剧性是指在时间和空间里产生变化。 当把这样的画面展示出来描述的时候也是具备一定的戏剧性的，在这种戏剧性的效果下，彼此的心理也会产生巨大的变化。

二、“我的六个家”操作指南

（一）准备阶段

工具准备：6 张空白 A4 纸，一盒蜡笔或彩笔。

环境准备：安静的环境，有足够作画的空间，时间大约 20 分钟。

心境准备：放松自己的心情，静心回忆，不被打扰。

（二）操作过程

1. 引导语

下面请画出6幅图，依次是“我爷爷小时候成长的家”“我外公小时候成长的家”“我爸爸小时候成长的家”“我妈妈小时候成长的家”“我小时候成长的家”“我现在的家”。若你现在还没有成家，那就请你想象一个未来自己的家，画下来。

2. 分享过程

在分享的过程中，要去思考关于意义的话题。绘画疗法有相当一部分是在解释过去，还有一部分是在建构现在，还有一部分是在追寻未来的意义。因此意义这个话题，在这里显得尤为重要。因此绘画治疗和文化心理学是没有办法分开的。两者之间的关系是艺术是载体和过程，而文化是内涵和目标。绘画的过程就是隐喻和象征的过程，而这又恰恰是文化的内容。

每一个人做每一件事情都会给自己一个解释，在这个解释里面就包括了归因，体现了我们的认知和我们的态度，这是不容小看的。归因决定人生，认知决定行为，行为决定现在、决定未来。因此每个人都要对自己的过去有一个解释的系统，解释过去也意味着去厘清自己的过去，不带着任何包袱来经营现在。在解释好了过去的前提下，才可以建构好现在的我。那么我们看到的，很多所谓有问题的关系、有问题的人，首先都是因为没有解释好过去，所以没有办法建构好的现在。如果我们对现在的我没有建构好或者不知道如何建构，那么对未来意义的追求就很难去实现了。

3. 分享中的现象

当我们的分享者还没有准备好时，我们要理解和耐心地等待。咨询师需要的是对来访者的尊重和共情，当他愿意去打开自己，碰触更多更深的情结的时候，我们再来听他的分享，再来探讨更深层的东西。当来访者还没有准备好在团体成员面前打开自己，咨询师可以和来访者单独交谈，在他愿意对咨询师个人打开的情况下进行；很多人会不太方便在一个公共的场所，分享自己的隐私，我们需要去尊重这样的分享者。画里没有分享到的，我们可以和来访者进行后续沟通。我们可以根据情况适当扰动一下来访者，看看从咨询师的窗口看到的问题，提示给来访者后，来访者是否愿意分享。在分享时，我们强调的那些不同的窗口，能在不同的时候综合运用，达到事半功倍的效果。

第六节 此时此地

一、理论基础

此时此地是存在主义理论中的一个重要思想，我们要足够客观地去描述自己所处的环境，这是做到真正此时此地很重要的一点，这是一种客观观察的能力，也就是此时此地的能力，所以要去审查自己的描述里是否加入了自己的主观意愿。

在咨询里面强调此时此地的重要性，是为了时间和空间是连续性和间断性的统一。很多来访者有意无意地割裂这种统一，不能看到他们自己所经历事件的过去、现在和未来的连续性，只看到过去，只想到未来，不能看到现在。咨询师的任务就是把只看到过去和未来的目光，转移到现在，关注到此时此地，让来访者明白，他们在现实生活中所经历的事件，总是发生在过去的他时他地，演化到现在的此时此地，再发展到未来的彼时彼地的。身心健康的人，总是能够将事件的过去、现在和未来联系起来看，知道现在是由过去所决定的，而未来由现在决定，要改变未来，得关注此时此地，从现在改变，从现在做起。

此时此地这项技术与我们的绘画治疗相结合，也就是让来访者关注当下此时此地的环境、关系、感受，再加上艺术的表达。

二、艺术表达的流程

（一）评估

让一个来访者作画，就能透过画看到他问题的深度广度和问题的类型，然后评估来访者问题的来源以及他需要解决的、想要解决的方向。

（二）表达

对画做分享：画里是个什么场景，有些什么人事物，画的是什么时候，发生了什么，为什么会发生，感受是什么等。比如用语言说出或用几句话来写下对这幅画内容的表达。

（三）呈现

来访者分享完以后，根据此时此地的感受，再画一幅画。呈现还有一种情况，是在团体活动中会有的，就是其他成员听了分享以后，画一幅画来表达自我心中的感受。呈现和表达是可以互换的，形成一个表达后呈现，呈现后又表达的过程，反复相互地发生作用。

（四）转化

在呈现和表达产生交互作用以后，转化也就会自然而然地发生，使其原来对事物的看法发生了转变，这个过程中的变化是很自然的，必须是经历了呈现和表达后自然的转化才能发生。需要说明的是，在艺术绘画治疗过程中，不是简单地做一幅画就可以呈现清楚，而是需要不停地呈现和表达，经历呈现—表达—再呈现—再表达……反复交互后才能自然产生转化的阶段。

（五）整合

在不同的方面进行了转化，多个点上都产生了转化，最后也形成了下一个阶段——整合。将内在感受的表达与画中呈现的内容，以及产生的转化效果进行内部整合。

（六）康复

整合后再过一段时间，心理问题就会自然而然地康复。人类的心理世界是十分浩瀚的，我们目前也才探索了一点。做心理咨询也是不能追求快速、立竿见影的效果。成熟有经验的咨询师都知道，心理咨询是一个走三步退两步的过程，我们不能使来访者一次性和在短时间能达到康复的原因也在这里。不管在咨询室里咨询师和来访者的互动是如何有效，走得有多深，待出了心理咨询室，走进现实的生活场景，退化自然就发生了。所以要保持心理咨询的有效性，持续的、一段时间的咨询是很有必要的，这样才能达到最终康复的效果。

三、此时此地绘画

（一）准备阶段

工具准备：A4 纸，一盒蜡笔或彩笔。

环境准备：安静的环境，足够作画的空间。

心境准备：放松的状态，全心地投入。

（二）操作与分享

本章的案例选自一次远程课程中的分享，所以展现的是各个分享者各自的此时此地，故各有不同。

1. 此时此地——环境

指导语：第一幅画，现在来观察一下你周边的环境，你可以想象自己是一台照相机，等我喊 1、2、3、停的时候，你的眼睛就眨一下，把你所观察到的这个画面照下来。好，1、2、3、停！接下来，把你“照下”的这个画面，画在纸张的 1/4 的地方，在下面 5 分钟的时间里画出来。分享的方式像是介绍一张照片一样，介绍这个画面中有什么，以及一些物品之间的联系即可。

2. 此时此地——关系

指导语：第二幅此时此地的画，是关系画，你可以观察，此时你的关系，和谁是近是远，都有哪些人在你身边。根据远近，既包括物理上的远近，也包括心理上的远近，客观地呈现出来，然后变成一幅关系画，画中先画上自己，然后画别人与你的关系，也是画在纸张的 1/4 处。

3. 此时此地——感受

指导语：第三幅此时此地的画，即你此刻的心情，你现在有怎样的情绪，有怎样的态度，有怎样的感受，有怎样的看法，你都可以画出来了，可以画在纸张的另一个 1/4 处。

4. 此时此地——问题

指导语：从出生到现在，你觉得一直有个问题没有解决，如果这个问题解决了，你的人生会释然很多。所以，现在我们就要画“我的问题”。如何呈现这幅画，全凭你的自由。若你觉得小时候被同辈们欺负，你想报仇，你可以画下来报仇的场景；若你觉得你有一股强烈的愤怒没有表达，你可以在画里表达出来；若你觉得从小到大是没有被爱的，你渴望被爱，你也可以在纸张的另一个 1/4 处画出来。

5. 此时此地——心情画

指导语：前面已经画了此时此地之环境、此时此地之关系、此时此地之感受、此时此地之问题，现在画最后一幅画，此时此地之心情画，即此时此地的心情、想法，然后再用一句话来形容这幅画。

（三）咨询中的此时此地技术

我们在此时此地体验的能力，是与自己的关系，也是与世界的关系，这是一种非常重要的能力，如果不够具备这样的能力，那么我们可能是活在他处的。在我的临床咨询中，很多人坐在我的面前，讲着他在其他的时间和空间里的体验，却无法讲述当下的体验。

做心理咨询时，用艺术绘画疗法的此时此地技术，就是让来访者觉察到自己是谁，自己在哪里，与自己同行，与时间同行，与问题同行。当来访者真的可以与问题同行时，那么问题对于来访者来说意义就已经变了。解决问题并不是咨询师需要做的事情，而是让来访者学会与问题同行，这样，即使他没有解决问题，但实际上，那个问题也不再是问题了。心理问题很多时候就是因为我们不在“此时”和不在“此地”而造成的。第一个，是环境的此时此地，第二个，是关系的此时此地，然后才有第三个，就是心境和心态的此时此地，这是关于此时此地的三个方面。

第七节　粘贴画

一、什么是粘贴画

粘贴画，是毕加索、布拉克等人所创的现代美术绘画法之一。日本的粘贴画疗法是森谷宽之在箱庭疗法的启迪下，于 1987 年 5 月开发出来的。箱庭疗法需要准备沙盘和沙具等设备。为了能在没有箱庭疗法的设备的情况下也能进行心理治疗，森谷提议用平面的绘画和相片来代替立体的玩具，进而开创了粘贴画疗法，方法虽然非常简单，但应用的范围十分广泛。现在在日本从儿童少年到老年人，从健康人到精神病患者，都在使用它。

粘贴画来源于艺术，艺术又来源于生活。因此这对我们有一种启发，就是所有的心理学技术都并不高深，都不是玄妙的，它们都来源于劳动人民的劳动，后来演变上升为艺术。

二、粘贴画与象征、隐喻、投射

从物品到行为，从行为还可以推至语言，都包含象征和隐喻。隐喻一般是指小范围内的，而象征是指广义范围的。文化符号和象征也是在发生变化的，解读一个心理的文化符号，要知道现在它象征着什么、曾经象征着什么。

所有物品包括动作行为，它除了有所指的那部分的功能，它还有能指的功能，而且一个物品能指的内容还是多方面的。不同情况下，不同时期内，同样的物品也许能指的象征意义还不一样。所以学习绘画疗法，就是给来访者一个所指的物品或者载体，让其把那些东西的能指部分表现出来。

因此我们要对文化心理学，对象征和隐喻背后的符号有系统的学习和了解。当你对这些内容还不够了解的时候，那么就会出现投射，即“我以为是那样的”，但其实只是你个人的看法强加到了他人身上。那么如何做到避免投射或者说尽量减少投射呢？那就需要对文化符号的知识系统有清晰的了解和把握。

这个世界是一个象征和隐喻化的世界，而人世间的很多问题都是源于投射和认同，这是规律性的。

三、粘贴画操作

（一）准备阶段

工具准备：大白纸（规格 80 厘米 ×110 厘米左右）、废旧报纸 30 张、废旧画册、书或者杂志若干（10 册以上）、胶水一瓶或者胶带一卷、剪刀一把。

环境准备：安静的环境，有足够创作的时间。

心境准备：放松心情，全情投入。

（二）实操阶段

指导语：请在废旧的杂志、报纸上选择自己喜欢的图画，裁剪出所需的图案，可以是任何一个图案，也可以是文字等，再把它们粘贴到纸上重新排列成画。给自己的作品选定主题，并回答几个问题：故事发生的季节，什么时间，故事的内容是什么，我在哪里。贴完后，把自己的故事写在另一张白纸上。

四、粘贴画的象征意义

当我们要拿一幅粘贴画来做自我成长、自我分析的时候，我们是要关注物品的所指还是能指部分呢？如果我们关注的是所指的部分，那这是我们一开始赋予它的。如果我们只关注到这个部分的话，也能想出一幅美好的画面，这是理想化的。但实际上，通过一个画面，我们可以看到很多能指的部分，它还指向更多的东西。

如果我们只是关注所指，那会变成一个艺术的表达，看上去一切都是很美好的，那就会变成是在欣赏一幅艺术作品、美术作品了。如果我们透过所指，在自我解析的时候，主要围绕能指的部分下功夫，去思考，问自己怎么会是这样的？这样你就会发现新的东西，这才是我们在自我探索、自我分析中真正需要下功夫的方向。一般在我们做绘画治疗的时候，来访者开始都会先谈论所指，但是以后大家再与来访者进行分享时，就有了方向，应该更加注重能指部分，朝这个方向开展。

第八节　心理刮痧

绘画艺术疗法是围绕空间和时间这两个概念开展的。绘画艺术治疗主要就是呈现和表达心理空间的，绘画也是更容易转化心理空间的，把心理空间建设好，在里面进行相应的工作，是绘画的优势。

一、技术原理

心理刮痧技术是以文化心理学与艺术心理学理论为基础，运用心理技术学原理，以本土文化为背景，以绘画等艺术形式为载体，对心理空间中的心理符号进行意义转化，促进人格完善的一项心理技术。该技术的核心理念是：用科学整体观看待一个人的心理空间，将构成一个人心理空间的重要他人、事件和地点作为“心理穴位”。在个体成为一个人的社会化过程中，所有的心理穴位又共同构成这个人的“心理穴位图”。心理刮痧治疗的过程，就是按照这一“心理穴位图”对个体进行心理空间整理的过程。

整理的最初是借助“树”和“果实”的象征性，让个体将自身的生命过程视为一棵树，找到其中有重要影响的人、事、地点等“果实”，这些“果实”即是其现有心理空间中对应其症状的“心理穴位”，然后对每个穴位运用表达性艺术手段进行“刮痧”。这就涉及各种相关的心理技术，包括绘画、诗歌、音乐、舞蹈、心理剧等。最后进行意义的转化和升华，实现心理康复。整个治疗过程分为评估、呈现、表达、转化、整合、康复六个阶段。

心理刮痧技术的载体是各种艺术形式。艺术可以让人们潜意识中隐藏的东西得以浮现。艺术具有表达、符号象征和创造等意义。艺术创作的氛围是一种无威胁性、没有危险的环境，能够降低来访者的防御机制，使个体在其中释放被言语所压抑的情感经验，处理情绪困扰，重新接纳和整合外部刺激，在艺术作品加工过程中实现情绪的蒸发、认知的转变，并最终促进意义的改变。

二、心理刮痧技术的作用与价值

心理学的最终目标就是让人们积极看待世界的各个方面，实现各种重要事物对自身意义的转化和升华。心理刮痧技术能够在短时间内全面、系统、科学地梳理一个人的心理空间，促进人的心理层面根本性的释放和转变，使个体重新恢复健康、平衡的心理状态。

心理刮痧结合了文化心理、艺术表达治疗等要素。对于处于消极状态的人，心理刮痧可以有效治疗其不良情绪状态、心理问题和人格问题，转负面情绪为正面情绪，帮助其认清负面事件背后的正面意义，从而减轻乃至消除心理疾病的各种症状；对于健康人群，心理刮痧可以起到日常保健的作用。在个体掌握心理刮痧的技术和工具之后，可以自行使用，使个体获得一种心理自助工具，帮助广大人群激发积极心态，应对日常生活中的各种挑战，从而达到和谐的心理状态，促进社会的整体稳定。

三、心理刮痧技术的适用人群

心理刮痧技术属于文化艺术治疗方法，当一个人专注于艺术创作时，生理、心理都会产生变化，不只是血压、脉搏、脑波在改变，肌肉也能放松，情绪得以疏解，享受了超越时空的自由，身、心、灵同时得到了统整，经历了重大自然灾害、家庭及社会变故等突发事件乃至日常生活中各种创伤的人，往往在右脑中储存着大量有关图景和情绪，通过心理刮痧中的艺术表达，可以起到言语所不能起到的作用。因此心理刮痧技术对于处理情绪困扰、情感创伤人群有着良好的效果。

四、心理刮痧技术的过程

心理刮痧遵循评估、呈现、表达、转化、整合、康复六阶段的科学流程。首先需要绘制一个心理穴位图，其方法是让个体将自身投射到一棵生命之树的形象上，在树上使用不同颜色的果实表达不同的人、事、地点等“穴位”。然后在“心理穴位图”

上进行评估和诊断，对消极和积极方向进行评估，结合观察和谈话初步评估症状背后问题的方向和内容，然后用艺术的方法和手段，如绘画、诗歌等，对该“穴位”进行表达和呈现，在表达和呈现时实现了情绪蒸发、认知的改变、意义的改变，最后实现一个到另一个“穴位”的整合，完成心理空间的重新排列，最终达到康复的目标。

五、心理刮痧技术的行业应用

团体心理咨询和治疗是一种重要的心理治疗形式，强调团体成员在安全、温馨的人际互动环境中的自我体验、自我成长，促进良好的适应与发展。近些年来，随着治疗手段的多元化发展，团体治疗在表达性艺术方面获得了更多的实践机会与经验。艺术治疗的形式具有生理、心理和社会等广泛效应，需要根据团体成员的不同特性选取相应内容的艺术形式，这就需要团体咨询师具备艺术和心理学的综合的技能与素养，在实施过程中，对团体成员的自我情感体验不做过多干预和纠正，并注重团体动力的影响。心理刮痧技术可以作为团体表达性艺术治疗的一种形式，广泛运用于学校、医院、社区、企业、监狱、戒毒中心、军队等社会机构中。

六、心理刮痧技术在个体咨询中的运用

一个再也快乐不起来的人

雯子走进心理咨询室时，带着精致的妆容和职业性的微笑，但是眼神却有些空洞。

她是外企的一名高级白领，打拼了十多年，现在的职位可谓一人之下，千人之上，是个典型的女强人。外人看来，她总是一副春风得意的模样，虽然知道她离过婚，有个八岁的儿子不在身边，但那似乎并没有影响到她的事业和心情。

只有她自己知道，每个晚上她都要靠酒精和安眠药才能入睡。周末和节日是她最害怕的日子，虽然可以呼朋引伴去消费或者放纵，但过后的空虚只会让她加倍绝望。

她不明白自己到底出了什么错，她已经得到了人人羡慕的地位和财富，也不乏追求者奉献的所谓爱情。但在每个人都说“你好幸福”的时候，她却对咨询师说出一句真心话：“我想我是再也快乐不起来了。”

随心而画，她终于哭了

咨询师听完她的述说，微笑着说：“我明白你的感受，是否能快乐起来，取决于你自己。”说着，咨询师拿出一张大幅白纸，在上面画了一棵树，只有树干和树枝，

没有树叶和果实。

“这是你的生命之树，从出生到成人，不断地生长。你遇到的每个人、每件事，甚至你所到的每个地方，都是树上的苹果。它们有不同的大小，不同的颜色，长在不同的位置，对你有着不同的影响。现在我要请你在这颗树上，跟随你的心，画出对你来说最重要、最难忘的那些果子。”

雯子思索了一阵，开始画一个又一个苹果，很快树上结满了果实。“现在请你仔细感受一下，对于每个果子，你有什么样的感觉，你不必说出来，你可以选择画一幅画，或者写一首诗，把你的情感表达出来。”雯子选择绘画，咨询师准备好了纸张、画笔和颜料，让雯子对每个苹果都做同样的事。

完成之后，咨询师请她分享在创作这些画的过程中的感受。

“这张画画的是我的前夫，”雯子拿起一张画，那上面涂满了黑色的混乱线条，笔触十分生硬，“他是个没用的人，一辈子窝囊，事事都不如我，但居然为了一个不起眼的女人背叛我，他用离婚羞辱我，我恨他，我绝对不会让他看到我哭……”嘴上这样说着，雯子却流下了眼泪，这是离婚后她第一次哭。

沉默了一会儿，她又拿起了另一张画，“这是我的工作，我觉得快被它榨干了，没完没了的会议、加班、旅行，要提防窥视你职位的小人，要在公司内的权力斗争中处心积虑，最近公司裁员，我还得担心被炒……”

“这是我的儿子，”他拿起一张画着蓝色小花的图，“我很爱他，因为离婚，我对他感到很内疚，可我不知道怎么和他相处，除了给他买最新的玩具和游戏，我不知道怎么讨好他。他跟我也不亲，送他去贵族学校寄宿，每次回家他也没什么话和我说……”

一张接一张，雯子分享着这些画，她的内心有一种东西开始流动，而之前，因为她忙碌于外部世界，那里只有一个呆板僵硬的空间，了无生机，布满尘埃。

你的心灵需要刮痧

看完了所有的画，咨询师说：“今天我们使用的方法有一个有趣的名字，叫作心理刮痧技术。你知道从中医的角度看，你身上有很多经络穴位，当哪个地方不通的时候就会痛，严重到一定程度就会生病。这是用按摩、刮痧的方法刺激穴位，疏通经络，人体就能重返健康。

“其实，这棵苹果树上的果实，也相当于你的穴位，心理上的穴位，哪里有问题，没想通，哪里就会痛，如果你忽视它，疼痛就会始终存在，或者以某种方式表现出来，除非你看见它，治疗它。这就相当于在心理上做刮痧，刮出了毒素，那个穴位的症状就会逐渐减轻直到痊愈。今天你就做得很好。”

咨询师要求雯子回家之后坚持做同样的工作，说这叫日常保健。只要想起某些人或事情，感觉不舒服的时候就可以做，直到心情相对平和为止，其中的感受和想法要记下来，下次咨询时再来分享。

三个月的咨询，每周一次，雯子的画慢慢有了变化。她开始用一些暖色和舒缓的线条表达情绪，她的想法也开始转变。

对于前夫，她慢慢想起了以前在一起时他的笑、他的好，她发现自己曾全然拥有过他的爱，只是忽略了那份爱，为此她竟然有了前所未有的感激之情。对于孩子，她发现自己曾理所当然地忽视他，几乎没有在他年幼时照顾过他，好好爱他，她只希望现在为时未晚。对于工作，她发现需要考虑自己到底要什么……

一年半之后，雯子又回到了咨询室，这次她不是来治疗的，而是向她感激的咨询师发请柬的。

“我要结婚了！”她幸福地说，眉宇之间多了一些女性的娇羞与温柔。她把儿子接回到身边，在附近的普通学校上学，尽管说出去没有那么风光，但她觉得很踏实。她辞去了外企的工作，和朋友一起开了一家咖啡馆，这是她一直的梦想。没错，她始终是个女强人，她没有办法不是，唯一的不同，是现在她的生命之树上，开始再度绽放出鲜花。

七、心理刮痧技术在团体咨询中运用

（一）团体目标

通过心理刮痧技术将心理空间中的心理符号进行意义转化，促进团体成员的自我成长。

（二）团体设置

工具：一张大白纸，A4 纸，彩笔若干。

时间：约 20 分钟。

空间：安静舒适的空间，有足够的条件适合探索和沉淀。

音乐：舒缓的音乐。

场地：20 人围坐，中间空出。

（三）操作流程

1. 拿出一张 A4 白纸，让每位成员在上面画一棵“人树”，即将树画得像人的形状，只有树干和树枝，没有树叶和果实，这是一颗生命之树，代表画者本人。

2. 让团体成员闭上眼睛回想：从出生到现在的生命状态，不断生长的过程中遇到的对画者来说有特殊意义的物品、有重要影响的人、有特别意义的事件或者特别重要的地方……总之，一切觉得有影响的部分，让生命树上的果子来代替这些人、事、物和地方，这些果实的颜色、品种、大小、位置都由画者决定。不同大小、不同颜色、不同位置代表着不同的影响。

3. 在这棵生命之树上，画者跟随自己的心，画出对其最重要、最难忘、影响最大的那些果子。可以选择不同的颜色，如红色、黄色、绿色、蓝色等来表示不同的果子，这些果子可以是苹果、香蕉、橙子、梨子等，然后在果子上或者旁边用简单的文字注明它所代表的人、事、物和地方。它们在一起就组成了画者的“心理穴位图”。有的果子代表的穴位按着会痛，有的按着会笑，有的按着会哭。无论是什么样的感觉，都没有关系，一一画下这些果子，在这个过程中来澄清成员的生命过程。

4. 分享阶段：

图 6.4　分享者作品

分享者：大家好，听了刚才老师的话之后，我心里有了更多的想法。的确在作画的时候，就会把自己心里的痛或者喜悦翻出来看，就像是刮痧那个感觉和经历一样。我画的画中最大的果子是代表我自己，我用的是我很喜欢的颜色——橘色，最近特别喜欢这个橘色。左边那个小一点的红色的果子，代表我的孩子。右边那个比较复杂的果子，有红有蓝的，代表我的老公。说到我老公的时候，有种又爱又恨的感觉。红色代表我对他的爱，紫色和蓝色代表我有时候对他的讨厌或不满，甚至会骂他，生活中总有一些分歧产生。我右下角画了一些宝葫芦，代表的是我生命中遇到的贵人。他们总给我支持，有值得我学习的地方。我左下角画了两串葡萄，那是我突然想画上去的，我觉得那代表着我的一种心情。我时常会有比较纠结的心情，两件事情要做选择的时候不知道该选这边还是选那边，总得有舍才有得吧，但是我会翻来覆去地想。像我在树里面画出来的这些彩色的线条，我觉得不画上会有空洞洞的感觉，画上之后会有种洒满阳光的感觉，也因为缤纷的色彩，画面挺漂亮的，有时候我觉得这些也很像我种种的思绪。还有树的左上角，我又画了三个宝葫芦，它们是带籽的，代表我去过的很喜欢的地方，北京、长沙、青岛。还有左上角画了几朵花和两只蝴蝶，就代表最近我对美丽的向往，希望自己永葆青春，有美丽的外表，但是有时候由于物质所困，有些看到的东西，不能完全得到。右上角画了几个小果子，代表我逝去的二十几年的青春，让我觉得很怀念。整幅图画我一边想一边画，还有一些没有画到的，画到这个程度也基本上表达了我的心声了。

带领者：谢谢分享。接下来的同学请记住，只需要对一个果子进行深入的分享，全面刮痧自己在下面做就行了。在这里希望你们可以针对一个果子，把它说透。

分享者：我想补充一条，若是最后想说的果实，我想说说葡萄。葡萄的颜色用得比较暗，不像其他的颜色用得比较亮，就代表着我心里的纠结，我总觉得做事情的时候放不下，不知道该如何做选择！比如说，我现在面对选一个给孩子上课的老师，我就不知道该怎么选。生活中也总有让我难以选择、遗憾、后悔、恨不得重来一遍的事情。这是我心里面很大的一个痛，非常想要成长。

第九节　时间绘画疗法——十年

一、用时间绘画技术的维度来看技术

时间绘画疗法有两个关键词，时间和绘画。我们这里用的载体，就是关于时间的

技术，用历史的观点来解读。

绘画只是一种载体。我们之前学过的绘画疗法中有很多技术的分类。有一部分技术是围绕空间来开展的，有一部分是围绕时间来开展的。我们有了时间疗法的原理之后，围绕绘画，我们就可以创造时间绘画疗法。我们来看看这些绘画技术，可以分几类，比如说涂鸦法、交替法、交替涂鸦法、色彩板系列，这些都属于色彩系列。再看如九宫格这样一类的，是属于空间系列。还有把家庭文化、家族划分在一起的，是属于家庭画。又如二维码和心理刮痧，这一类又属于文化符号的。接下来要讲的是时间绘画疗法。

二、时间绘画疗法

首先要学习的时间绘画技术疗法叫作“十年”。

“十年”这个技术，是我在实际做心理咨询的过程里基于一种现象而创新出来的。我在做工作坊和个案的时候，发现很多来访者身在今天，但活在昨天，他对未来没有想象力，没有希望，所以我要让他对未来有一个希望，于是创造了“十年”。

如果说解决问题更多的是为过去发生的服务，因为问题肯定是发生过的，那么发现优势就是指向未来的和积极的、延伸的。所以从积极心理学这种目前的大潮流来说，后者我们更应该去做，时间绘画疗法就是往未来上想。于是我就做了一个“十年”的绘画技术。

三、时间绘画——十年

（一）准备阶段

工具准备：A4 纸，一盒蜡笔，或彩笔。

环境准备：安静的环境，有足够作画的空间与时间。

心境准备：放松的状态，全心地投入。

（二）操作与分享

1. 过去的十年

指导语：闭上眼睛，放松，冥想。想象十年之前的某一天，你正在干什么？不一定要精确的十年，大概十年左右前的一天。那天你在做什么？那天的天气怎样？你的心情如何？你在什么环境中？环境周边都有什么？都有什么人？发生着什么事？你把那时候的情景记下来，作出一幅画。作完画后也可以添加一些色彩，让画面更漂亮一些。

2. 未来的十年

指导语：下面开始画第二幅画。请大家闭上眼睛。然后来想想十年之后的某一天，你在做什么呢？那个时候你会成为什么样子？你的心情如何？你跟谁在一起？天气怎么样？周边都有什么环境？你开心吗？请把你看到的画面画在纸上。画完后可以对未来的十年做装饰。

第十节　涂鸦

一、关于涂鸦

涂鸦与正式的书写或者图画是有一定的区别的，涂鸦看上去是一种“歪作”，但涂鸦也是心理的表达，也会产生一定的效应，没有消极或者积极的意义相对应。涂鸦从心理学的角度来看，是可以解读的，既然可以解读就可以诊断，也就是说它可以作为投射测验来做。同时涂鸦又是有隐蔽性的，我是想表达一个东西的，但是我又不能表达，所以通过涂鸦这种无意识的形式表达。通过无意识的形式表达出来，就会没有危险。实际上它就达到了心理的释放、表达的功能。它还有可能有其他的功能，比如在涂鸦的过程中，可以实现内部的整合、关系的连贯。

二、涂鸦的功能

涂鸦不仅有诊断的功能，还有补充和修复功能、创伤弥补功能、当下情绪宣泄功能，以及两人一起涂鸦，交互地建立彼此接纳的友好亲密关系的功能。我们这里说到的交互涂鸦，比如咨询师和来访者一起做涂鸦时，来访者画一点，咨询师再画一点，如此反复，这就是相互建立关系的过程。

涂鸦在咨询中可以实现两个功能，一个是交互涂鸦的功能，一个是让咨询师和来访者之间建立咨询关系的功能，这两个功能可以相互交叉。在利用涂鸦建立咨访关系的时候，咨询师又可以借助交互涂鸦的启发，带动来访者变得更加开放，让他打开自己的无意识。其实，涂鸦还有第三个功能，就是在这样的一种健康的关系中重新去让来访者获得他的关系能力的功能。等到回到真实的关系中时，他就可以有办法去处理了。

三、涂鸦的干预

我们对心理治疗和心理干预有一个误区，就是觉得我们一定要做点什么，而且做了之后一定要有作用，或者是我们在做之前一定要想好准备要去干什么。其实这几种做法都不太好。

对于干预，我们可以理解为它不仅仅是要行动，它也可能还包括不行动。所以干预，不一定要有方法。一定要带着这样一种态度，对待这一类的技术，不要太主观，不要太武断，不要太多的预设，不要太预想要达到什么效果，你就是陪他一起玩就可以了。

四、涂鸦法技术操练

（一）准备阶段

工具准备：B3 纸。

时间准备：20 分钟左右。

环境准备：安静的环境，有足够作画的空间。

心境准备：放松。

（二）操作过程

1. 自我涂鸦

引导语：请拿一张 B3 纸，留一半空白先不用，只用一半，准备用 20 分钟的时间作画。任意地涂，自己想怎么涂就怎么涂。也未必非要涂完 20 分钟，只要自己觉得涂完了，就可以停下来欣赏自己的画。自己看看，给自己做个自我分析。然后我们分享，分享之后我们再进行交互的涂鸦。

2. 分享过程

指导语：接下来利用 10 分钟的时间进行两人的涂鸦。如果你身边正好有人的话，那就可以邀请他一起，拿出你剩下的一半白纸两个人一起来涂鸦。需要注意的一点是，不要相互侵犯，但是又要有交融，在这个过程中注意自己的感受。你和你的家人三人一起涂鸦也可以，比如跟自己的丈夫、孩子。如果实在身边没有人，你可以一个人扮演俩人的角色，自己和自己进行涂鸦。就像《射雕英雄传》里面的老顽童周伯通，纵左拳打右拳，然后一个人练两套拳，就可以随意地把你的心情表达出来。

咨询师需要注意的是，关于我们自己的感受和感觉要少一点。感受什么时候表达呢？是为了促进关系，为了表达真诚，为了自我暴露的时候表达。那么其余的时间，你要表达什么呢？要表达你看到的现象，一些有疑问的地方。但是看透不说透，我们要做一个暗分析，即便你看出一些东西，也不能说，只能进行一些分享和讨论。

第十一节　心理二维码

一、心理二维码

严格来说，心理二维码实际不是一个绘画心理治疗技术，它需要画画的部分是比较少的，可是我们可以借助绘画的形式去体现它。心理二维码是一个非常重要的技术，因为用它可以全面地了解自己。而我认为我们主要的成长是什么呢？就是对自身的了解。我们帮助别人成长，也是让他对自身增加了解。所以我之前讲，我们所有的那些学问，其实都是为了了解自己，然后对自己有办法，先对自己有办法，你才能对别人有办法。

二、操作过程

（一）准备阶段

工具准备：一张 B3 纸，铅笔。

环境准备：安静的环境。

心境准备：放松自己的心情，开始梳理自我之路。

（二）操作过程

指导语：

沿着 B3 纸的边缘画九个格子，如下图所示。

在第一个格的左上角写上“祖先”。

在第二个格的左上角写上“外形”。

在第三个格的左上角写上“家庭”。

在第四个格的左上角写上“情感”。

在第五个格的左上角写上“能力”。

在第六个格的左上角写上“习性”。

在第七个格的左上角写上“性格”。

在第八个格的左上角写上“价值观”。

在第九个格的左上角写上“未来”。

这样二维码的框架就搭好了，接下来我们要在这个框架下填内容。九格当中每个格都有一个关键词。围绕这些关键词，你可以用铅笔在里面写任何的符号、文字，用画笔画任何的图形、画面。你想到了什么，就写画进去，在格子里面写上任何你能想到的关于这个词的词语、句子，写得越多越好，或者画上任何图形、画面。

祖先	外形	家庭
情感	能力	习性
性格	价值观	未来

图 6.5　心理二维码九宫格

等密密麻麻的内容都填到了这九个格子上，关于一个人的心理二维码就做好了。按照这样的思维，如果未来我们要出一本书，这本书每一页只要印一个二维码就好了，因为我们一扫二维码，手机就可以出现这一页的内容，甚至比可以印在纸张上面的内容还要多。所以任何的东西都可以生成二维码。同时每一个人也都是一个二维码图，也就是说我们用心理解码器去扫描的话，就能够马上知道我们自己是一个怎样的人。心理二维码的背后其实是一个很强大的信息系统。

三、说说关于绘画作业的好处

我们在咨询中发现，我们给来访者布置绘画作业之后，起到了很好的作用。比如说，可以减少脱诊，我们知道在中国做咨询，脱诊是很普遍的现象，但是做绘画疗法的脱诊率就比做其他的脱诊率要低。案例当中大部分事情都不是在咨询中做的，而是在作业当中做的。

绘画作业的第一个功能是防止脱诊，第二个功能就是可以把咨询带到生活中去。我们通常说咨询室里面的咨询效果能不能带到此时此地，能不能带到生活中，就是带到来访者的整个生态系统中去，这是非常重要的。很多的抑郁症患者就是因为生态系统被破坏掉了，对未来没有希望，未来和现在是时间上的一个系统，他对自己没有信心，和他人关系不好，而布置绘画作业，就可以把他带回到正常的系统里面去。

第十二节　绘画治疗技术注意事项

一、心理学工作者成长的“五加一”模式

在心理学的学习路程上，你不光要找到自己学习的途径、方法、模式，还要有自己的实践、应用、体验，还要有自己专业的探索和研究，同时还要把自己会的东西教给别人，最后还需要个人心理成长。要成为一个好的心理咨询师，是一个学、做、研、教、写五加一的模式。

二、绘画治疗的几个问题

1. 什么时候开始作画?

要把来访者带到当下来。我们可以对来访者说，你有什么问题随时都可以和我说，从而建立起一种信任关系。建立起良好的咨询关系后才可以了解问题，进入绘画环节。

2. 在画的过程中，咨询师应该做什么?

咨询师要保持客观，真正做到对别人的尊重，对事实的尊重，对现象的尊重，对精神现象发展过程的尊重。

3. 分享的时候，咨询师应该注意些什么？

咨询师不仅要保证客观，还要去施加影响。我们在保证施加的影响是积极、正向的情况下，可以适当地加一些元素进去。

4. 怎么启发才能让来访者走进自己的心理世界？

我们要继续抓住里面的一些细节，我们还可以强化，让来访者就自我的几个方面，都可以再去装饰。一个人内心的丰盈，是非常重要的。

5. 如何判断来访者作品背后的深度还有广度？

创伤也是一种动力。当然每一个人转换的能力不一样。有人的动力是破坏性的，有的转变成了建设性的。心理学有时候只需要在这个过程当中做一些调剂，而不是一定要做很多的改变。

6. 如何让来访者认识到他正在悄悄地发生变化？

艺术表达的过程，很多的变化是看不见的。要获得来访者的信任，需要让其认识到绘画的过程就是表达的过程，表达就会产生一定的效果。

参考书目

韦志中，余晓洁．画心：绘画心理治疗师的心灵透视课．台海出版社，2019.

第七章　积极心理咨询技能

积极心理学在走向大众服务的过程中，除了坚持科学化、本土化之外，更需要把核心理念技术化，并且把技术分类细化，以使积极心理学的传播者和应用者能更加灵活地将其应用到各个领域中去。积极品质的培育、积极情绪的表达、积极人际关系的建设以及积极意义的转化已基本囊括积极心理学思想的各个方面。本章节主要探讨积极心理技术在心理咨询中的运用。

第一节　积极心理学技术的理论根据

当人们开始关注精神层面的满意度时，人本主义思潮就应运而生了。人本主义的核心内涵是激发人性中的真善美。人本主义认为，身体有自主修复的功能，心理也有自我疗愈的能力。当个体对他人施以爱和真诚时，所有的问题都会迎刃而解，所以人本主义比较关注人情层面的理解和尊重。

积极心理学其实是人本主义的进化，两者的基本思想没有多大区别，但不同的是积极心理学已经迈向了科学化。有关积极心理学的实证应用研究已有很多，现在有很多积极心理学在学校中的应用、在家庭中的应用的文章，这为积极心理学走进生活实践、深入解决人们的实际问题提供了科学依据。

一、积极心理学的本土化

在中国，积极心理学是具有本土化的特色的。中华文化有漫长的心理学思想历史，其中的积极思想也举不胜举。如儒家“安贫乐道”的生命观，孟子的“仁、义、礼”的人格观，老子的“祸福无门，唯人自召”的处世观等。这些思想牢牢根植于传统文化中，并在个体身上打下深深的烙印。彭凯平教授等人也认为积极情感与先秦儒家“能近取譬”“实施仁爱”的幸福理念相联系。从这一点来说，积极心理学的思想在我国是有文化根基的，因此在国民的接受度方面，可能更容易一些。但只有文化基础还不够，积极心理学要想更多地融于社会大众中，就需要和传统文化相结合，使它带有本土化的色彩。当然，这些还需要我们进行不断的探索。

二、积极心理学的技术化

积极心理学在中国的发展，除了要持续进行科学研究和本土化探索之外，还需要进行一系列的技术化，这样才能使其理念转换为具体可操作的方法和技术，从而更好地解决人们的实际问题，让更多的人因为心理学而受益。但目前的情况是积极心理学具体的研究成果还比较少，积极心理学的教育和技术都还处于初级阶段。

积极心理学主要有两个服务方向：一个是改写过去不良情绪的体验，另一个是塑造未来积极情绪的能力。所以积极心理学不只是对人性中已经净化出来的原始本能的开发，也不只是立足现在社会人们对幸福的追求，还要对过去遗留下来的心理问题进行处理。因此积极心理学技术不仅需要问题模式，还需要积极干预模式，这样才能成就积极支持理念。即问题模式 + 积极干预模式 = 支持模式。

在心理学社会应用的实践过程中，心理学家们发现积极心理学在社会应用过程中要实现的功能主要有四种：培育积极情绪、提升积极品质、改善人际关系、转化积极意义。故围绕实现这四种功能将积极心理学技术进行了以下可操作化设计。

第二节 积极情绪的培育技术

塞利格曼和米哈里·契克森米哈赖指出积极心理学研究的三个方面：第一是积极情绪，第二是积极性个体的个性特质，第三是积极的社会制度。可见积极情绪是积极心理学要研究的一个首要问题。关于积极情绪的确切概念，目前还没有统一定论。拉塞尔等人认为积极情绪是当事情进展得顺利时，你想微笑时产生的那种好的感受。情绪的认知理论认为积极情绪是在目标实现过程中取得进步或得到他人积极评价时产生的感受。梅恩认为积极情绪是对个人有意义的事情的独特、及时的反应，是一种暂时的愉悦。因此，概括地说，积极情绪即正性情绪是指个体由于体内外刺激、事件满足个体需要而产生的伴有愉悦感受的情绪。

关于积极情绪的分类，弗雷德里克森认为积极情绪包括快乐、兴趣、满足和爱、自豪和感恩。由此可见，从基本的愉快、满足到较复杂的自豪、感激等都可划为积极情绪的范围。

关于积极情绪的理论研究，目前影响最大的理论当属扩展—建构模型。它由弗雷德里克森在综合前人研究的基础上提出。积极情绪扩展与建设理论认为相对于中性状态，快乐、满意等积极情绪能够扩展个体的注意范围和思维活动序列；同时积极情绪对于思维活动序列的扩展促进了个体内资源和个体间资源的建设，如增强心理和生理恢复力，增强社会联系，这有利于个体积极主动地参加活动。在积极情绪对个体间资源的建设方面，研究发现积极情绪能够促进人际问题的解决，促进协商与谈判问题的解决。弗雷德里克森等发现积极情绪可以增强社会支持、个人目标等个人资源。研究发现，积极情绪体验多的大学新生的人际互动意愿更强，表现出对他人更复杂的理解力。

在积极心理学的研究中，怎么把它转向技术化，让更多人体验到积极心理学的奥妙是每一个积极心理学者的责任。我们在长期的实践探索中，归纳出了七种积极情绪培育的技术。

一、963 品质练习

（一）技术理念

积极心理学致力于激发和培养积极心理品质，促进个体生活更加美好。以塞利格曼为核心的“价值在行动”项目组，展开了“重要优势品质”的研究，着力研究哪些优势品质最有利于人类发展的最优化。经过多年研究，项目组首次对人类优良品质和美德的结构与类型进行了分析和划分。进而通过跨文化、跨年龄群体的比较研究，最终确立了24个为人们广泛认可的人格特质，并把它们划分为六大维度，命名为六大美德力量：

1. 智慧和知识——认知的力量，包含对知识的习得和使用

（1）创造力（创意，独创性）：考虑用新颖的和多产的方法去概括事物、做事

情，包括取得艺术成就以及其他成就。

（2）好奇心 / 兴趣（求新，热心于体验）：对正在进行的事情本身感兴趣，发现迷人的学科和话题，探索和发现。

（3）判断 / 批判性思维：从所有方面从头到尾地考虑和审查事情，不急于做出结论，能够依据证据改变人的想法，公平权衡所有证据。

（4）热爱学习：主动或正式地掌握新技能、新话题以及各种知识；这些新技能、新话题以及各种知识明显与好奇心有关但是又超出好奇心，标志着对已有知识系统性增加的趋向。

（5）富有观点（智慧）：能够为别人提供明智的咨询，具有对自身和对他人有效的看待世界的方法。

2. 勇气——情感的力量，包括面对来自内外阻碍目标实现等逆境的意志锻炼

（6）勇敢（英勇，勇猛）：面对威胁、挑战、困难或痛苦不退缩，即便有反对也要坚持正确的，依据信念行事即便该信念还不流行，包括身体上的勇敢以及身体以外的勇敢。

（7）坚韧（坚定不移，勤勉刻苦）：善始善终，在行动过程中尽管遇到障碍也坚持到底，将所做事情纳入成功轨道，乐于完成任务。

（8）正直 / 诚实（真实，诚实）：说实话，态度诚恳，行动真诚，不找借口，为感情和行为负责。

（9）生机勃勃（热心热情，积极有活力，精力充沛）：兴奋和精力充沛地生活，做事不半途而废或缺乏兴趣，富有冒险精神地生活，感到有活力和积极主动。

3. 爱心——人际之间的力量，包括对别人呵护和友好

（10）亲近：重视与别人的关系，尤其是那些相互之间的分享与照顾；平易近人。

（11）善良（慷慨，抚育，关心，同情，无私的爱，向往美好的事物）：关心照顾别人；与人方便，助人为乐。

（12）社会智力（情感智力，人际智力）：懂得别人和自身的动机与情绪；知道如何适应不同的社会情景；懂得如何才不干扰别人，使人正常工作。

4. 正义——公民的力量，是健康社区生活的基础

（13）公民性（社会责任，忠诚，团队）：作为群体或团队一员工作表现良好，忠实于群体，尽力尽责。

（14）公平：根据公正公平原则对所有人一视同仁，不让个人情绪形成对别人的偏见，为所有人提供公平机会。

（15）领导力：鼓励所在群体做好事情并且维持群体内部良好的关系，组织群体活动并且保证活动顺利进行。

5. 克制——阻止无节制 / 过分的力量

（16）宽恕 / 怜悯：宽恕那些有错的人，容忍别人的不足，给人提供二次机会，不要有报复心理。

（17）谦恭 / 虚心：让成绩说话，不要自以为特殊。

（18）谨慎：仔细做决策；不做不适当的冒险；不说将来可能后悔的话，不做将来可能后悔的事。

（19）自制（自我调节）：调节个人感受和行为，遵守纪律，控制个人的欲望和情绪。

6. 卓越——与更广泛的外界建立联系和提供生活意义的力量

（22）希望（乐观，关注未来，有远见）：向未来最好处着想并且去实现它，相信未来一切都会好起来。

（23）幽默（滑稽）：喜欢笑和逗笑，给别人带来微笑，看到光明的一面，好开玩笑。

（24）热衷 / 献身（虔敬，信仰，目的）：对宇宙的更高目标和意义具有一致的信念，知道在更大的时空内自己的适合位置，相信生命的意义在于塑造行为和提供快乐。

这些优秀品质其实在每个人身上都或多或少地体现出来，所以我们需要做的就是发现自己身上的优秀品质，并能通过经历过的事情来证实这些品质是真实存在的，其实这也是让自己信服的一个理由。

（二）核心目标

以当下的自己作为参照，看看自己身上有哪些地方是令自己不满意的，哪些地方是可以改善的。给自己一个动力，一个方向，这就是963品质训练的核心所在。

（三）特点及优势

客观性：认识自己要从客观出发，不能一味地拔高自己，也不能一味地贬低自己。此技术从个体的积极品质和不足之处两方面入手，具有一定的客观性。

可操作性： 对于自己的优势和不足，具有详细事件的支撑。并且对于不足，有改进意见和方向。具有一定的可操作性。

（四）技术操作指南

9——在一个安静的环境中，静下心来搜索自己所拥有的积极品质，写出9个即可。

6——写出6个你曾参与过、主导过的事情。在这些事情中，可以真实看出你所拥有的积极品质。

3——写出3个你要改进的方向。考量一下自己身上的哪些地方是自己不满意的，给出改进意见和方向。

二、桃花朵朵开（自我认同我的五样）

（一）技术理念

自我认同是能够理智地看待并且接受自己，能够精力充沛，热爱生活，不会沉浸在悲叹、抱怨或悔恨之中，而且奋发向上，积极而独立，有明确的人生目标，并且在追求和逐渐接近目标的过程中会体验到自我价值以及社会的承认与赞许。既从这种认同感中巩固自信与自尊，同时又不会一味地屈从于社会与他人的舆论，是自己对自己所思所做的一种认可感。自我认同包含自我了解和自我实现两部分。

自我了解就是对自我所扮演角色的正确认知和对于理想与现实能力的掌握，包含了以下内容：

1. 我是谁，我的本质是什么？
2. 我是怎么样的人，我的个性、特长与能力如何？
3. 我想做怎样的人，我的愿望和理想是什么？
4. 我应该做怎么样的人，我的道德和价值观是什么？

自我实现是由美国现代著名的人本主义心理学家马斯洛最先提出来的。马斯洛说，自我实现也许可以大致描述为充分利用和开发天资、能力、潜力等等。这样的人似乎在竭尽所能，使自己趋于完美。自我实现源自个人自我实现的需要、个人自我发展的需要，它是继人的生理需要、归属需要、自尊需要等基本需要的优势出现之后而产生的最大力量和最大强度的总体需要，即自我完善这一人性的需要。由此而观之，个人实现乃是个人的最高价值。也因此，“自我实现”是很难做到的。

总之，自我认同其实就是对自己的生命有一种自己的思想、感情、行为等方式的肯定。每一个生命有一种生命点，每个人在这个社会都有一个位置。自我认同就是要寻找自己生命的支点与位置。

（二）核心目标

通过五个优秀品质的呈现来映射出自我认同感。如果你能快速写出自己的五个优秀品质，就说明你对自己有一个清醒的认识，自我认同感较好；反之，就说明你的自我认同感较弱。不管你是处于何种状态，你都可以通过此技术来澄清你的自我认识，优化你的人格结构。

（三）特点及优势

具有美学性质。把积极品质放入五片花瓣中，使其不仅具有优越感和独特感，还具有花的魅力和芬芳。这不仅仅是你的品质，也是你的生命之花的绽放，形象生动的花瓣就是写照。

（四）技术操作指南

1. 准备纸笔，画出一个桃花，不需要美观，只需具有形状，五个花瓣即可。
2. 归纳你比较欣赏的自己的五个积极品质，把它们分别填入花瓣中。
3. 把你的品质分享给大家，且给出合适的理由。

三、替身描述（自我介绍）感受性

（一）技术理念

诸多关于幸福感的研究表明，增加生活中的积极情绪体验是幸福感获得的一个重要途径，而积极的情绪感受本身就是一种幸福感。在人本主义心理学和积极心理学研究蓬勃发展的今天，人们开始更多地关注自己生活的质量，关注自己的内心体验，“我过得幸福吗？”“我生活得愉快吗？”等等。因而，如何增加生活中的积极情绪体验成了众多人所关注的一个问题。

替代体验指一个人感受到他人的情感、知觉和思想的心理现象。包括认知的、情感的和预期的三个方面。认知的替代体验重视个人理智上对他人内部经验的理解，善于洞察、理解他人内部状态，有助于人际交往和沟通。情感的替代体验重视个人在情感上体验他人的内部情绪状态。预期的替代体验则指个人能预期他人在具体情境中的情感反应。不同的概念反映出不同的观点。

（二）核心目标

听着别人的感人故事，汲取外在的阳光和雨露，我们也可以获得自我成长。从别人的故事中，我们可以学习他人的优秀品质，感受他人的人格魅力，从而反思自己的为人处世，调整自己的行事风格，获得心灵的快速成长，以更积极的态度活在当下，笑迎未来。

（三）特点及优势

他人的故事，让我心涌动。倾听他人的故事，从中感受到人性的坚强与美好，这种替代经验可以从情感、知觉和思想方面帮助个体快速成长。

（四）技术操作指南

1. 在团队中选择一人进行自我介绍，侧重难忘事件的描述，使大家能够对其留下深刻印象。

2. 介绍人在介绍时，其余成员要静心倾听他的故事，替身感受一下他的经历。

3. 介绍人介绍完毕后，团队成员分享自己的感受：从他的故事中你感受到了什么，对你自己有什么启发作用。

四、情绪画

（一）技术理念

情绪管理能力，首先，需要情绪的自我觉察。自我觉察，即当自己某种情绪刚一出现时便能够察觉，它是情绪智力的核心能力。一个人所具备的、能够监控自己的情绪以及对经常变化的情绪状态的直觉，是自我理解和心理领悟力的基础。如果一个人不具有这种对情绪的自我觉察能力，或者说不认识自己真实的情绪感受的话，就容易听凭自己的情绪任意摆布，以至于做出许多遗憾的事来。伟大的哲学家苏格拉底的一句“认识你自己”，其实道出了情绪智力的核心与实质。在实际生活中我们可以发现，人们在处理自己的情绪与行为表现时风格各异，你可以对照一下，看看自己是哪种风格的人。

传统上处理自己的情绪只有三种途径：

1. 忍：忍藏在心里。

2. 发：发泄出来。

3. 逃：使自己忙碌，不去想起有关的事情。

三种途径都没有效果。忍藏在心里会造成本人的心情不稳定，现在的科学研究更证实这会引起严重的健康问题。发泄出来的方式包括发脾气（这影响了人际关系和别人对你的看法）、暴食或疯狂购物等行为，每次发泄过后还是觉得不够，经常要重复发泄，造成很大的后遗症。

（二）核心目标

1. 认识自己的情绪

一天的时间说长也不长，在一天中，我们其实会经历许多事情，也会产生很多想法。每一件事情都会引发相应的情绪，每一个想法也会激活相应的情绪，所以人在一天中会体验到各种各样的情绪，但是究竟是一种情绪占主导还是几种情绪混杂在一起，这是需要我们用心来感受的。心理画技术提供了一个感受情绪的空间和时间，在作画期间，我们用心感悟，随意挥洒，将自己的情绪淋漓尽致地发挥。描绘自己的情绪，表达自己的情绪，宣泄自己的情绪，这些都可以通过情绪画得到实现。

2. 释放不良情绪

我们每天都会遇到一些烦心事，可并不是所有的不良情绪都会得到有效发泄。有些消极情绪我们可能当时觉得没什么大问题，可时间一长，不良情绪日积月累，就会影响个体以后的性格和态度，甚至一生都会打上消极的烙印。所以及时疏通不良情绪，是身心健康的保障之一。在此技术中，我们每天都进行情绪画的创作，每天都对消极情绪进行疏解，从而营造积极健康的心态。

（三）特点与优势

1. 绘画操作，简单易行

在此技术中，我们不讲究绘画的技术，只关注绘画的颜色。你只需要找出能够代表你今天心情的颜色，然后随着自己的性子随意挥洒就可以了。绘画的过程远比绘画的结果更重要，绘画的颜色远比绘画的技术更可靠，这就是情绪画的特色。

2. 多种艺术表达相结合，更好地释放不良情绪

情绪画不单单是绘画，还包括说话。当我们绘画完毕后，需要对绘画的内容进行一个总结。这个总结可以是一篇小文章，也可以是一篇诗歌，根据自己的喜好选择。总之，心中的语言加上书面的语言往往更能发挥效力，多种艺术表达相结合，更能治愈心灵。

（四）技术操作指南

1. 在一个固定的安静轻松的时间，放松下来，仔细回想一下今天发生的事情，认

真地体验自己的情绪，是悲伤，是欢喜，是愤怒，还是无聊。识别一下自己的情绪究竟是什么。

2. 选择一种或几种代表今天心情的颜色。比如红色代表愤怒、蓝色代表忧郁、黑色代表恐惧。当然你可以尽情发挥想象力，找到最能表达自己心情的颜色。接下来以颜色为主题，在纸上随意把情绪画出来。

3. 用心感受自己内心情绪的颜色和形状。绘画时可以天马行空，毫无顾忌，只要表达内心最真实的情感。

4. 反思自己在绘画过程中存在的矛盾和冲突，学会和自己的画交朋友。

5. 作画完毕，余兴未了，不妨看图说话，以今天的画作为题目写一篇小文章，说说在这幅画中看到了什么，小文章配合绘画是不良情绪释放的最佳拍档。

五、故事接龙

（一）技术理念

人的每一个经历都是一个故事，人生就是发展故事的过程。通过故事，我们可以认识自己，认识他人，认识世界，如果没有对各种事件的叙说，我们就无从知道世界上发生了什么，无从知道人们的所思所想。另一方面，故事又向我们传递着社会文化规范和风俗习惯，我们每一个人都深受这方面的影响。由于故事的这种功能，心理学也开始慢慢对它重视起来，所以便有了叙事心理学。

（二）核心目标

在积极心理学中，我们推崇的就是体验和感悟，而这些往往需要和情境产生互动，故事技术就很好地提供了互动平台。我们和过去对话，叙说自己的亲身经历，让积极情绪来得真实自然，从而为现在的自己提供一个参考的视角，原来我也是这么优秀的人。

（三）特点及优势

为什么小说比散文诗歌更受民众喜欢，就是因为它能通过白话文的形式表达出一种情感，这种表达让读者感觉是真实的，是朴素的，是可以产生共鸣的。而散文，辞藻华丽，却失去了平凡和真实，就算深情流露也不免有空假之嫌；诗歌，短小精悍，区区几字，却少了很多乐趣，让人感觉意犹未尽。讲故事技术就是从故事中挖掘人性的真善美，让人们在共勉中感受生命的意义。

（四）技术操作指南

1. 写一个发生在自己身上，让自己感受到快乐、满意、自豪、感激、爱或兴趣感的故事。如果事件很多，可以分解成一个个小故事。要求文笔要细腻，尽量突出细节所在。

2. 写完故事后，分享你的故事，把自己融入故事中，语调要声情并茂。

六、粘贴画

（一）技术理念

粘贴画疗法源自日本，其创意来源于“便于携带的沙盘疗法”。为了在没有沙盘疗法设备的情况下也能进行心理治疗，日本的森谷宽之在沙盘疗法的启发下，于 1987 年 5 月开发了粘贴画疗法。

粘贴画疗法以荣格的分析心理学，尤其是他的无意识理论和积极想象技术为理论基础。荣格认为当一个人的意识与无意识之间搭起了沟通的桥梁时，无意识丰富了意识的内容，意识又照亮了无意识的世界，它们从对立面走向融合，从而使一个人的认识增强、人格发展壮大。粘贴画疗法就是在一个安全、不受干扰的环境下，选择、排列图片以创造图画，通过自由、创造性的游戏，使无意识过程以图画的形式显现出来，与意识进行无声的交流，从而达到令人意想不到的治疗效果。在来访者的第一个粘贴画作品中，意识与无意识的映射、交流就开始了。之后通过一系列的游戏过程，无意识的能量逐渐释放，意识与无意识的对立逐渐转化，最终达到和谐一致，人格整合，也就是荣格所说的治疗的最终目标——达到自性化阶段。

粘贴画疗法是粘贴画技法和沙盘治疗的结合体，与沙盘相比，对场地和设施的要求更宽松、更便于实施。一般要求来访者在一个安静的环境中（如安静的教室），来访者在废旧的杂志、报纸上选择喜欢的图画，或裁剪出所需的图案，在粘贴纸上重新排列构成，粘贴成画。基本方法分为两种：一种是来访者自己剪裁图案、自己粘贴；一种是咨询师根据来访者可能的需求而剪裁出图案，然后交给来访者进行粘贴。粘贴好的作品将作为来访者与咨询师沟通的媒介。

（二）核心目标

通过粘贴画技术来洞悉潜意识的情感，把埋藏在冰山下的压抑和焦虑“拎”出来，接受意识的察觉和修复，从而进行负面情绪疏导和积极情绪的转化。

（三）特点及优势

1. 粘贴画疗法易于操作

在废旧的杂志、报纸上选择喜欢的图画，或裁剪出所需的图案，在粘贴纸上重新排列就可构成一幅粘贴画。这种简单快速的方法非常适合现代人的心理需求。

2. 游戏对于个体来说可以是一种愤怒、敌视情感的发泄

游戏是一种能被社会接受，且不会伤害他人的发泄方法。在做粘贴画的过程中，个体通过自由表达自己内心的情绪情感，使自己的潜意识自由流露于作品中，使自己恐慌、悲伤、愤怒等情感能量得以释放。

（四）技术操作指南

1. 成员把不需要的报纸和杂志堆放在一起。
2. 成员从报纸和杂志中选择一些自己喜欢的图案，并把它剪下来。
3. 成员把剪下来的图画按自己喜欢的方式粘贴在白纸上。
4. 老师可以进行现场指导，分析粘贴画所代表的内心感觉。

七、情绪脸谱

（一）设计理念

负性情绪的毒性特别大，但人们宁愿让其侵蚀心灵，也不愿意表达出来，但我们要想实现真正的心理成长，就需要把我们内心深处作为人的人之常情，那些羞愧之心、悲悯之心、是非之心激发出来，这样我们才更有勇气面对当下与未来，并且可以随遇而安。负性情绪可能会损害我们的面子，伤害我们的自尊，但我们只有正视自己的情绪，才能够接纳它成为自己的一部分，进而才能微笑着与它和解。

消极情绪或积极情绪并不是每一个人的专属。七情六欲每个人都会体会到，高兴的事情，大家都乐于接受，悲伤的事，有些人伤感一阵子后就会重新站起来，但有些人却整日愁容满面，闷闷不乐。为什么会出现这种情况呢？表达是主要因素之一。悲伤的情绪找到了宣泄口，就会得到疏通，心情也会渐渐变得顺畅起来；如果得不到宣泄，消沉之水就会一直聚在心中，不仅侵蚀我们的心灵，还会污染积极情绪的活泉。所以，消极情绪需要表达，也必须表达出来。

在我们的传统文化中，脸谱是一种表现人物性格和特征的主要绘画艺术。如果你觉得自己性格严肃、不苟言笑，你就可以选择黑色脸谱；如果你觉得自己脾气比较暴

躁，你就可以选择黄色脸谱……脸谱艺术作为传统文化之一，通过其造型和颜色、图案，就可以明确告诉欣赏者这个人物的性格特征和道德伦理。脸谱的色彩鲜明，图案多变，形成了强烈的艺术刺激，可以对观众起到兴奋、宣泄和震动的作用。我们选择的脸谱就是自己当时内心的写照，就是自己此刻的面部表情。我们在情感上和认知上都比较容易接受这种工具性的表达，因为它是有文化底蕴的，这是我们对传统文化的认同，所以通过脸谱来与情绪自我对话，既有文化基因，又有现实意义。

（二）核心目标

我们每天都会经历多种情绪，但并不是每一种都会得到宣泄和表达。对于一些难以启齿的情绪，我们往往会选择压抑。但如果没有对其进行合理的疏导，这种情绪就会长期积压在心中，影响我们的生活和工作，甚至严重者还会产生身心疾病。所以此技术旨在帮助人们宣泄自己的不良情绪，通过脸谱的呈现我们可以把潜意识的情绪给挖掘出来，进而进行减压和疏导。

另外，通过此技术，我们也想明确告知人们积极情绪的重要性。如果消极情绪积压得过多，积极情绪也就失去了正向的效力。即使我们不能化悲痛为力量，不能化消极为积极，至少我们也要懂得如何不影响积极情绪的表达，不能因为消极情绪占上风，我们就忽视了积极情绪的作用。消极情绪对身心的影响，可以使我们从中意识到积极情绪的重要性。如果我们拥有较多的积极情绪，我们不单单可以感觉到快乐、满足、幸福、自信、乐观、向上，而且还可以扩大我们的视野，使我们对思考和活动保持更加开放的心态，并且比平常更具有创造性。弗雷德里克森把这称为“积极情绪的扩建理论”。因此，在积极情绪条件作用下，人就会有多种行为（或思想）选择，甚至可以创造出一个前所未有的新行为、新思想。反过来，当个体能用各种方式来表达自己高兴的情绪时，它对积极情绪的体验又会更深刻、更彻底，而这本身又会促使个体不断地想去创造条件复制这种积极情绪体验。

最后，通过情绪脸谱，我们与情绪对话，与自我进行交流，进而可以更好地认识自己。从情绪脸谱来说，如果我们不想公开表达我们的消极情绪，不想让别人知道我们藏在心里的话，那我们可以找一个能够代表自己，且自己也比较认同的象征物来进行诉说。此时，这个象征物，就是另一个自己。我们与另一个自己进行心灵对话，把缠绕在内心中那根藤蔓连根拔起，将自己的情绪的前因后果娓娓道来，通过表达、感悟、沉思、升华来实现完整的认知转化，我们把这些想法都讲给另一个自己听。这样我们实现了情绪的宣泄，也进行了自我的交谈，从而可以更加客观地了解自己，接纳自我。

（三）特点和优势

1. 虚实结合

我们把情绪的表达和中国传统的脸谱艺术结合起来，使情绪表达不仅具有心灵的声音，还具有实物的语言。一实一虚，一外在一内化，这就像太极的阴阳结合。我们要想实现身心灵的和谐统一，也需要内外在相结合。情绪表达是来自内心的声音，脸谱的选择是外在的行为。当我们用心灵的声音来和鲜明的实物进行交流时，这不仅仅是情感的表达，还是力量的交融。我把我的情感交付与脸谱，脸谱用它的色彩来与我融合。我们两个已经合二为一，我就是脸谱，脸谱就是我。

2. 与传统文化相结合，具有本土化的色彩

脸谱艺术是我们传统文化之一。采用脸谱进行情绪表达，大众的接受度会比较高，认可度也会比较强，对于熟悉的实物，往往也容易进行情感的宣泄。对于那一张张色彩鲜明、图案多变的脸谱，我们在挑选的过程中，也会格外地谨慎小心。选中一个脸谱，可能会花费大量的情感和精力。此时这个脸谱已不仅仅是被挑选出来的一件产品，而是自我情感的彰显。它就代表此刻的自己，甚至可以说它就是此刻的自己。

3. 艺术性的情感表达，具有美学色彩

心理学在进行情感宣泄时，往往会采用诗歌、绘画、故事、舞蹈、音乐等艺术形式。艺术能够表达“不能言又不能缄默的东西”，是开放内心和进行独白的手段，能够唤醒麻痹的心灵，释放积聚的情感，解除超负荷的精神压力。同时艺术可以使人产生意象和超经验体验，既可以将欣赏者带入一种脱离烦恼的审美之中，也可以引发其对生活经历的回忆和联想，加深生活体验，激发对生活的热情。在此技术中，运用脸谱来进行情感表达，可以让来访者比较容易开放心胸，激发内心中不能言的一些东西。将自己窝在心中的话一股脑全倒出来，这是心灵的解脱，也是自我的舒展。

（四）技术操作指南

1. 在活动室的墙上挂好 108 种情绪脸谱，团体成员在这个房间内缓慢走动，观察哪一个脸谱最符合自己内心的情绪，找到能够代表自己的脸谱。

2. 找到能够代表自己的脸谱后，静静地站在那个脸谱面前细细体会。在体会的过

程中，酝酿一个关于这个脸谱的故事。这个故事可以是自己的亲身经历，也可以发挥想象力现场创造，然后把它讲述出来。

3. 讲一个关于情绪脸谱的故事。讲故事时，可以把情绪脸谱摘下来，直接面对着情绪脸谱来讲述这个故事，与情绪脸谱直接对话。

4. 与情绪脸谱建立某种情感连接，通过诗歌、绘画、舞蹈等形式表达自己的内心感受。

（五）注意事项

“情绪脸谱”技术工具需要在一个安静、不被打扰的环境下操作。为了给团体成员带来强烈的心理震撼，可以关掉大灯，留下比较暗淡的光线。

第三节　积极心理品质的训练技术

积极心理品质也是积极心理学家创始人塞利格曼与彼得森最先提出的一个概念。在积极心理学思潮的影响下，心理健康教育逐步向培育积极心理品质转化。罗素在《走向幸福》中指出：“种种不幸的根源，部分在于社会制度，部分在于个人心理。”一个人幸福与否，幸福的程度如何，在很大程度上取决于他在主观上是否具备获得与感受幸福的能力。

积极心理品质是指个体在先天潜能和环境教育交互作用的基础上形成的相对稳定的正向心理特质，这些心理特质影响或决定着个体思想、情感和行为方式的积极取向，继而为个体拥有幸福有成的人生奠定基础。塞利格曼与彼得森就有关研究总结出了 24 种主要的积极心理品质，并把它们归纳为六大美德力量。

目前已有研究发现，积极心理品质在对抗心理压力、心理疾病时有缓冲作用。积极心理品质有助于个体采取更为有效的应对策略，更好地适应生活中的各种压力情景。另外积极心理品质可以增加个体的心理资源，帮助个体寻求良好的健康行为与社会支持。积极心理品质的种种优势就已经表明积极心理学离不开积极品质的培养，个人的主观幸福感离不开积极品质的训练。

一、照相机技术

（一）技术理念

存在主义认为，人之所以能做出决定及反应，是因为人拥有自我察觉的能力。自我察觉能力越强，自由的可能性也就越大，拓展人的觉察能力也就能增进我们充分体验社会的能力。觉察是个体对生命意义、自我发展的能力、情绪控制与行为选择自由的自我意识。

存在主义是一种人生哲学思想，认为人生存在的主要问题在于如何发现自己，如何肯定自己和如何实现自己。海德格尔倡导的是在世存在的人生哲学。在世存在是指人诞生到这个现实世界所带来的一切及生活中所经验到的一切。这一概念特别强调人与世界之间的交互关系，即没有世界人就不能存在，没有人世界就不存在，只有人存在，世界才有意义。人在选择追求自己的本质时，有顺境也有逆境，有生之愉悦也有死之恐惧，这些都是不可避免的。只有坦然面对现实并积极努力，才能找到安身立命之所，也才会活出意义来。海德格尔认为，个体在从事自由选择时，会因为选择后必须自行负责而感到焦虑，焦虑会导致痛苦。因此，在世存在的人生处在进则光明退则阴暗的历程之中，只有既能自由选择又能对自己的选择负责者，才能拥有积极而健康的人生。海德格尔的在世存在思想对以后心理治疗的发展产生了很大的启发作用。

“照相机”技术运用了存在主义的此时此地。此时此地指的是现场（在办公室、在关系中、在你我之间的空间内），且在当时发生的事件。基本上这是一种非历史性的角度，不强调（但也不抹杀）来访者的生活历史和事件的重要性。

“照相机”技术中，个体通过把自己想象成一部照相机，捕捉身边环境、内心变化、与他人互动关系的三幅图画，并进行加工、分析，提高个人对身边环境、互动关系和个人内心的感受能力，增强个体人际交往能力。

（二）核心目标

1. 瞬间捕捉团体成员各自内心最真实的体验，训练团体成员对现实的感受。“照相机”技术中，个体通过把自己想象成一部照相机，捕捉身边环境、内心变化、与他人互动关系的三幅图画，这其实是存在主义的此时此地，是对当下的感知，是对现实的感受。

2. 使成员能准确地触摸自己的内心世界，感受自己与周围环境的关系，从而提高交往能力。在此技术中，我们感受着环境的安全和朋友的亲近，我们与内在的自己对话，我们以往的人际互动中哪些是需要坚持的，哪些是需要改善的，怎么可以和别人更好地互动。我们了解了自己的人际互动特点，知道了改善的方向，就可以拥有更好的人际关系。

（三）特点及优势

把自己的眼睛想象成照相机，既合情合理又出人意料。我们主要通过眼睛来感知外部世界，外面的一草一木主要是通过眼睛来进入大脑的，从这一方面来说，眼睛就是大脑的照相机。另外，眼睛对于心灵的意义不仅仅是窗户这么简单，还是感知自我存在的媒介。我们定格在当下，感知周围的环境，感知对面他人的心情，感知自己流露出来的情感，与自我相关的种种都是可以通过眼睛来感知的，所以，无论是人际关系，还是自我存在，我们的眼睛都可以给出完美的答案。

（四）技术操作指南

1. 指导语：我们都知道，照相机可以用来记录风景和人物，记录我们成长的点滴，它是一个最真实的记录者。那么，有没有这么一架照相机，拍摄后直达自己的内心世界？有的，其实每个人本身就是一架最精密、最昂贵的照相机，你的眼睛就是“照相机”的镜头。我们常说，生活中并不缺少美，只是缺少发现美的眼睛。在最初的时候，我们的眼睛能捕捉到许多美的镜头。在我们成长的过程中，这一项功能逐渐被弱化了。把自己想象为一台照相机，在十分钟内拍摄三张照片，来训练我们内心真正的感知体验。

2. 第一张照片：整体的感受。慢慢闭上眼睛，用你的心去感受周围的环境，时间两分钟。睁开你的眼睛，感受一下真实的环境，生成第一张照片。

3. 第二张照片：对拍照对象（两个人对拍）的感受。这一轮需要两个人一组，互相给对方拍照。轻轻闭上眼睛，感受一下要拍照的对象是什么样子的，时间两分钟。睁开你的双眼，与被拍照对象对望，然后成像。

4. 第三张照片：对过程的体验。闭目两分钟，感受一下刚才的过程。睁开眼睛，环顾一下四周，然后生成一张照片。

5. 全体成员描述图画，分享在这个过程中的感受。

6. 通过反复捕捉，提高感受能力。

二、心理币技术

（一）核心理念

心理资本是个体积极性的核心心理要素，具体表现为符合积极组织行为标准（POB）的心理状态，它超出了人力资本和社会资本，并能够通过有针对性的投资和开发而使个体获得竞争优势。人力资本强调“你知道什么”，诸如知识与技能；社会资本强调“你认识谁”，诸如关系和人脉；而心理资本则强调“你是谁”及“你想成为什么”，诸如24种积极品质以及希望和乐观。它是借用一个商业名词寓意人的心理状况。如同人的物质资本存在盈利和亏损的问题，人的心理资本同样存在盈亏，即正面情绪是收入，负面情绪是支出，如果正面情绪多于负面情绪便是盈利，反之则是亏损。人的所谓幸福，实际上就是其心理资本是否足够支撑他产生幸福的主观感受。

心理学家探讨了心理资本对领导和员工的工作绩效、态度、行为和幸福感等方面的影响，结果一致地发现心理资本及其各维度（希望、乐观、韧性等）对领导和员工的工作绩效、工作满意度、组织承诺、组织公民行为以及幸福感等受欢迎的结果变量具有积极的影响作用，对离职意愿、偏差行为和缺勤行为等不受欢迎的结果变量具有消极的影响作用，元分析的研究结果进一步证实了这一结论，从而从不同的角度和侧面验证了研究、开发和管理心理资本的理论价值和现实意义。

心理资本作为一种综合的积极心理素质，具有投资和收益特性，可以通过特定方式进行投资与开发，将个体潜力挖掘出来。我们的心理币技术就旨在通过“资金”的方式对心理资本进行管理。

（二）核心目标

现在人们更关注幸福感，渴望精神满足，这就需要关注心理资本。主观幸福感强调人的积极情绪和情感体验，心理资本强调人的积极心理品质与心理能量。人是为了幸福生活而活着，人对幸福生活的追求与满足必须借助于心理资本以及合适的外在条件来实现。

对于个人价值而言，其一，心理资本可以帮助个人维持心理健康，重建自信；其二，可以提升个人生活质量，促进个人身心和谐发展；其三，可以促进个人幸福，促进个人和他人的关系变得和谐。心理币技术就是提升心理资本的核心技术。

（三）特点与优势

1. 心理资本的可量化、可操作

资本最初的作用是赚钱，无论是经济资本、社会资本，还是人力资本，都是或有形或无形的带来经济回报的资本形式。而投资、建设心理资本，或许不会立即有经济回报，却会让你成为一个精神上的富人，拥有良好的人际关系、幸福的亲密关系，觉得生活充满希望，不断增加对社会的信任和安全感……既然心理资本可以带来这么多的积极意义，那怎么提升和培育心理资本就显得尤为重要。在此技术中，我们把心理情绪体验通过硬币的形式显现出来。如果做了积极的行为，就增加金钱数额，如果出现了消极的行为，就减少金钱数额。这种有进有出的管理方式更能激发大众的筹集欲望，从而实现经济效应和心理效应的最大化。

2. 用经济手段来促进心理建设

心理学一直被大众认为是一种思想和理论，它的应用和实践也主要是通过人为进行思想的传播和行为的干预，来实现认知和行为的改变。在此基础上，我们进行心理技术的创新，采用“货币”的形式来进行心理资本的建设。人们对金钱都有一种永不满足的欲望，希望自己口袋里的钱可以越来越多，如果把这种渴望运用到心理资本方面，所带来的效应将是不可预知的。你想让“货币”进得更多，你就需要表现出更多的积极行为；如果你不想让“货币”递减，你就需要尽量克制自己的不当行为，减少“克扣”的风险。

（四）技术操作指南

我们依然以积极心理学的 24 种品质为蓝本来制定心灵财富的标准，为大家建立 23 种可以让大家心理更加富裕、可以换算为心理币的行为：好奇心、努力学习、体现创造力、接纳他人、独特视角、勇敢、坚持不懈、真诚、仁慈、善良、慷慨、爱、被爱、自我控制、谨慎小心、谦虚、欣赏他人、感恩、希望、乐观、宽恕、怜悯、幽默。

1. 以上 23 种行为，将每种行为换算成 5 元钱。在家中用漂亮的银卡纸，做成普通硬币两倍大小的圆形心理币纸片，在上面写上钱数，并可以发挥自己的创造力进行一些加工设计。找一个透明的玻璃瓶做储蓄罐。

2. 每人以 100 元作为基础，将所有积极行为进行列表，每天对照检视，如果完成了相应的积极行为，就投入 5 元钱。

3. 做了不恰当的行为，例如不诚实的行为，没有在接受他人帮助后及时表达感谢，

都要拿出相应钱数的心理币扔掉，也就是我们从自己的心理银行中花了钱。

4. 每周清点自己心理币的钱数，看看是增加还是减少了，哪方面的品质自己赚的钱最少，需要更加努力提升相应的心理能力。

5. 每月清点一次总的钱数，看看自己赚了多少钱，可以将赚的钱换算成恰当的真实的钱币，奖励自己一个礼物。

三、戴高帽技术

（一）核心理念

心理学家威廉·杰姆斯说："人性最深层的需求就是渴望别人欣赏。"如果在人际沟通中，你能够满足别人人性中的这种渴望，懂得赞许，善于赞许，那么你将成为一个有同情心、有理解力、有吸引力的人。

在人和人的交往中，适当地赞美对方，能够创造出一种热情友好、积极肯定的交往气氛。这首先是因为赢得别人对自己的赞许，是人类的一种本能的需要。人们正是在别人的赞美声中认识自己的存在价值，获得非常重要的社会满足感。人在婴儿时期，就从父母的点头、微笑、拍手、抚摸等赞美性的动作中获得满足。成人以后，更多的是在别人、在社会舆论的赞许声中获得强烈的成就感。在社会心理学上，这被称为"社会赞许动机"。我们应该认识到，每一个人都有他的优点和长处，这些优点和长处正是个人存在价值的生动体现。人们一般都希望他人能看到和肯定自己的价值。因此，诚恳的赞美之声，总是能够赢得对方的欢心，同时也为自己打开局面创造了良好的氛围。

戴高帽技术，就是所谓的给别人戴高帽，如果要用比较专业的表达，就是依靠他人来实现自己的人格发展。他人评价是人格发展的一个重要的外部因素。他人评价来自他人的某种判断过程，它是个体自我评价的一个重要依据。一般来讲，个体对自己生理、心理等方面的评价不可能都做到恰如其分，常常需要通过他人的评价来加以调节，而他人的评价对个体的影响又常常是在不知不觉中实现的。

评价他人主要通过三个方面：样貌、品德和能力。就像之前网上流行的一句话："喜欢一个人，始于颜值，陷于才华，忠于人品。"当我们对他人不熟时，往往会凭借样貌和穿衣风格来对其进行评价。慢慢地，随着了解的深入，我们会看到他的能力。再深入了解，人品就会显现出来了。所以这是一个渐进的过程。

戴高帽技术贵在寻找和表述。但这些都建立在真诚的基础上，没有真诚，你所说的话，所做的事，都一文不值。曾经有心理学家做过关于真诚的调查：从500个描述个性品质的词语中选出最喜欢和最讨厌的品质。结果显示：在被调查者最喜欢的8个形容词中，有6个是直接与“真诚”相关的，分别为真诚的、诚实的、忠实的、真实的、信得过的、可靠的，而撒谎、虚伪、作假和不老实是他们最厌恶的品质。也就是说，真诚最受人欢迎，不真诚最令人生厌。所以在评价他人的过程中，真诚是最后的底线。

（二）核心目标

1. 通过戴高帽技术，我们真诚地赞美别人，同时也被别人真诚赞美着，这个过程是奇妙且美好的，我们乐在其中。赞美是人性使然，通过赞美，我们不再吝啬自己的表扬之词，不再以审视的眼光来看待对方，唯有一颗真心，唯有一句赞美才可以表达内心的感情。

2. 赞美使自我不再渺小。通常情况下，我们不会被一大堆人围着，也不会被他们轮流夸奖。而当出现这种情况时，自我不再是一颗渺小的种子，而是充满力量的参天大树。我们不再觉得自己很无能、很弱小，因为旁人道出的那些优点正是我们平时忽略的闪光点，我们也是自带光环的人，也是行走的正能量。所以，此技术可以改善我们对自我的评价，从而提高自信水平。

（三）特点及优势

形象化和仪式感。平时我们常常说“戴高帽”，此技术真正让我们体验了一下所谓的“戴高帽”。手捧高帽，围着对方行走，在行走的过程中，感受对方身上所具有的美好品质。行走结束后，静静地凝视着对方的眼睛，把高帽稳稳地戴在他的头上，并告诉他为他戴高帽的原因，他的哪些品质吸引了你。这种庄重的仪式感使赞美变得更加可信和可贵。

（四）技术操作指南

选择两个以上成员，准备一把椅子。

1. 一个成员坐在椅子上，作为被戴帽子的人。其余的成员端着帽子（真实的和虚拟的均可，主要是行为动作）慢慢地围着他转圈行走。

2. 在行走的过程中，静静地感受他身上所拥有的品质，一些自己比较欣赏的品质。

3. 行走的成员走完一圈后，静静地站在或者蹲在坐着人的面前，静静地凝视他的眼睛，让对方感受到你的真诚。

4. 凝视对方眼睛 5 秒钟，然后给他戴上这顶高高的帽子。

5. 告诉他身上所拥有的积极品质。

6. 互换身份，小组成员轮流做被戴帽子的人。重复上述步骤。

四、镜中我技术

（一）技术理念

马斯洛的需求层次理论很好地指出了自尊需求的重要性。在他的理论中，人类需求从低到高主要分为五种，分别是：生理需求、安全需求、社交需求、尊重需求和自我实现需求。一般达到小康水平的阶级都有尊重的需求。当自己的尊严受到侵犯时，个人的自我防御系统会第一时间启动，心理马上进入防守状态，竖起坚硬的盾牌来保护脆弱的自尊。所以，反躬自省需要强大的内心，同时需要有能力在面对压力时理性地将那部分属于自己的责任承担起来。做到科学分析，理性对待，敢于承担，勇于修正。

如前所述，积极心理学通过大量的资料搜集、实证分析，总结出了人的六大美德，共包含 24 种优秀品质。研究发现，拥有这些积极品质的人，生活更有乐趣，可以收获更多友谊和支持，当然也能获得更高的成就、更幸福的人生。

（二）核心目标

中国人自古就有反省自身以获得成长的传统，古人曰“吾日三省吾身”“君子求诸已，小人求诸人”，《中庸》也提到“正己而不求于人，则无怨。上不怨天，下不尤人。故君子居易以俟命，小人行险以徼幸。”古人通过积极反省的方式来处理与外部世界的关系，从中得到心灵的成长。

从现代心理学的角度来看，积极地向内看，可以使自我的接纳能力得到提升，在客观看待事物的同时，适当地进行内归因，有利于自我内部的整合。积极心理学所研究的 24 种积极品质可以作为我们制作“镜中我”心理技术的蓝本，而利用“镜子”这一实物，本身包含着反射内心自我的心理寓意，同时也可以将自省这一过程很好地进行物化和外化。

（三）特点与优势

1. 自省过程的物化和外化

以往我们讲自省的时候，一般都是静静地反思自己的行为。在此技术中，我们利用镜子这个外物，不仅可以看见自己现在的精神面貌，还有面对自己、接受自己的意味。我们站在镜中我的面前，对自己一天的所作所为进行澄清，今天我是高兴还是难过，是平静还是激动，这些体验都在镜中我的监督和注视中进行回味。它是对自我的反思，在自我的面前，我们无法隐瞒自己，也无法欺骗自己，只有忠于自己最真实的想法，所以这更能达到自省的效果。

2. 自我的多重角色同时存在

我不仅仅是经历了一天体验的社会自我，还是对自己灵魂进行洗礼的精神自我，同时也是镜中呈现的生物自我。社会自我进行反思，生物自我进行聆听，精神自我进行监督。三位一体，能更好地达到净化心理、实现心灵成长的目标。

3. 多种表达方式并行，更能使自省达到最大化和最优化

在此技术中，我们通过内心独白的方式反思一天的喜怒哀乐，这是我们都比较推崇的主观反思方式。其实在此过程中，我们的情绪不容易进行控制，容易出现信马由缰的情况，常常会浮想联翩，由一件事扯到另一个无关的事情身上。所以虽然内心独白属于精神层面，但对于反思来说，还是存在一些缺陷的。在此时可以进行书面表达，把自己在反思的过程中的感受写出来，这是对反思的一种感知，也是对反思的一种监督。所以，这个技术其实是环环相扣、紧密连接的。

（四）技术操作指南

1. 找一面普通的穿衣镜，将镜子分为 24 格，做成 24 种不同的形状（可以用纸片剪成不同的镂空形状，再贴在镜子上），例如圆形代表 24 种品质中的公平，三角形代表勇敢，五角星代表乐观等，以此类推，按照个人的理解将 24 种品质和 24 种形状一一对应。

2. 提前 5 分钟为照镜子做好准备，保证没有人在旁边，不受干扰，同时尽量把自己的心态调整到比较平和的状态，深吸一口气，精神饱满地站在镜子前。

3. 晚上是一个人的心境比较平和的时候，此外，经历了一天的生活事件，反思和自省的效果会更好。因此，每天晚上 21∶30 请准时站在镜子前，完成一个自我审视的过程。每天根据当天的经历，选择反思哪方面的品质。面对着相应品质的那一小块镜子，反思自己当天的经历。

4. 照镜子的时长为 5 分钟，除反思自己当天的经历外，还需要认真体会自己在过程中的感受，是喜悦，是惭愧，还是平静，将过程中的感受写下来，对着镜子念一遍。

5. 此技术是将自省这一内在反思的状态通过镜子的象征意义进行外化，贵在坚持。养成每天 5 分钟的照镜子的习惯，不断地反思完善自我。

五、王婆卖瓜技术

（一）技术理念

著名的哲学家斯宾诺萨说过："最大的骄傲与最大的自卑都表示心灵的最软弱无力。"一个人如果能真诚地看待自己，那就是所谓的超人了。老子也非常重视自知，认为只有"自知"才会"明"。希腊神庙的柱子上刻着一句非常著名的话"认识你自己"，至今仍被妥善保管。我是谁，如何自知，这个深奥的哲学问题，是贯穿古今且直达心灵深处的，这个问题的解答需要我们对灵魂进行整理和梳妆。由衷地解读内心，与自己的内在对话，还自己一个真实的自我，一个客观独立的自我。

内心的解读是重要的，但语言的力量更能彰显和提升一个人的心理。心理学家归纳总结出人类存在三大恐惧：怕火、怕高、怕上台。因此，当你可以在公众面前演讲时，当你向大家介绍你的优势时，你就能快速地突破自我，获得别人的尊重和认可，拥有超人般的自信，绽放无限的个人魅力。

（二）核心目标

一个人要在行为上塑造自己，包括演讲、肢体动作、语言表达风格，这最能提升自己的心理。自信演讲三分钟属于积极心理学中的积极品质训练，当我们把我们的积极品质通过演讲的方式外化，我们就能感觉到自我的释放和成长，从而更有自信去寻找生命的意义，迈向更加幸福的人生。简而言之，只要勇敢面对自己，挑战自己，你就是巨人。

（三）特点及优势

公众演说是建立自信最快、最好的方法。当演讲内容是关于自己的优秀品质时，可以最大化地提高自信。不管别人的眼光，专注于你自己，你就会发现原来演讲并不是那么可怕，台下的人只不过是心里幻想出来的"老虎"。

（四）技术操作指南

1. 拿出一张纸，静下心来，写一份三分钟的、讲自己优良品质的演讲稿。标题是"王婆卖瓜"。

2. 当众分享自己的讲稿。

3. 他人点评。

第四节　积极人际关系建设的技术

美国著名的心理学家和人际关系学家戴尔·卡耐基说；“一个人的成功，只有15% 是由于他的专业技术，而 85% 要靠人际关系和他的待人处事能力。”此话道出了人际交往的重要性。我国著名心理学家丁瓒教授曾经指出：人类的心理适应，最重要的就是对人际关系的适应。所以人际关系不仅关系到事业的成功，还牵涉到心理健康的标准。有人曾经要求积极心理学的创始人之一—— 彼得森 ，用两个字来描述积极心理学讲的是什么，他回答说：“他人”。 塞利格曼在《持续的幸福》一书中提出幸福的五元素：积极情绪、投入、人际关系、成就和意义。所以在积极心理学技术的转化中，人际关系建设的技术已成为个体幸福的重要标准之一。

在积极人际关系建设的技术中，主要包括涉及感恩、积极语言和积极行为的 20 个技术，其中感恩主题的非常多，如感恩拜访、感恩求助、感恩帮助、生命中的贵人等。感恩是积极人际关系中一个重要的积极情绪，但也是现代社会比较缺失的一种美德。所以充分激发个体的真善美就是人际感恩的重中之重。我们创作的一些技术，就是旨在充分挖掘人性中的积极方面，使个体能真正从与他人的交往中感受到自我存在的价值以及他人对自己的重要影响，从而建构更和谐的人际关系和生命的意义。

如感恩拜访技术是基于积极心理学的原理衍生出来的一种心理技术。给我们最想感激的一个人写一封信，信的内容或寄托感激，或寄托思念，或宣泄情感。在写信的过程中个体不断感受自己的内心，反思自己的行为。如果这个人还健在，那么个体可以找机会在他面前读出这封信；如果这个人已离开人世，那么个体也可以对着天空的方向，虔诚地读出这封信。此技术主要有三种功能：第一， 可以走进自己的潜意识，梳理与自己人生有重要连接的人的关系，以此来宣泄情感、接纳他人、获得归属感。第二，可以提升幸福感和爱的能力，并将这些能力和领悟迁移到现实生活中，学会感恩自己、感恩家人、感恩朋友，修复不良的人际关系，促进自我成长。第三，让被感恩之人感受到来自我们的感恩之情，从而唤起内心的温暖情怀，并希望将自己的仁慈和无私传递给更多人，让更多的人受益和感动。

一、感恩拜访

（一）技术理念

感恩曾被当作一种情绪、美德、道德、态度等。积极心理学的科学研究取得了许多成果，其中一个主要的概念就是感恩。经过一定时间的研究，感恩已经被积极心理学家定位为实现幸福的主要心理能力和品质。也就是说，越是有感恩能力的人，越是幸福的。积极心理学之父美国宾州大学心理学家塞利格曼做了个有关感恩的积极心理学效应的研究。他测试了参与过积极干预的411人的效应，标记了那些写过“感恩之心”的人和其他一些只写过“自传”的人，研究他们之间的幸福指数有什么差异。结果发现，写过“感恩之信”的人，他们的幸福指数有显著增加，而且这些幸福指数可以一直持续一个月左右。感恩与幸福感的关系在青少年、大学生、中年人、老年人等群体中都得到了证明。伍德等人的研究也发现，除去人格特质，感恩仍是影响生活满意度的显著变量。感恩与幸福感的关系可以用感恩的拓宽建构理论来解释。感恩可以拓宽认知的范围，建构持久性的个人资源，包括生理资源、知识资源、社会资源以及心理资源等。它能帮助个体建立和加强与他人的社会性联系，使人应对压力和困境时变得更加容易，并能抵消负性情绪带来的不良影响，从而提高个体的幸福感水平。

感恩可以扩大认知，使自己在遇到困难的时候，即使有心理压力，也可以掌控。感恩激励感恩者自己的道德和亲社会行为，这个功能似乎是显而易见的。对施惠者行为表示感激的人，将来很有可能帮助施惠者，甚至是他人。此外，如果人们对施惠者的亲社会行为心存感激，那么他们就可能避免伤害施惠者和他人。

感恩的第三种功能是感恩表达能强化道德行为。定性研究表明，感恩表达能强化慈善行为。实验数据显示，受惠者感谢施惠者为其利益所付出的努力，比起不感谢他们先前的努力，施惠者愿意为别人的利益付出更多，并且工作更卖力。

（二）核心目标

1. 积极表达感恩之情

感恩表达能够提升个体的心理健康水平。有学者通过纵向研究发现，感恩拜访可以增加个体的感恩水平和主观幸福感。对儿童和青少年样本进行为期两周的感恩拜访干预，每两天进行一次，每次10～15分钟，实验组要求被试写感恩信件并当众邮寄，控制组要求被试写关于日常事件及对其想法和感受的信件并当众邮寄。结果表明，与控制组相比，实验组中低积极情感者在干预后即时测量和两月后测量均报告更多的感恩和积极情感。所以，积极表达感恩之情和个人的幸福感是紧密相连的。

2. 传播社会正能量

感恩拜访技术中，我们重新体验那些无私帮助过我们的人，我们可以感受到社会的爱和和谐，体验到人性中的真诚和善良，这是积极力量的强化，也是正性能量的传播。我们在人际交往中常常有这样的体验，和某些人打交道，能让你感觉良好，因为，他身上带有正能量，和这样的人交往能将正能量传递给你，令你感染到那种积极快乐的感觉。而另一些人则相反，因为他身上负能量过多，不断地向你传递消极悲观的情绪。所以，如果你身上充满着正能量，不仅可以笑对自己，还可以笑对他人。

3. 调节人际关系

许多研究都已表明，表达感恩对关系的质量非常重要。双方经常对彼此表达感恩，其关系质量更高，持续时间更久。发现—提醒—联结理论认为，感恩表达会让个体发现一段新关系且决定要不要和对方继续交往，而对于已经存在的关系，感恩表达提醒个体以前没有注意到但是已存在的关系， 而且还会让双方的关系更加紧密。不论是建立新关系还是维持现有关系，感恩表达都起到重要作用。因为感恩表达带来良性互动，即表达感恩的人在一定程度上对对方的认知更加积极，而接受感恩表达的人则会产生回报的想法，从而形成良性循环，有利于双方关系的发展。所以，表达感恩的人更有可能拥有一段良好的人际关系。

（三）特点与优势

1. 连接过去、现在和未来

曾经某网站佛教频道上看过这样一句话：“成熟的人不在乎过去，聪明的人不怀疑现在，豁达的人不担心未来。”但是成熟、聪明和豁达并不是每个人都能够得着的。我们往往总是在想曾经失去了什么，未来要得到什么，现在却不知道要干什么。其实这种迷茫、功利的心态只是由于我们没有用发展的眼光来看待自己的人生。我们断然地将人生进行切割，过去、现在和未来已成为独立的阶段，它们已经失去了连接的纽带。在感恩拜访中，我们重新把焦点放在连接上，让过去的感恩经历重新点燃现在的感恩情绪，进而规划未来的感恩行动。现在、过去和未来已成为有机统一体，在此技术中，它们已不可分割。

2. 感恩之情连接感恩之行

心理学上把人的心理结构分为三个最重要的系统，即认知、情感和行为系统。认知是情感的源泉，以情感为导向；情感是行为活动的源泉，以行为活动为导向；情感最初是从认知中逐渐分离出来的，它又反过来促进认知的发展，行为活动最初是从情感中逐渐分离出来的，它又反过来促进情感的发展；认知、情感与行为活动相互渗透、相互作用、互为前提、共同发展。一个心理健康、生活幸福的人，他的认知、行为、情感之间是协调的。如果不协调，就可能出现问题，就可能让我们失去幸福感。在此技术中，我们通过回想生命旅程中的感恩点滴，来引发自己的感恩之情，进而又通过感恩之情来施行感恩行动——感恩信或亲自拜访，这是一个完整的心理活动，是一个动态的心理结构，知情意行的联合发功，更能让我们感受到感恩的意义和旺盛的生命力。

3. 小感恩，大人生

很多时候，我们总是希望得到别人的好。一开始，感激不尽，可是久了，便习惯了。习惯了一个人对自己的好，便认为是理所应当的，有一天他不对你好了，你便觉得怨怼。其实，不是别人不好了，而是我们的要求变多了。习惯了得到，便忘记了感恩。人生中有很多这样的情况，我们自认为的人之常情，自认为的理所当然，其实都是源于别人的无私付出。有时候当我们对一些结果感到无可奈何时，我们能做的就是，拥有时珍惜，失去时感恩。所以常怀感恩之心，我们才能看到生活中不一样的风景，才能在困境萌生时，不会怨天尤人，仍会理性地感恩这次劫难，让我们获得真正的成长。

（四）技术操作指南

1. 在一个空闲的时间，拿出一张纸，仔细地回想一下，在自己过往的生命旅程中，有没有人曾无私地帮助你，关心你，让你感受到温暖和爱，使你一直感恩，一直有一些话想对他们说，却又没有说出口。列出至少十个这样对你有重要意义的人的名字，回想与他们的交往过程。

2. 按照重要顺序或者感激的急迫顺序，将这十个人名做一个排序，挑出最重要人，作为首先拜访的对象。

3. 回想这个人与你交往的过程，尤其是你特别感激的地方，写一份诚恳的追忆往事和表达感激的信。

4. 找一个合适的地方，通过电话或者当面拜访的方式，将这封信读给他听。注意，一定要他亲耳听到。可以给自己一个时限，但一定要去做，做完之后，你会发现奇迹般的改变。

5. 坚持每月能做一次，拜访名单中所有的人。如果坚持一年，你会发现你身边的整个生活圈子和自己的内心状态都将发生巨大的变化。

（五）注意事项

一定要在相对完整而不受打扰的时间内进行，环境安全无干扰，材料（纸、笔、音乐）准备齐全，坚持将所有步骤都完成，以真诚而严肃的态度面对。这是一次与自己内心对话的好机会。

二、感恩求助

（一）技术理念

马斯洛的需求层次理论指出：人有五种需求，从低到高排序依次是：生理需求、安全需求、社交需求、尊重需求和自我实现需求。能够进行自我实现的人的特点是，他们都是具有爱的能力并能成为被爱的人。梅尼格尔透彻地说出如下意见：人的本质是真正愿意互爱的，但不知道怎样做到这一点。这至少对健康的人来说是符合事实的。

心理学家研究证明，求助行为对具有较高和低较自我效能感的学生比中等水平自我效能感的学生更具有威胁性。所以，无论自我效能感很高的学生还是自我效能感太低的学生都会回避求助。

（二）核心目标

我们常常以为爱人才是高尚的，付出才是应当受到尊重的，但其实，我们除了有被爱的需要，同时也有付出爱的需要。付出去爱一个人，同样是一件幸福的事。曾经帮助我们的人，让我们感到温暖，那我们反馈我们的爱，让更多的人感受到我们的善意，感受到我们的正能量，这何尝不是一种快乐！

感恩求助技术旨在感恩那些曾经向我们求助的人，他们在困难时刻向我们发出呼喊，这是对我们的依赖和信任。我们应该感谢他们，感谢他们让我们有付出爱的机会，感谢他们让我们感觉到了自身存在的价值。我们用同样的行为来向他们求助，感受作为求助者的内心波动，同时倾听对方的情感变化，使我们在爱和被爱的空间内自由切换。

（三）特点及优势

1. 礼尚往来。对方的求助行为使我们感受到了存在的价值，那我们的求助行为同样也可以让对方产生价值感。这种交互行为其实也是一种“礼尚往来”。

2. 求助者和助人者灵活切换。作为助人者，我们感受到了自信和价值感；作为求助者，我们体验到了自己的无助和无奈。这种情感起伏使我们更加了解人际交往的重要性。

（四）技术操作指南

1. 在一个安静的环境中，坐下来，轻轻地闭上眼睛，仔细地回想一下，在自己过往的生命旅程中，有没有一个人，曾经向你求助，让你有给予爱的机会，有体现自己价值的机会。你一直有一些话想对他说，却又一直没有说出口。想到这个人的名字，感受你与他的交往。

2. 想一件他可以帮你的事情，可以是很小的请求，例如对他说：“我遇到一件很难拿主意的事情，想听听你的意见。”在心中确定一件这样的事情。

3. 找一个恰当的时机，将你想求助的人约出来，跟他表达你遇到的困难，说明你想请他帮助的意愿，倾听他的回应。

4. 仔细体会你的整个心理过程，可以的话将这个心路历程记录下来。

5. 完成这件事之后，请对方分享收到你请求时的感受，你也需要分享请对方帮忙时的整个心理过程。

三、感恩帮助

（一）核心理念

冥想起源于五千年前的东方宗教和文化传统，随着历史的演变，它逐渐跨越了最初的宗教和文化鸿沟，目前已经成为心理学研究的一个重要主题和心理咨询的重要技巧之一。

冥想不仅强调身体方面的放松，也强调认知和心理方面的放松，因而是一种综合性的心理和行为训练。冥想有一些特定的练习技术和阶段，需要个体的注意力等多方面认知功能的参与，在此过程中还会产生微妙的心理体验变化。同时，尽管冥想的训练方式多种多样，但其最终目的都在于提升个体自身的生活意义。

冥想的心理发展功能领域的研究表明，冥想对个体的认知、情绪和工作成绩等各方面均有一定的影响，这种影响总的来说具有正向的作用。

首先，冥想能直接增加人们的积极情绪和情感，从而提高心理健康水平。研究显示，个体的积极情绪状态在冥想后获得了显著增加。也有人调查了被试瑜伽练习前后的快乐、成就和人际关系几个方面，结果发现 10 天训练后他们的主观幸福感明显增加。另一方面，冥想也可以通过缓解消极情绪来促进心理健康，例如有研究者发现连续 8 周、每周 90 分钟的冥想训练能缓解大学生的压力感等不良情绪，从而提高宽恕感 。

冥想对认知能力也能产生积极影响。例如，阿米莎·加、杰森·克鲁平格以及迈克尔·拜因研究发现，冥想对注意系统具有调节作用，能分别提高被试的对内注意以及对外部信号的注意能力。也有研究者发现，冥想能降低认知任务中的情绪（尤其是负性情绪）干扰，使个体的注意力能集中于认知任务。唐一源教授等人甚至还发现短期的冥想练习同样能有效改善个体的注意力品质。他们发明的综合性身心训练（IBMT）方法只需让被试进行 5 天冥想练习，每天只练习 20 分钟，却能对个体的注意、情绪等方面产生良好效果。

总之，采用冥想技术来对曾经的一些事件进行重新梳理和认知，是非常有效的。

（二）核心目标

1. 通过冥想与表达使参与者正视自己的经历，自己在求助的行为中获得了怎么样的感受，自己在帮助别人时心情又是如何，通过回顾以往的种种，强化本有的心理资本，从而更加积极主动地应对社会事件。

2. 通过书信和诵读使其表达自己，主动和内在的自己对话，主动和他人进行沟通，由向别人求助到主动帮助，从而改善与重要他人的关系。

（三）特点及优势

用艺术性的表达来实现社会感恩行动。冥想帮助我们体验接受他人帮助时的感受，想象让我们尝试觉察帮助别人的心情，写信让我们把感恩心动记录下来，分享让我们强化感恩力量。这种多途径、多方面的体验形式可以使我们更加领悟到感恩的必要性和重要性，从而更加积极地将感恩付诸行动。

（四）技术操作指南

1. 冥想：导师引导参与者闭目冥想自己过去的经历，感受经历当中自己的努力和接受他人协助时的体验，体会接受帮助时自己是什么样感觉，对对方是什么样的感觉。无论结果如何，敢于承担自己的责任，感恩得到他人的帮助，让自己开始感恩。

2. 想象帮助他人的感受、事件：参与者想象当自己帮助别人的时候，自己的心情如何，给予对方协助之后，成就他人会使自己有什么样的体会。

3. 想象帮助对象：想象当有人需要协助时，你最想去协助的是谁，怎么帮。

4. 写信：将冥想当中的历程，以书写信函的形式记录下来。

5. 分享：导师带动分享，并让参与者保持在感受当中，让参与者当下就能感受到感恩的力量。

6. 感恩承诺：参与者写下自己想做却一直还没做的感恩举动。

7. 付诸现实：导师引导参与者承诺在短时间内（具体时间点）将感恩实施。

（五）注意事项

1. 在冥想阶段，导师围绕团体目标，要求全体成员参加。

2. 导师进行呼吸引导，让参与者的心情在当下安定下来。

3. 冥想记忆书写的过程中加入相关配合情绪主题的音乐（感性的、悦耳的）。

4. 在感恩承诺阶段，团体氛围要正式，导师要引导成员严肃对待自己的承诺。

四、生命中的贵人

（一）技术理念

我们大脑的左半球主管逻辑、推理、演算、判断，存储的是知识、经验等机械记忆；右脑主管形象感知、直觉判断、空间定位、情感表达等，直接处理图像信息存储的是情感和情景记忆。经历创伤的人，右脑中往往印刻着很多的灾难图景与情绪，而“表达性艺术治疗”则可以作用于右脑，是一种不同于言语性的治疗方法。

生命中的“贵人”这项技术按照表达性艺术治疗的“呈现、表达、转换、升华”的步骤进行，是有心理科学依据的有效流程。

第一步：呈现

使个体内部心理状况借助一定的艺术媒介外部化，使心理问题的部分或全部得到感知，即拿出与重要他人的故事，以及个体对这个事情的看法，通过想象并用绘画或其他形式表达出来，这些都是呈现的过程。只有充分而真实地呈现，才能保证接下来的过程是个体内心最真实的声音的表达。

第二步：表达

艺术性表达，使酝酿问题的心理内容外显，达到情绪宣泄的目的，并为调和治疗提供可能。写信这一艺术表达形式可以充分表达内心感受，很多时候比诉说要更充分、彻底。这个步骤中的表达几乎是无须顾忌的，想到什么都可以通过书写表达出来，不受道德约束，不受良心的谴责，不受时间空间的干扰，最关键的就是要充分，不管是怨恨、悲伤还是后悔等情绪，或是不同的事件过程，只有彻底地表达出来，才有转化和放下的可能。这就像一个放满杂物的房间，要想房间敞亮，就必须首先清理房间里的所有东西，彻底清理之后，点上蜡烛才能照亮房间的所有角落。例如，有些失恋的个体，表面上看起来没有什么情绪变化，却几年几十年都放不下过往。而另一些有同样遭遇的个体，却在向对方大哭大喊之后反而能很快开始新生活，这就是充分的表达所带来的治疗创伤的效果。所以，表达是表达性艺术治疗的关键，也是必不可少的过程。

第三步：转化

即以新的视角、新的应对方式解释经历过的心理事件，使个体的感受、思维和行为发生变化，心理能力得到提升。严格来讲，转化不是一个独立的过程，前面两个过程——呈现和表达，都是在为转化做准备。转化不是一个刻意的过程，不是在理智上告诉自己要接纳，要原谅，而是一个自然的甚至觉察不到的过程。它发生在个体想象对方的时候，发生在个体尽可能彻底地表达自己内心感受的时候。

第四步：升华

平复情绪之后，就是表达性艺术治疗的最后一步，通过诗歌的形式来升华。诗歌是所有艺术形式中最能实现升华作用的一种，它不像音乐一样直指人心，不像绘画能让人放下防御表达真实的感受，不像写信可以长篇大论，但它是一种让人不可能去攻击别人的方式。在创作诗歌的过程中，所有的负面情绪都将在转化之后上升成为对生命、对生活的正面歌颂和赞美，也是彻底将个体生命中的“贵人”纳入“珍惜”“感激”等正向人际关系范畴的最佳途径。

（二）核心目标

积极心理学提倡在解决心理问题时不执着于问题本身，而是从积极正向的角度去看待并积极利用科学的方法去强化个体生命功能中积极向上的部分。要转化成长中带有负面影响的重要他人所带来的成长创伤，就需要依据心理治疗的原理，将负性人物、负性事件，在情感表达的过程中，使个体重新进行解释和认知。

“生命中的‘贵人’”属于表达性艺术治疗，这种艺术表达与中国文化的核心、中国人的人格特征、中国人的思维方式存在内在的契合性。因此通过此技术可以很好地使个体对生命成长过程中的创伤性经历和人物事件进行整理。我们接纳一部分、消除一部分、保留一部分、升华一部分，最终扫清生命中负性事件的障碍，获得成长和幸福的体验 。

（三）特点及优势

生命中的“贵人”技术具有明显的过程性，也就是只要参与其中，认真按照步骤去执行，成长就在过程中不知不觉地实现了。表达性艺术治疗，艺术表达的过程便是治疗的过程，这种表达的过程可以缓和情绪上的冲突，有助于自我认识、自我领悟和自我成长。它的创作价值不在于当事人艺术作品的水平高低，也不主张作品是对问题的投射，而在于成员对自己和他人问题的感受能力和领悟能力。

（四）技术操作指南

1. 找一个相对完整的空闲时间，例如一个下午、某个安静的晚上，在一个安静的环境里，放上轻柔舒缓的音乐，让自己的心彻底地放松下来，抛开一切杂念。

2. 轻轻地闭上眼睛，仔细地回想一下，在自己过往的生命旅程中，有没有一个人，提起他的名字，说起跟他有关的话题，我们内心就会有或深或浅的不舒服，甚至略有恨意，这个人就是我们生命中另一种“贵人”。想到这个人的名字，想象他的样子，慢慢看到他就站在你的面前。这个时候，如果你的内心走过某些情绪，请尊重它，不论好坏，这都是你面对这个“贵人”的真实的情绪，你只要接纳它就好。

3. 继续看着他站在你面前，拿出纸笔，将他的样子慢慢地画下来，并不一定要画得很好，只要能将自己内心中的他表达出来即可。

4. 看着面前的他的画像，尽情地表达你此刻的情绪，仿佛他就站在你面前，在安静地听你表达。你可以尽情表达他对你造成的伤害，你对他的讨厌甚至是恨意。这是一个绝佳的表达机会，只要是你内心最真实的话语，就将它们写下来，抛开道德的评判，说你想说的话。

5. 写完信之后 ，平复一下自己的情绪，听一首舒缓的音乐，静静地体察自己内心走过的所有感受，尝试深呼吸，回到现实的状态中。闭上眼睛，看到那个人慢慢走远，慢慢走出你的生活范围。他告别曾经的你，告别曾经他对你的伤害。

6. 拿出纸笔，为你们的故事写一首诗，不需要写得优美，只要按照诗的语气、诗的表达来写就好。

（五）注意事项

1. “生命中的‘贵人’”积极心理技术有明显的过程性，也就是个体只要参与其中，认真按照步骤去执行，成长就可以在这个过程中不知不觉地实现。

2. 表达性艺术治疗，艺术表达的形式如绘画、写信、诗歌等全凭当下感受去进行创作，无须考虑专业水平。

3. 不主张对个体创作的艺术作品进行问题投射性的分析，而是要将注意力集中在个体对自己和他人问题的感受和领悟上。

第五节　积极意义的转化技术

人具有追求生命意义的本性，追寻生命意义是一种人的基本需要。塞利格曼把意义作为幸福的第三元素，他认为意义和积极情绪都含有主观成分。但积极情绪的主观体现在你觉得快乐，你就快乐，这是当时当地的个人体验。而意义则体现在它是否对你的人生发展有价值，你是否在其中有所收获。在时间上来讲，这是一种滞后的感悟式的体验。

塞利格曼把意义定义为归属于和致力于某样你认为超越自我的东西。而弗兰克尔的意义疗法在治疗策略上着重引导来访者寻找和发现生命的意义，树立明确的生活目的，以积极向上的态度来面对生活。我是谁远比我会干什么重要一百倍，懂得生命存在的意义，懂得自己为什么而活，只有个人存在的意义问题得到真正的解决，人才能够更好地发展。弗兰克尔也认为，探索生活的意义和目的是人类的一个特殊的本能，也是心理健康的重要标志。所以在技术转化阶段，以积极意义转化作为主要方向是有重要意义的。

既然积极意义转化如此重要，那么意义转化途径就是我们技术创作的方向。本技术环节中，主要利用的载体形式有绘画、故事、舞蹈以及石头等 。

一、九宫格之我的童年故事（绘画）

（一）技术理念

九宫格统合绘画法是森谷独创的一种方法。想法产生在1983年春，接着在1983年12月的东海精神神经学会和1984年第20届日本教育心理学会上做了报告。

涂鸦法很简单，患者也常常会很高兴地作画，因此1个小时的时间里往往可以画出很多篇作品，这时患者就会产生想看看这些作品的整体意义的想法。这是促使森谷创立九宫格统合绘画法的一个原因。同时，这个时期森谷对中井的“框格法”产生了很浓厚的兴趣，觉得通过画格子能对描画空间起到保护的作用，而且因为描画空间更具有层次性，能让缺乏描画意欲的人更容易下笔。同时，森谷从偶然翻到的一本介绍曼陀罗的书中受到启发，曼陀罗是呈九宫格的布局，因此就产生了九宫格统合绘画法。

在森谷九宫格画的基础上，我们设计了九分割童年画。九分割童年是自由联想的技法。将图画纸分割为九格，以中间的格子为中心，呈螺旋状的顺序，一格一格地画，可分为自由画或主题画，可由来访者一人完成，亦可由治疗者与来访者交互完成，完成后依图画编故事。其特性在于自然地集结多元且复杂的心象，同时达到信息收集及整理的效果，并可看见联想的动向，且了解阻抗的模式，以及因绘画面积的缩小所产生的集约效果。

对于九分割童年的分析，通常可以从这样几个方面来进行：作者的笔压大小；画面面积的大小；表现精神的画面有几幅，表现物质的画面有几幅，精神和物质各占多大比例；哪些是表现过去的，哪些是表现现在的，哪些是表现未来的，过去、现在和未来各占多大比例；九幅画面中突出表现的是正性情感、负性情感还是中性情感；画面中一贯出现的心象有哪些；画面中是否有自我像；作者最珍惜的画是哪一幅；作者最满意的画是哪一幅；作者最希望重新体验的画是哪一幅；等等。

（二）核心目标

在“九分割童年”技术中，家长在团体导师的带领下，自由联想童年的事物，并把它们一一画在纸上，唤醒潜意识中关于童年的记忆。通过对画的分析，恰当地对童年做出评估，改善与孩子的互动模式。

绘画技术补足语言的限制，通过其象征功能帮助个体将感受到却无法用语言说出来的情感表达出来，从另外一个角度回顾自己的童年，使自己意识到童年的缺失，从而更好地指导孩子的童年生活，使其更加丰富和精彩，让孩子度过一个快乐的童年。

（三）特点及优势

要传达思想和观念，语言是最好的手段，而要传达情感、情绪以及心理状态，绘画则是最好的方法。儿时的我们常常喜欢用五彩的画笔来描绘自己的未来，喜欢用一幅幅的涂鸦向人们展示童稚的精彩。渐渐长大了，我们习惯了用语言来表达自己，忽略那曾经挚爱的画笔。九宫格童年恰恰为我们提供了这样一种方式，以艺术的手法再现体验、感受，再现每个人的心路历程。

九分割绘画法相对于普通的心理绘画技术，具有以下特征：

1. 内容错综复杂，能够全面地、综合性地展现出多种多样的内心影像。

2. 九个格像九个盒子一样，各自容纳、整理不同的信息。我们在绘画过程中可能有欢乐的场面，有悲伤的场面，有遗憾的场面，有不甘心的场面，但是它们都同时融入了一幅九宫格的画作当中，这就像我们对于“父亲”这一形象的整体认知。所以，这个过程也就能促进我们更全面、更立体地看待父亲，接纳父亲。

3. 同以往的绘画法相比，信息量显著增加。九幅画面比一幅画面表达的信息量要大得多，也更立体，避免我们过于强化对父亲的单一情感，不能真实客观地反映我们内心世界的真实感受。

4. 九个格所承载的信息量，用于推断心理状况是十分合适的。1956 年，弥勒提出“魔法数字 7±2：人类进行信息处理的极限”，这里的“9”正好切合了我们记忆极限的 9，也就是说九宫格基本达到一次性将我们脑海中所有的画面、所有的记忆都呈现的目的。

5. 画在 3×3 格里的内容，离开画纸也能在头脑中再现，因为它的信息量是人的短期记忆容量能够容纳的，这样就能一举把握整体的感觉。

6. 相较于涂鸦法，九宫格绘画法的另一个长处是可以指定题目。当然，它也能和涂鸦法结合起来使用，描画对象的范围比其他旧有的描画法扩大了许多。以前很难用“对自己的印象”这样宽泛又难以捉摸的题目要求患者进行描画，但如果用分了九格的纸，就可以把想到的东西一个接一个地画下来，表达起来就比较容易了。

7. 可以表现“我的一天”“我的孩提时代”“学生时代”“我的一生”等包含时间在内的内容。也就是说，可以同时容纳时间和空间。描画顺序反映的是联想的过程，九宫格绘画法使得我们能在瞬间明了这些过程。

8. 因为描画面积小，不大会画画的人也不会太抵触。心理疗法要求的不是高质量的作品，潜意识的内容最初都往往表现为一些片段，只要能表现这些片段的一部分就很有价值了。

（四）技术操作指南

1. 每人手上拿到一块九分隔板，板中有各式各样的小造型，如人物、动物、风景等。请按照顺序，一格一格地把脑海中浮现的关于童年的事物自由地用各种造型表现出来。

2. 在关系还不深入的初期或者有着强烈焦虑和防备心理的成员，有可能不能填满九个格子。这时就算不填满也没有关系。

3. 在填完九个格子之后，请针对自己的画配上简单的文字说明，使画作更加丰富和完善。

4. 在完成九宫格之后，根据九宫格的画面、文字、图形、符号，看看九幅画面中突出表现的是正性情感、负性情感还是中性情感，最珍惜的画是哪一幅，最满意的是哪一幅，最希望重新体验的是哪一幅。感受一下自己在绘画时的心路历程，尽可能地挖掘、拓展脑海中的意向。

5. 准备一个工具，将自己的九宫格拓出来。

6. 为了统合这些意向，询问绘画者："看整体能想到什么作为题目来概括这些图吗"或者再根据投射出来的具体生活事件，做进一步的咨询和处理。

二、心理刮痧之心理按摩（讲故事）

（一）技术理念

讲故事作为一种艺术载体，其实在心理学的应用中也很广泛，例如心理剧的演出、叙事疗法、对偶故事法等。

叙事疗法把人与事分开，以人性的眼光看人，而不以道德教育人。叙事疗法相信来访者才是自己的专家，咨询师只是陪伴的角色，来访者应该对自己充满自信，相信自己有能力并且更清楚解决自己困难的方法。心理按摩技术就是运用讲故事的手法来激发个体内心的积极体验，使其能够实现积极品质的提升。

（二）核心目标

在短时间内全面、系统、科学地梳理一个人的心理空间，促进人的心理层面根本性地释放和转变，使个体重新恢复健康、平衡的心理状态。

（三）特点及优势

此技术将身体穴位和心灵穴位相结合，身体上的舒服和疼痛以及心灵上的感觉是可以连接在一起的。我们仿照人体穴位图把那些心灵上特殊的穴位挑选出来，对它们加以梳理和转化，就可以对心理经络进行疏通和融合，从而使自己的身心更加和谐和稳定。

（四）技术操作指南

1. 指导语：当我们去按摩的时候，按摩师按住我们身上的穴位，问：痛不痛？是什么程度的痛？我们会根据自身的感觉做出相应的回答。这是我们生理上的穴位。那么在我们的心理上，是不是也存在这样的“穴位”呢？有些“穴位”，我们一按会感到很开心；有些“穴位”，一按下去，内心会有一丝丝酸楚的感觉。每个“穴位”都代表着一个符号，这个符号在你成长为今天的自己的心理过程中，对你有独特的意义。对你的心理来说，有意义的即为一个“穴位”。这个“穴位”可以是一个人，我们念念不忘；可以是一件事，我们体验深刻；可以是一个地方，一个物品，一种事物。只要是你能够想到的，都写在穴位纸上，然后把它们贴在木头人上面，不能少于 100 个。

2. 很多穴位都有特殊的意义，例如想到父亲我们可能自然地就将其与太阳穴联系起来，想到兄弟姐妹可能更多地与手足联系起来；或者还有一些特殊的穴位，是对个人有特殊意义。组合这些穴位，就是一个全面梳理和澄清自己的过程。

3. 团体成员开始在穴位纸上写出对自己有独特意义的“穴位”，然后将其贴在木头人上。

4. 引导成员感受：哪些“穴位”是你一按就觉得很舒服的？哪些“穴位”是你按下去感觉不太舒服的？

5. 表达、转换：挑选自己觉得舒服的穴位，画一幅连环画；挑选按着会痛，或者感觉不怎么舒服的穴位，画十幅画。分享它们的故事，其他成员认真倾听，给予支持。

6. 升华：针对每幅画讲述一个故事，或者作一首小诗。通过表达，使负面的情绪或认知得到转换，作诗是一个升华的过程，是对个体过去经历事件的价值的开发。

（五）注意事项

1. 本技术既可用作个体咨询，也可用作团体咨询。无论何种咨询方式，都需要对来访者的情况保密，不能公开别人的故事，只说自己的感受，不做评论，不提建议。

2. 出现个别情绪激动的状况时，需要进行疏导与干预。

3. “心理刮痧”这一团体心理辅导技术要充分发挥其价值，导师可以参考笔者的相关著作或者参加创办的工作坊进行详细了解。

三、身体在歌唱（舞蹈）

（一）技术理念

舞蹈是一种身体运动，也是一种心理活动、意识形态和精神现象。舞蹈作为艺术之母，其本质正与人的本质息息相通，正如我们不能把人的本质理解成一种物质、一种由分子原子构成的碳水化合物、一种简单的物理运动和物理现象一样，我们也不能把舞蹈艺术的本质简单地理解为一种简单的身体运动、物质运动和物理现象（身体只是舞蹈的工具和载体）。人的本质是精神，人最重要的是精神，艺术的本质也是精神，美的精神才是艺术活的灵魂。

身心是一体的，我们表达或者调节情绪时，往往都会利用身体将情绪外放。我们的思维和认知依赖于身体以及身体与环境的交互。

具身认知为我们找到了很好的科学依据。我们每个人的生态统一都需要认知、身体以及环境的和谐，身体同时也镶嵌于环境，所以我们往往通过身体来与环境进行互动，从而达到身心合一。

所以，我们的身体是和认知密切相关的，情绪和认知也是分不开的，认知系统通常会控制情绪系统。詹姆斯—兰格理论甚至认为，情绪体验的产生来源于身体的生理反应，情绪是对身体变化的直觉，所以，我们悲伤是因为哭泣，我们开心是因为微笑，虽然此观点有一些片面，但是却关注到了身体和心理的关系。不管怎么说，我们的身体和心理是联系在一起的，我们需要外放一点，通过肢体语言来传送我们的情感，利用身体与环境的互动来表达我们的情绪。通常意义上的讲道理、聊天虽然也可以改善我们的认知，释放我们的情绪，但总觉得不如挥洒来得尽兴。所以，我们需要身体“唱歌”，来释放自己的灵魂。

（二）核心目标

跳舞技术属于积极心理技术中的积极意义转化技术，通过舞蹈来释放那些不良体验，让我们在主动环境中提升自己的积极能量，使情绪和身体达到一个完美的融合。

（三）特点及优势

运用舞蹈来释放心灵。舞蹈的优势就是轻松自在随意。每个人展现自己最快乐的状态，不管是什么肢体动作，只要是自己喜欢的就好，把这种快乐的语言传递给在场的每一个人，大家都会不自觉地附和起来，使整个场沸腾起来，那些压抑、烦恼、烦躁、愤怒都可以在不知不觉中被蒸发掉。

（四）技术操作指南

1. 全体成员起立，围成一个大圆圈。

2. 选取一首欢快的音乐，如《最炫民族风》，作为背景音乐。

3. 轮流推出一个人，站在中央，用自己觉得舒服的姿势来领导众人跳舞，每人五秒钟以上。

4. 全体单人领舞结束后，两个人一组，牵手跳起来。

5. 四人一组，手拉手围成一个圆，尽情展现自己的欢乐。

6. 八人一组，大家跳起来。

7. 全场围成一个大圆，跟着音乐的节奏，跑起来，跳起来。

8. 结束时，大家一起用力向中间涌，汇聚向上的力量。

四、石头的故事

（一）技术理念

“重要他人”最先是由美国社会学家米尔斯提出的一个概念。他是在乔治·米德有关“自我发展”的理论上提出的。在国内，顾明远从人的全面发展的角度对其加以界定，重要他人是指对个体自我发展（尤其是儿童时期）有重要影响的人和群体，即对个人智力、语言及思维方式的发展和行为习惯、生活方式及价值观的形成有重要影响的父母、教师、受崇拜的人物及同辈群体等。

随着学科的发展，这一概念逐渐引入教育社会学中。吴康宁认为“所谓重要他人是指对个体的社会化过程具有重要影响的具体人物”。这是在米德的传统上，将重要他人作为一个泛化的概念所进行的一般意义上的界定，也代表着我国教育学界对这一概念界定的基本趋向。

（二）核心目标

“石头的故事——重要他人”通过团体成员为自己的石头设计人生路线，使自己回顾成长中的亲密关系，感受在成长历程中与不同人的关系和距离，寻找出影响自我最深的人。看到这些人与自己的关系对现在的自己所产生的影响，再更好地去处理现在的亲密关系。

（三）特点及优势

由于每个个体的经历不同，内心受到的影响也不一样，因此采用以点带面的方式进行。通过个案的处理，借助团体的力量，深入地解决成员个体的问题。同时，其他的成员能通过参与，澄清和梳理自身的亲密关系模式带给自己的影响，这也是一个调整和转化的过程。

（四）技术操作指南

1. 指导语：这是一个社会，有一个一个的人，有一个一个的群体，但不是每一个都是固定不动的。可能有些在移动中，某一刻相遇了，随即又分开了；有些是稍作停留；也有些可能是已经找到了最终的归宿。每一个团体成员在这里选择一个代表自己的石头，思考五分钟，我们从哪个地方出发，经过了哪些地方，与哪些人相遇了，现在停留在哪里，不可以和其他成员讨论自己设定的路线。

2. 团体导师在团体中间随机摆放石头，有的是一小堆，有的是一个，形成一个较大范围的排列。

3. 每一个团体成员选择一块代表自己的石头握在手中。

4. 为石头设定一条线路，思考会经过什么地方、遇到什么人等问题。思考时间为五分钟。思考过程中播放音乐，可以选用表达亲情、爱情、友情等的音乐。

5. 团体成员按照设想的路线带着石头经过，并简单地说明。

6. 团体成员在石头的社会中，寻找到一块石头，代表着对自己影响最深的人。若发生重叠，请成员分别再找另外一块石头。

7. 团体成员体验后分享。体会代表自己的石头想与那个代表自己至关重要的人的石头说的话，内容可以包括：我现在的生活、心情、情感、状态，我的经历，我离开你的时候的经历，这么久以来发生的事情，我对你的看法，你那些让我还记忆深刻的东西，我对你的情绪，我对你的感谢，等等。至少有四五项内容，每项内容都可以长篇大论地写出来，也可以淋漓尽致地去讲，去表达，或者去骂他，都可以。因为每一个个体都不同，引起触动的点也不一样，与重要他人关系的影响程度也不同。

参考文献

[1] 陈海莺．让非优质学校的教师更有精气神：谈积极心理学在学校管理中的应用．创新时代，2017.

[2] 林雅芳，刘翔平．论积极心理学在特殊教育中的应用．求索，2013.

[3] 徐传来．家庭中心积极心理学应用．社会心理科学，2008.

[4] 彭凯平，窦东徽，刘肖岑．幸福科学：问题、探索、意义及展望．清华大学学报（哲学社会科学版），2011.

[5]Seligman M E P, Csikszentmihalyi M. Positive Psychology: An Introduction.Flow and the Foundations of Positive Psychology. Springer Netherlands, 2014.

[6]Russell J A, Barrett L F. Core affect, prototypical emotional episodes, and other things called emotion: Dissecting the elephant.. Journal of Personality & Social Psychology, 1999.

[7]Mayne T, Bonanno G A. Emotions: Current Issues and Future Directions. Guilford Press, 2001.

[8]Fredrickson B L. What Good Are Positive Emotions?// Review of General Psychology. 1998.

[9]Fredrickson B L. Gratitude, Like Other Positive Emotions, Broadens and Builds.The Psychology of Gratitude. 2012.

[10]Fredrickson B L, Branigan C. Positive emotions broaden thought–action repertoires: Evidence for the broaden–and–build model. Cognition & Emotion, 2005.

[11]Fredrickson B L. The Value of Positive Emotions: The emerging science of positive psychology is coming to understand why it's good to feel good. American Scientist, 2003.

[12]Isen A M, Daubman K A, Nowicki G P. Positive affect facilitates creative problem solving.. Journal of Personality & Social Psychology, 1987.

[13]Fredrickson B L, Cohn M A, Coffey K A, et al. Open Hearts Build Lives: Positive Emotions, Induced Through Loving–Kindness Meditation, Build Consequential Personal Resources. Journal of Personality & Social Psychology, 2008.

[14]Waugh C E, Fredrickson B L. Nice to know you: Positive emotions, self – other overlap, and complex understanding in the formation of a new relationship. Journal of Positive

Psychology, 2006.

[15]Peterson C, Seligman M E. Character strengths and virtues. 2014.

[16] 马丁·塞利格曼著，赵昱鲲译 . 持续的幸福 . 浙江人民出版社 , 2012.

[17] 杨雅琴 . 追寻生命的意义：弗兰克尔意义疗法述评 . 黑龙江教育学院学报 , 2008.

[18]Frankl V E. Stochastic Approximation and Recursive Algorithms and Applications: v. 35. Springer, 2003.

第八章　危机干预与哀伤辅导技能

本章介绍了危机干预及哀伤辅导的相关知识，了解危机的定义、特征及危机干预的目的、意义，学习危机干预的基本策略，掌握危机干预的基本步骤和评估方法及电话危机热线的接听策略与步骤技巧。并介绍了心理创伤的定义、分类及治疗理论，熟练掌握哀伤辅导的步骤并运用此知识解决实际问题。通过本章的学习，你将会从积极心理学的视角重新审视危机与创伤事件，创伤是第一生产力，相同的创伤事件，不同的人感受并不完全一样。改写过去的不良体验，塑造未来的积极体验，成为更好的自己。

第一节　危机与危机干预

一、危机的定义

在个体层面上，危机是一种对事件和情境的认知或体验，即认为所面临的困难事件或情境超过了现有资源和应对机制，除非来访者获得缓解，否则危机有可能会引起严重的情绪、行为和认知功能障碍，甚至导致来访者或他人出现伤害和致命的行为。

从系统层面上，当人、机构、社区和生态经历了严重的创伤性事件，而反应系统无法从生理和心理两方面有效地控制和解决问题时，就会形成系统危机。系统可以小到家庭，大到心理卫生诊所，再大到国家，但其中的关键是该系统失去了平衡，而之前的处理机制不再起作用。如果未能得到合适的救援，危机就会对系统造成不可恢复的破坏，甚至毁灭。

在个人危机和系统危机之间还存在着一类干预人员可能要面对的危机，称为“扩散性危机”。当一个孤立的小事件没有得到控制而开始传播时，就发生了扩散性危机。在早期，他们都只是孤立的局部问题，比较容易解决，但是如果因为忽视而没能得到及时的诊断和处理，它们就会波及整个系统。

二、危机的特征

1. 危险与机遇并存

危机是一种危险，因为它可使个体处于异常状态，严重时导致杀人和自杀行为的出现。同时，危机也是一种机遇，因为由之产生的痛苦会迫使人们寻求帮助。危机包含着更具可能性的自己，意味着更大的变化、深度的体验。这是一个前所未有的可能性，如果抓住这个机遇，就能够帮助个体埋下自我成长和自我实现的种子。

2. 成长与变化的机缘

伴随着危机的失衡总是会产生焦虑情绪。焦虑情绪的不适感进而会提供变化的动力。通常，焦虑到达一个临界点时，人们才会承认这个问题已失控，药物滥用者提供了这个观点的最好例证。

3. 没有灵丹妙药或快速疗法

处于危机中的人通过寻找多种形式的干预以得到帮助，其中有的干预方法被称为短期治疗。然而，对长期的问题，不存在什么快速解决的方法。许多来访者在面对严重危机时，会寻求像吃药这样的快速治疗，这种短期治疗虽然抑制了可怕的反应，但不会解决原本存在的问题，从而使危机加深。

4. 选择的必要性

无论我们是否选择面对，生命中都充满了危机和挑战。在危机中，“不做任何选择”的选择通常是消极和有害的。选择做点什么至少有成长的希望，给予人们设定目标并制订计划克服困难的机会。

5. 普遍性与特殊性

无论特殊与否，危机总是伴随着失衡和解体，在一定的环境中，危机的普遍性表现为处于危机中的每个人都会崩溃。危机的特殊性表现为即使处于同样的环境中，部分人能够成功地应对而另一些人则不能。

6. 复原力

美国共病调查组发现，在全国代表性样本中，虽然创伤性事件在男性和女性中的发生率超过 50%，但只有 5% 的男性和 10% 的女性罹患创伤后应激障碍。危机干预关键性的一项工作是找到支持系统和应对机制的良好结合，使它们形成一个行动计划，开启储备的复原力，使大多数人度过危机。

7. 认知

突发事件并不是危机发生的主要原因。对事件的认知，才在危机中扮演着重要的角色。人们如何评价突发事件，如何估计危机干预人员的作用，会重构和冲淡对事件的灾难化解释，这与解决危机的速度和程度密切相关。

8. 复杂的症状

危机不是简单的，它是复杂且难以理解的，并且不遵循因果关系的规律。突发危机事件中的状况错综复杂，与个人所处环境有关。

三、危机干预

心理学领域中，危机干预指对处在心理危机状态下的个人采取明确有效的措施，使之最终战胜危机，重新适应生活。

心理危机干预的主要目的：一是避免自伤或伤及他人，二是恢复心理平衡与动力。

四、危机干预者的特征

1. 生活经验

危机干预工作者能否处理一个危机事件，取决于他是不是一个完整的人。一个完整的人应具有丰富多样的生活经验，这些经验是情绪成熟的重要资源，结合适当的训练，使危机干预工作者不仅在日常生活中，而且在危机境遇下都能够保持稳定、一致和完整。

2. 泰然自若

关键时刻，对来访者起示范作用，自信、坦诚而坚定，是任何人类服务工作者都值得骄傲的专业财富。

3. 创造性和灵活性

面对看起来难以解决的复杂问题时，创造性和灵活性都是宝贵的财富。

4. 精力和复原力

危机干预工作会遇到很多低潮期，即无论多有能力，无论有多坚持，也都有未能成功的时候。因此，危机干预工作者必须有很强的复原力，他们必须从身体上、心理上照顾好自己，合理利用可用的精力。

5. 快速的心理反应

在危机干预过程中，对问题的反应及思索的时间是非常有限的。危机干预工作者在处理不断发生和变化的问题时必须反应很快。若是他们不能快速准确地思考，那么就会发现这份工作很令人沮丧。

6. 自信

很多处于危机中的来访者，他们采取行动的能力、建设性思考的能力和控制感情的能力正在慢慢消失。正因为如此，危机干预工作者需要果断地对其行为采取限制，以维护自己的原则，保持来访者稳定，这样才能实施干预。

7. 其他特征

坚韧，不急于求成，勇敢，乐观，现实导向，冷静，客观，强大和积极的自我概念，并坚信人类是强大和有恢复能力的，能克服看似不可能克服的障碍。

第二节　危机干预理论与干预模式

一、基于文化的有效帮助

当个体遇到危机情境时，深藏起来的文化信念和过去习得的应对方式会迅速显现出来。当创伤性事件发生时，不管人们当时住在哪里，在哪里工作，都很可能会恢复他们长期以来持有的文化信念。对于危机干预工作者来说，特别重要的是避免对来自不同文化的人出现视野狭窄的观点、假设和无意识的亲近。

卡米尔和哈克尼（1987）引用了几条文化上有效且可供助人者使用的策略。例如，助人者可以：（1）从来访者的角度去了解世界。（2）寻找对于不同文化背景的来访者更有吸引力的和更合适的新角色。（3）帮助来访者与其固有的支持系统联系，寻求帮助。

他们也指出，要做到文化上的有效干预，助人者不应当：（1）把自己的价值观和期望强加于来自不同文化背景的来访者。（2）对来访者、来访者的行为或来访者的文化持有僵化的看法，或者贴标签。（3）试图把单一的咨询模式强加于来访者。

二、危机干预理论

（一）基本危机理论

林德曼认为哀伤反应的出现是正常的、暂时的，并且可通过短期危机干预技术进行治疗。“正常”的哀伤行为包括：（1）总是想起去世的人。（2）认同去世的人。（3）表现出内疚和敌意。（4）日常生活出现某种程度的紊乱。（5）某些躯体主诉。林德曼否定了当时流行的观点，即应把求助者所表现的危机反应当作异常和病态进行治疗。

林德曼主要关心悲哀反应的即时解决，卡普兰将其结构扩大到所有的创伤性事件。卡普兰认为，危机是一种状态，造成这种状态的原因是生活目标的实现受到阻碍，且用常规的行为无法克服。阻碍的来源既可以是发展性的，又可以是情境性的。

（二）扩展危机理论

随着危机理论和干预实践的发展，人们认识到在发展、社会、心理、环境和境遇等决定因素的联合作用影响下，任何人都可能出现暂时的病理症状。扩展危机理论不仅将精神分析理论，而且将一般系统理论、生态系统理论、适应理论、人际关系理论、混沌理论和发展理论等内容进行整合，吸取其精华，补充和加强了基本危机理论。

（三）应用危机理论

危机理论的应用需要有一个灵活的态度。每人、每次的危机都是独特的，布拉默认为应用危机理论包括四个方面：

1. 发展性危机

在正常成长和发展过程中，急剧的变化或转变所导致的异常反应。如：小孩出生、青春期、大学毕业、中年生活改变等都可能导致发展性危机。发展性危机被认为是正常的，但所有的人和所有的发展性危机都是独特的，须以独特的方式进行评估和处理。

2. 情境性危机

当出现罕见或超常事件，且个人无法预测和控制时的危机，如交通意外、强奸、失业、离婚等。情境性危机是随机的、突然的、震撼的、强烈的和灾难性的。

3. 存在性危机

是伴随着重要的人生问题出现的内部冲突和焦虑，如关于人生目的、责任、独立性、自由与承诺等。

4. 生态系统危机

通常是某些自然或人为灾害，受害人认为自己并无过错，只是居住在受到这个事件影响的环境中。如地震、洪水、龙卷风、泥石流、森林或草原火灾等自然现象的结果。

三、危机干预模式

（一）平衡模式

平衡模式其实应该称为平衡 / 失衡模式。危机中的人通常处于一种心理或情绪的失衡状态，在这种状态下原有的应付机制和解决问题的方法不能满足他们的需要。平衡模式的目的在于帮助人们重新获得危机前的平衡状态，恢复稳定的、自控的、能够动员心理资源的情绪状态。相反，失衡则意味着不稳定的、失去控制的、不能动员心理资源的情绪状态。

（二）认知模式

认知模式基于这样的一种认识：危机植根于对事件和围绕事件的情境的错误思维，而不是事件本身或与事件和情境有关的事实。该模式的基本原则是，通过改变思维方式，尤其是通过认识其认知中的非理性和自我否定部分，通过获得思维中理性和自我强化的成分，人们能够控制自己生活中的危机。

（三）心理社会转变模式

该模式认为人是先天遗传和后天环境学习的产物，危机是由各种心理、社会或环境因素造成的。

（四）发展生态学模式

该模式将发展阶段、发展问题与影响个人成长的环境结合为一体。在该模式中，危机干预工作者需要评估个人、环境和二者的相互关系，以及影响个人发展阶段的因素。任何情境的危机都必须考虑与其所处发展阶段的联系，危机的影响可能与发展阶段的任务掌握程度有关。

第三节　危机干预的策略

一、危机干预中的基本策略

迈尔和詹姆士创建了危机干预的九条策略。可以单独使用，也可以结合起来使用。

（一）建立意识

危机干预工作者尝试将那些可能对来访者应对当前的危机有影响，却又被阻挡在意识以外、被否认、被躲闪以及被压抑的感受和行为，呈现在来访者的意识中。

（二）允许宣泄

仅仅是鼓励来访者诉说、哭泣、发誓、痛斥、咆哮、抱怨以及任何能够帮助他们宣泄情绪和想法的方法，都可能是危机干预工作者可以采取的最有治疗效果的策略。

（三）提供支持

通常，危机干预工作者是来访者获得支持的唯一来源。在危机当中他们的情感、行为和想法不是正常的，但都是普遍的。

（四）扩大视野

危机干预工作者需要扩展来访者看待危机的狭窄视野。通常来访者都是全身心地关注危机事件本身，且沉浸在自我挫败的感受和行为中，以至于看不到其他观点和可能性。扩大视野可以帮助来访者后退一步，重新审视面对的问题，并获得新的观点。这个策略主要用来解决来访者认知反应受阻的问题。

（五）集中精力

这一策略与上面提到的扩大视野正好相反。危机干预工作者尝试着将来访者对危机事件的所有灾难性解释和观点进行分割、缩小，并转变为较明确、较现实和可控制的模块。

（六）提供指导

“指导”这个词暗示着来访者没有能力解决自己的问题，很多时候处在危机中的个体的确需要指导和指明方向。他们没有做出正确决定的知识和资源，因此危机干预工作者应该提供信息、转介，并指导来访者如何从外界的资源和支持系统中获得帮助。

（七）促发能动性

危机干预工作者尝试着一方面调动和整理来访者内部可利用的资源；另一方面也寻找和使用外部的支持系统，从而帮助来访者学会应对危机的技巧和生成问题解决的能力。

（八）执行顺序

危机干预工作者帮助来访者将问题系统地进行分类，以便按照一定的优先顺序，有逻辑地统一处理。

（九）提供保护

危机干预工作者保护来访者，使他们远离有害的、有打击性的和不安全的情感、行为和想法。这些情感、行为和想法可能会在躯体上或心理上对他们自己和他人造成伤害。

二、危机干预中的成长氛围

根据罗杰斯的观点，最有效的助人者应该能够为来访者的成长提供三个必要而充分条件，他将这三个条件分别称为共情、真诚、接纳。

（一）共情

创造一个共情的环境，意味着危机干预工作者能够准确地察觉到来访者内心的感受和意义，并告诉来访者自己能够理解他的感受。共情的使用主要有五个重要的技能：（1）关注。（2）用言语表达共情。（3）反馈感受。（4）非言语性表达共情。（5）用沉默表达共情。

（二）真诚

危机干预工作者将自己完全置身于咨访关系中，完全坦诚，没有隐藏，没有虚情假意，没有专业的外衣做保护。来访者将会受到鼓励，并报以同样的真诚。

伊根列举了真诚的主要元素，对危机干预的新手十分有帮助。

1. 无特定角色。危机干预工作者在治疗关系中也应该和在生活中一样真诚，并保持个体体验和交流时情感一致。

2. 表现自然。危机干预工作者应该自由地沟通，得体，不需要不停地揣测该说什么。危机干预工作者的行为也是自由的，没有强制和压抑，没有规则或者技术上的约束。干预工作者的行为完全基于他的自信。

3. 没有防备。没有防备的危机干预工作者，通常都很清楚自己的优点和缺点。因此，他们可以接纳来访者负面的表述，甚至是含有敌意的表述，并且不会感到被攻击或被冒犯。那些能够真正理解这些负面表述的危机干预工作者，他们知道这些负面表达更多的与来访者自身有关而非与自己有关，所以他们会尝试探索这些表述而不是与之对抗。

4. 保持一致性。人们在思维、感情、语言和行为上很少有分歧。危机干预工作者应当保持语言和行为的一致，不可以想的是一件事说的是另一件事，或者行为与自身的价值观相冲突。

5. 分享自己。在合适的情况下，人们会不自觉地分享自我，并允许其他人通过言语和非言语信息来了解自己。

（三）接纳

全接纳地与来访者互动的危机干预工作者，会向来访者表现出无条件的积极关注。这种关注超越了来访者的个人品质、信念、问题、现状和危机。因此即使来访者的行为、语言和经历，与干预工作者的个人信念和价值观完全相反，干预工作者也能赞赏、关心和完全地接纳来访者。干预工作者能够暂时摒弃自己的需求欲望，也不会要求来访者做出任何特别的回应。

三、危机干预中的倾听策略

对所有的心理咨询师，特别是危机干预工作者，准确和熟练的倾听是一项必备的技能。倾听技能是危机干预模式中的主要组成部分。

（一）倾听的四个要素

对于危机干预工作者来说，“倾听”技能的第一个重要方面是采用认领表达，明确告诉来访者自己将要做什么。

“倾听”的第二个重要方面是它向来访者传达了这样一个信息，即干预工作者准确地听到了来访者所表达的事实和情绪。

“倾听”的第三个重要方面是促使来访者做出回应，促使来访者更清楚地理解自己的感受、动机和选择，感受到希望，感受到开始向前推进的趋势，意识到向着解决问题的方向进展，并逐渐远离危机的重要性。

“倾听”的第四个重要方面是它帮助来访者理解危机所造成的全部影响。理解这些影响能使来访者更为客观，更能从旁观者的角度来看待危机，并重新用理性的方法来对待现实，而不再沉浸于自己的世界和情绪偏倚中。

（二）提问的方式

1. 开放式提问

开放式提问通常以“是什么”“怎么样”“如何”来进行提问，或者让对方澄清、询问更多细节。开放式提问鼓励来访者用更完整的陈述或更深刻的内容来回答。开放式提问有利于引出与来访者自身感受、想法和行为相关的内容，并十分有利于问题探索任务。以下是“开放式提问”的指导原则：

（1）提问，要求对方进行描述：“请告诉我……”“和我谈谈这件事……”“告诉我……”“这是如何发生的？”

（2）紧扣计划：“你将怎么做？”“你将如何来实现呢？”“需要如何帮助你呢？”

（3）追问：“能和我多说一些吗？”“能告诉我更多细节吗？”“就这一点，你能再谈谈吗？”“然后发生了什么呢？”

（4）评估：“和以前相比，如何不一样呢？”“在这件事上，你做了什么呢？”“当这件事情发生时，你是如何处理的呢？”“你可以向谁寻求帮助呢？”

（5）避免使用“为什么”进行提问：危机干预行业的新手通常会被来访者奇怪和离奇的想法、感受以及行为所吸引和迷惑。因此，新手会受到这一感觉的驱使，去寻找来访者产生这些“疯狂”想法、感受和行为的原因。但用“为什么”进行提问通常不是获得更多信息的好方法，即使这样的提问可能会鼓励来访者开始表达，但也会让来访者为自己的行为辩护。

【案例】

干预者：为什么你总是打你的妻子呢？

来访者：如果她还有那么点感情的话，我就不会打她。这都怪她！

从这个例子我们可以看到，如果用“为什么”进行提问，来访者往往会采取自我保护，并尝试用自己的“道理”去解释这个问题，或者将问题归咎于其他人或其他事，从而否认自己在这个问题中应当承担的责任。

2. 封闭式提问

封闭式提问适用于从来访者那儿获取特定的、具体的信息，其目的在于获得特定的行为数据，以及“是或否”的回答。封闭式提问特别适用于获得承诺以采取行动，也非常适用于与安全相关的问题。以下是采用封闭式提问的指导原则：

（1）询问具体的信息：“你准备去哪儿？”“你是不是想伤害她？”“你回去过那儿吗？”“这是不是意味着你要自杀？”

（2）获取承诺：“你愿意预约吗？”“你愿意和他对峙吗？”“你同意做……吗？”“你将什么时候做？”

（3）进一步明确：“你明白我说的吗？”“你现在能为我做这些吗？”“你跟得上我吗？”

（4）避免使用反问：反问是封闭式提问的一种。它以一种比较微妙的方式迫使来访者同意提问者的意见。“不是这样吗？”或“难道不是吗？”都暗示着希望对方同意。

（三）复述和总结性澄清

复述和总结性澄清是危机干预工作中的重要组成部分。处在危机中的来访者往往由于思维不连贯或者处在混乱的环境中而存在表述困难。干预工作者用自己的语言重复来访者所表达的内容，这使干预工作者能在来访者的帮助下正确理解其想要表达的内容、感受、想法以及行为。并且，干预工作者的复述事实上也让来访者感受到“有人在用心地倾听”，因此，好的复述在危机干预中至关重要。复述应该针对危机事件的内容，而不是针对这个事件的感受或想法。

总结性澄清是用于结束对话。也就是说，它应该包括之前的谈话内容，使干预工作者和来访者的认识达成一致。特别是在承诺阶段，危机干预工作者，或者最好是来访者，可以总结之前讨论的计划和实施方案。

（四）认领感受

“认领感受”的意思是表达所有权：“那是我的”。通常在谈话时，为了避开一些特定的内容，人们会采用“去自我化”的表达方式，如“他们说……”“前两天我听说……”“你这样是不对的……”以及“你不认为你应该……吗？”无论是有意还是无意，这样的表达可以为之前所说的话推卸责任，或者使对方认为，这不是“我”的观点。

危机干预工作者常常需要指导无能动性或者失衡的来访者，因此“认领感受”或者使用“我”的陈述方式，在危机干预中的作用比在其他治疗中更为重要。另外，

“认领感受”的陈述方式，对建立干预工作者和来访者之间的紧密联系具有重要的意义。

【案例】

干预工作者：我知道这样做很难，但这（此时此地）是我们可以实现的。虽然我无法改变那些（过去以往的）行为，但是我们可以从这个（此时此地）自我监控的愤怒模式开始。

干预工作者：现在我不知道该怎么想。你说你爱她，但你的所作所为都在让她离开你。

来访者：我知道，因为我也很疑惑。这就像是，我希望她也爱我，然而，我又会嫉妒和猜忌她，就像被打开的开关，失去了控制。我对此非常沮丧。我最大的敌人是我自己，我很讨厌我自己这一点。

（五）倾听的注意事项

为了使倾听能够促使改变，干预工作者必须集中全部注意力在来访者身上。

1. 集中全部的精神力量在来访者的世界里。

2. 关注来访者传递的言语和非言语信息（有时候来访者没表达出来的内容更为重要）。

3. 了解来访者是否准备好与他人，特别是危机干预工作者，进行情感和肢体的接触。

4. 用言语或非言语动作表达对来访者的关注，从而促进双方的关系，并促使来访者信任干预过程。

四、危机干预中的行动

危机干预工作者通过对来访者的能动性进行有效和真实的评估，来决定自己的行动和参与的程度。

（一）指导性咨询

当来访者缺乏能动性而无法克服当前危机时，便有必要采用指导性的方法。指导性咨询是一种“我”的方法。例如：“我希望你现在开始尝试一些方法。我希望你现在能深呼吸，并希望你把注意力都放在呼吸上，不要让其他的想法闯入你的脑海中。放松并感受你的紧张感正逐渐减少。”通过采用非常有指导性的陈述，干预工作者可以暂时地控制、管理和负责来访者目前的状态。

（二）合作性咨询

合作性的方法使危机干预工作者与来访者形成真正的合作伙伴关系，他们可以一起评估问题，发展出可接受的替代方法，并将这些方法一步步实施。合作咨询是一种“我们”的方法，与“我”的指导性咨询和“你”的非指导性咨询不一样。例如：“像你说的，对于他们将要做的事情，我们似乎是无法抵抗的。但我们还没有真正考虑过，如果我们订出计划，我们可以做什么？你已经想出了很多好主意，但听起来你似乎不太清楚应该是哪一个。我们是否可以一起思考，并将所有可能的解决办法排个序？”合作的来访者能全面参与干预过程，包括确定主要问题，评估现实可行的解决办法，制订计划，确定行动步骤以及对执行这一计划做出的承诺。

（三）非指导性咨询

当来访者能够自己实施行动计划，非指导性咨询的方法是比较合适的。危机干预工作者希望尽可能少地给予指导，希望来访者尽可能地掌控自己的生活。非指导性咨询是“你”的方法，干预工作者会使用大量的积极性倾听和开放式提问来帮助来访者找到他真正想做的事情，并帮助他们评估不同选择带来的结果。例如：“你希望事情是怎么样的呢？”“如果你那么做会发生什么呢？”“现在有哪些人可以帮到你？”“想象一下，如果你这么做，那结果和你目前选择的这条路会不会不同？”“过去在类似的情形下，你采取过有效的方法吗？”干预工作者没有对当前的情境进行管理、操控、支配，所有的问题其应对机制、计划、行动、承诺和结果都来自来访者本身。

干预工作者承担的是支持者的角色。他可以倾听、鼓励、反射、强化、自我暴露和提供建议。非指导性咨询可以帮助来访者本身拥有的能力、才能发掘。来访者原本就掌握了这些技能，只是暂时无法感知。

（四）危机干预工作者的行动策略

承认个体差异、自我评估、确保来访者的安全、向来访者提供支持、明确问题、考虑可替代的解决方法、制订行动步骤、发挥来访者的应对优势、关注来访者的迫切需要、发展和利用服务网络、获得来访者的承诺和保证。

第四节 危机干预的基本步骤和评估

一、危机干预的步骤/任务

（一）默认的首要任务：确认安全

在整个危机干预过程中，确保安全始终是默认的任务，危机干预中的安全考虑是出于心理和生理的各种原因。持续评估来访者周围人员以及干预工作者所处环境的安全性，实施和执行能够确保危机中所有人安全的程序，包括危机干预工作者。

（二）危机干预的步骤

1. 倾向性/卷入/初次接触

与来访者进行积极的初次接触，告知来访者危机干预工作者将要做什么，来访者可以对干预工作者期待什么，以及在整个危机过程中干预工作者将怎样进行工作。

2. 问题探索

确定问题，考虑危机对来访者情感、行为以及认知等方面的影响。探索在当下环境中，危机对来访者自身、人际和系统的影响。

3. 提供支持

发现曾经起过作用的支持系统，探索当前可以利用的支持系统以及需要怎样的支持系统。特别重要的是，需要考虑危机干预工作者作为主要支持系统要起到多大的作用，并告知来访者干预工作者将如何提供支持。

4. 寻找替代方案

寻找可以减轻危机、弱化矛盾的即时短期方案。用现实高效的方式检查来访者目前可以获得的可选方案，包括寻找环境支持、提供应对策略、采取积极态度考虑问题，以及寻找侧重于实现短期目标的解决方案。

5. 制订计划

确立积极的、可以实现的短期目标，并转化成实践性强的、来访者可以理解和执行的具体步骤。

6. 获得承诺

从来访者那里获得对计划的口头或书面承诺，承诺必须是来访者能够理解的、承认的，以及可以实现的。

7. 随访

危机干预工作者应进行即时和短期的随访，以确保计划正在进行以及来访者和其他相关人员的安全。

二、危机干预中的评估

评估是一种贯穿于整个危机干预过程之中的普遍策略。评估在危机干预中极其重要，可以帮助干预工作者确定以下内容：（1）危机的严重程度。（2）来访者目前的情绪、行为和认知状况——来访者在这三个方面的能动性和非能动性水平。（3）应对机制、替代方案、支持系统，以及其他来访者可获得的资源。（4）来访者的致命性水平（对自身和对他人的危险程度）。

1. 评价危机的严重程度——分类评估系统

危机干预工作者应该尽可能快地与在来访者的初次接触中对危机的严重程度进行评估，这非常重要。干预工作者通常没有时间进行完整的诊断评估和深入了解来访者的个人史，因此，快速评估程序，如分类评估系统，可以快速有效地获得有关特定危机环境的信息。分类评估系统使得干预工作者能够评估来访者在情感、行为和认知方面的运转受到损害的严重程度。如下表：

表 8.1　危机严重程度量表

	情感	行为	思维
没有损害	心境稳定，情感可控；情感变化范围与日常生活相适应。	行为比较得体，日常功能没有损害，行为稳定无攻击性，无威胁和危险行为。	决策合理有逻辑，注意力保持完整，问题解决和决策能力正常，来访者对危机事件的感知和解释与实际相符。

续表

少许损害	需要一定程度地控制情绪，对问题的反应不会过度情绪化，短暂感受到比情境要求强烈一些的负面情绪，存在短暂的忧郁期。	行为基本得体，有轻度短暂的冲动行为；日常功能轻微损害；行为轻度不稳定，有轻度的攻击性；有问题行为，但对己对人无威胁；需要一定努力才能维持日常功能。	决策有点奇怪，但安全，总体而言能考虑他人感受、想法和幸福；思维受到危机影响但尚能控制；能够进行合理的对话，虽然稍有困难，但还能理解和承认他人的观点；问题解决功能基本保持完整；来访者的想法可能会转向危机事件，但思维的关注点还在意志力的控制之下；问题解决和决策能力轻微受影响；来访者对危机事件的感知和解释大体上与实际相符，只有轻微的扭曲。
轻度损害	情感尚适应，会出现明显的波动和负面情绪；情绪尚能控制，但专注于危机事件；对问题/要求的反应变得缓慢微弱或者快速激烈；负面情绪加重且持续时间明显延长；自己意识到有时会情绪失控。	行为不得体，但尚无危险；行为可自控或在干预工作者的要求下能够控制，但有一定困难；行为对人对己有轻度的威胁；来访者会忽略一些日常生活所需完成的任务，日常功能在一定程度上受损。	决策越来越不合理，但对人对己尚无危险；某种程度上不考虑他人的感受、想法和幸福；思维局限于危机事件，但不至于困在其中；无法认识不同的观点，进行合理对话的能力受限；问题解决能力有些受到限制；偶尔出现注意力不集中的情况；来访者感觉到对危机事件的想法的控制越来越弱；来访者反复出现问题解决和决策困难；来访者对危机事件的感知和解释在某些方面与实际不符。
中度损害	情感主要是负面的，并且会夸大或明显减弱；难以控制易变的情绪；对问题、要求的反应明显情绪化，但有一定程度的适应性，通过努力能够控制；情感反应与环境不协调；强烈的负面情绪持续时间延长；负面情绪严重程度明显加重。	行为适应不良，但无即刻的破坏性；在反复的要求下也难以控制行为；行为对人对己有一定威胁并且越来越难以控制；维持日常功能的能力受损。	决策基本不合理，可能对人对己产生危险；越来越不顾他人的想法、感受和幸福；思维局限于危机事件，并且困于其中；理解和回应问题的能力受损；由于注意力不集中，问题解决有困难；对危机事件的侵入性思维控制能力有限；问题解决和决策能力受到强迫、自我怀疑和混乱的不利影响；来访者对危机事件的感知和解释与实际情况明显不符。
明显损害	情感尤其鲜明并且严重受限；负面情绪难以控制，全面影响生活；对问题/要求的反应情绪化，即使尽最大的努力也不合时宜；负面情绪非常严重；情感反应明显与环境不协调；情绪波动极其明显。	行为使得危机情境恶化；行为前后矛盾，即使在反复的要求下也难以控制；行为对人对己有威胁；明显缺乏维持日常功能的能力。	决策冲动不合理，对人对己很有可能产生危险；对危机事件的思维变得强迫，表现出自我怀疑和混乱；理解和回应问题的能力极其不稳定；由于注意力无法集中，缺乏问题解决能力；来访者被有关危机事件的侵入性思维所困扰；受到强迫、自我怀疑和混乱的不利影响，来访者的问题解决和决策能力严重受损；来访者对危机事件的感知和解释与实际情况严重不符。

续表

严重损害	情感极其明显，从歇斯底里到毫无反应；没有控制情绪的能力，对自己和他人存在潜在的危险；情感被破坏，无法对问题/要求产生反应；代偿失调，有不真实的情感，就像在看电视一样；人格解体，觉得自己不是自己了。	行为完全无效；即使反复要求其改变，来访者的行为还是不稳定且不可预测；行为极其具有破坏性，可能对人对己造成伤害；无法完成日常生活所需的最简单的任务。	决策能力完全丧失；思维对人对己有明显危害；思维混乱，完全被危机控制，丧失理解和回应问题的能力；除了危机事件根本无法保持注意力；来访者受到强迫、自我怀疑和混乱的折磨，丧失决策能力；来访者对危机事件的感知和理解与实际情况根本不符，严重扭曲现实，可能存在妄想、幻觉以及其他精神病性症状。

2. 来访者目前的情绪、行为和认知状况

危机干预三维评估量表（THF）（R.A.Myer 等编制）。

【危机事件】

简要确定和描述危机的情况：____

____

____

【情感方面】

简要确定和描述目前的情感表现（如果有多种情感症状存在，请用 1、2、3 标出主次）。

愤怒/敌意：____

____

焦虑/恐惧：____

____

沮丧/忧愁：____

____

【认知方面】

如果有侵犯、威胁或丧失，则予以确定，并简要描述（如果有多个认知反应存在，根据主次，标出 1、2、3）。

生理（食物、水、安全、居所等）：

侵犯________________ 威胁________________ 丧失________________

心理（自我概念、情绪幸福感、自我竞争、自我同一性等）：

侵犯________________ 威胁________________ 丧失________________

社会关系（家庭、朋友、同事等）：

侵犯________________ 威胁________________ 丧失________________

道德 / 精神（人格完整性、价值观、信仰系统等）：

侵犯________________ 威胁________________ 丧失________________

【行为方面】

确定和简要描述目前的行为表现（如果有多种行为表现存在，根据主次，标出 1、2、3）

接近：____

回避：____

无能动性：____

3. 评估替代方案、应对机制和支持系统

在评估来访者的替代方案时，必须首先考虑来访者的观点、来访者的能动性和利用替代方案的能力，当然危机干预工作者自身对替代方案的看法也是一个重要方面。危机干预工作者需要经常回答类似的问题，比如，来访者目前可以做出怎样的行为和选择以便维持自己的自主性？来访者能采取什么样的现实行动（应对机制）？来访者可以获得何种机构资源、社会资源、职业资源、个人力量或者支持系统？谁会关心并且愿意帮助来访者？来访者的经济、社会、职业以及人际关系的状况如何妨碍了来访者的进步？

4. 评估潜在的自杀 / 杀人风险

危机干预工作须时刻牢记评估来访者的伤人伤己的可能性，因为破坏行为可能有多种形式并且隐藏得很深。干预工作者必须谨慎对待并有能力评估有自杀和杀人可能性的来访者。但需要注意的是，来访者自杀或者他杀的风险可能会吸引危机干预工作者所有的注意力，而导致忽视真正关键的问题：来访者终结自己或者他人生命的目的是什么？

从解决危机开始，评估一直是一个核心的、连续的过程。危机干预工作者不能想当然地认为表面上解决了危机，评估就可以终止。对来访者危机状态的评估，包括严重程度、目前的情绪状况、替代方案、环境支持、应对机制、资源、危险程度等，必须持续进行到来访者完全恢复到危机前的自主、平衡水平为止。那时，来访者欠下的心理债务才算还清。但恢复危机前的平衡状态并不意味着来访者就不需要发展性或者

长期的心理治疗，也不意味着危机干预工作者的任务已经完成，只是危机的急性期暂时告一段落。

第五节　危机干预热线

目前，大量危机咨询正在通过电话进行。电话是危机干预工作的重要组成部分。第一条电话危机干预热线由“美国国家联盟”于 1906 年创建，目的是进行自杀预防。斯拉克乌认为，紧急电话帮助是“一级干预”或者“心理急救”。在提供多数危机干预服务时，电话是建立最初联系的最普遍的媒介。

一、电话危机热线的特点

1. 方便性

方便性是首要的。手机已经成为非常方便的沟通方式，使得人们能从任何地方拨打危机干预热线，包括在危机实际发生的地方。大部分危机不一定在工作时间内发生，但一发生危机则通常是马上便需要帮助，因此手机能使全天候帮助更加成为可能。

2. 匿名性

罪恶、窘迫、羞愧、自责和其他不良情绪使得来访者与陌生人的面对面交流变得困难，向他人敞开心扉是一件容易受到伤害的行为，而隐藏身份更容易使来访者摆脱压抑、释放自己。电话工作者能理解来访者这样的感受，并且通常不会关注他们的身份，除非是发生了危及生命的紧急情况。工作者和来访者的交流通常以知道彼此的姓氏为基础。

电话工作者的匿名性和来访者的匿名性一样，有很多好处，身体语言、面部表达和视觉形象的缺乏，使得来访者能对工作者的形象进行最理想的勾画。通过促进移情的发生，在一定的范围内，来访者能做出有效的改变。

3. 自控性

当一个人的生活被危机事件打破时，会出现大量的恐惧、焦虑和不确定情绪，但寻求帮助可能会让人感觉丢脸。在电话咨询中，来访者可以自行决定何时或者是否需要寻求帮助。在热线求助的过程中，来访者可以随时终止谈话而不必担心被责怪。在电话咨询中，来访者不必担心相貌的问题。

4. 及时性

电话的普遍使用及便利性为危机干预的及时性提供了保障，可以随时进行危机干预。

5. 成本低

不论是针对单个来访者还是社区危机，干预热线都很便宜。无法承担个人治疗费用或路费的来访者，可以从电话咨询中受益。

6. 治疗的有效性

经过培训的志愿者是危机热线的主要工作者。志愿者不用声称他们是专家，他们在来访者的心中比收费的专家可信度更高，因为他们“做这些完全出自善心”。

7. 支持系统的可及性

人们拨打危机干预热线有一个很重要的原因是寻求社会支持，很多孤独、焦虑或者因为躯体疾病与人隔离的人群都需要支持。无论你是一个孤独的、害羞的、丑陋的、最近离婚的、丧偶的人，你对社会支持和有同情心的倾听和话语的需求，在大多数危机热线中都能够得到。

8. 避免依赖性

危机干预热线的使用不会使来访者对某一个电话工作者产生依赖，因为电话工作者不会永远正好在等待着为某一个人提供帮助。

9. 大量服务的可能性

通过电话联系能迅速获得大量的信息、指导和社会服务。可以为来访者提供专门的服务和专业的技能，也可以为来访者情绪不稳定的状况提供即时的指导。

10. 为大范围或偏远的区域和人群服务

很多偏远地区没有精神卫生机构和专业人员在工作，因此可以使用覆盖了庞大地理范围的免费危机干预热线来提供帮助，这意味着有了一条新的生命热线。

二、电话咨询策略

（一）建立心理接触

首先，必须建立心理接触，这是电话工作者最首要的任务。心理接触意味着工作者应尝试以最快的速度与来访者建立一个非批判性的、关心的、赞同的、有共情心的关系，这样可以增加电话工作者的可信度，使其获得来访者的信任。在电话中建立心理联系时，提供支持是首要任务，并且要使积极倾听与回应技巧同确定问题高度结合，使用一种平静自然的方式，工作者的声音必须是经过调整的，平稳、低调，保持适当的分贝而不会音调过高。

【案例】

干预工作者：（星期一凌晨两点。电话铃响。）您好，这里是 ×× 希望热线，我是 ×××，请问有什么能帮助您？

来访者：……（沉默，伴有轻微含糊的啜泣声。）

干预工作者：（耐心等待）我知道，有时候我们很难表达，尤其是情况很不好的时候，但如果可以的话，您可以先深吸一口气，再呼出来。我想知道您能这样做吗？

来访者：……（深呼吸。啜泣声没那么频繁了。）

干预工作者：（温和的、调整过的、抚慰的语调）很好，请多做几次深呼吸，放松，我会一直在线等待，直到您愿意说话，我们有很多时间。

（二）界定问题

一旦建立了心理联系，电话工作者就需要通过获得对危机诱发事件的理解和对来访者的应对机制的评估来界定问题。类似于“什么”“怎样”“何时”“何地”“何人”的开放式问题，能使电话工作者获得关于事件本身的清晰印象。

【案例】

来访者：……我只是不知道从哪里开始说，这就好像一场噩梦，我不知道能到哪里去，我想这是我唯一的机会，因此我打过来了。

干预工作者：我很高兴您能打过来。听起来您似乎确实受到了严重的打击，也许您可以暂时从让您感觉崩溃的情绪里出来，告诉我到底怎么了。请您慢慢来。您有足够的时间来告诉我到底怎么了。我们总是在，我也会一直等着，直到您说出您需要些什么，然后我们可以弄清楚到底发生了什么，我们需要做什么。

来访者：我叫 ×××。

（叙述事情的经过……）

（三）确保安全和提供支持

在界定问题的过程中，电话工作者必须特别评估来访者的安全水平。如果工作者发现来访者存在身体伤害的可能性，必须毫不犹豫且充满同情地询问特定的封闭式问题，以获得有关来访者是否安全的信息，这样能清楚地表达出对来访者的特别关心和重视。这些问题通常以强有力的语气进行询问，而且在电话对话中，应该直接而肯定地向来访者提出。（例如：干预工作者可能问，“您现在是否持有药物？”或者“您是独自一人吗？或在您做这些之前有任何人可以帮助您吗？”）电话工作者应该核实那些支持系统是否能确保来访者的安全。对于很多电话来访者来说，他们可能没有任何支持系统，电话工作者是他们即时和唯一的支持。

【案例】

干预工作者：我确实能从您的声音中听到受伤和害怕。独自一人是让人害怕的，似乎没有任何人可以依靠。我关心的是，您说这是您“最后的机会”。您的意思是您在考虑自杀吗？

来访者：（语气加重）是的，但是我无法忍受那个混蛋和那个“小三”将成为我儿子的监护人。

干预工作者：嗯，很好。我需要确认一下，您说您现在和一位朋友待在一起，而且是她叫您拨打热线的。您现在是待在她家里吗？

来访者：是的，但我讨厌自己这样打扰她。可是我真的没有其他任何地方可以去。（又开始伤心地哭泣。）

干预工作者：她愿意您待在那里吗？

来访者：愿意。但是我讨厌成为她的负担。

干预工作者：可这通常都是朋友该做的。如果事情反过来的话，您会愿意这样帮助她吗？

来访者：嗯，当然，没有任何问题。

干预工作者：这样的话，那您暂时就有了栖身之处，而且是安全的，对吗？

来访者：是的，我想是这样，但是我不知道这样能持续多久。

干预工作者：接下来我们要做的是，看看能做什么使您重新找回自己，好吗？您愿意做这些吗？（来访者表示她愿意尝试。）很好。尽管我不能让您丈夫回到您身边，而且我知道正是这样让您感觉绝望和孤独，但是我能帮助您找出您的工作问题，并且看看我们是否能就此做点什么。因此如果您觉得可以的话，让我们就此开始吧。我们有很多的工作来源，这些可能和您的技能、教育和能力相匹配，您愿意告诉我有关您的教育、职业背景以及期望怎样的工作等方面的信息吗？我会将这些信息传递给我们的一切工作来源，看看我们能够做些什么。（她描述了她的背景、教育和其他相关信息，干预工作者强调她要着重于目前的任务、开动脑筋，并对恐惧情绪加以控制。）

（四）探讨替代方案并制订计划

探讨替代方案和制订计划在任何危机情况中都是一个整体，尤其在电话咨询中结合得更为紧密。为缓和即刻的情境威胁，电话工作者需要提出简单而清晰的可选方案。因为对来访者缺乏目测观察或者对其背景没有深入了解，电话工作者要特别注意，不能提出因逻辑和策略问题而难以执行的方案。工作者应慢慢地、逐步地确认，根据来访者的身体和心理状况提出可选方案。角色扮演、言语复述、让来访者概括具体目标，都是有效计划的重要组成部分。只有当来访者向工作者确认他完全理解了计划，并且有方法和能力加以实施的，该计划才是可接受的。

【案例】

干预工作者：好。我已经知道这些信息了。我会转达给白班的同事，然后他们会转达给工作委员会和一些与我们有合作的就业中介机构。我希望您明天下午 1:00 能再拨打我们的电话，到时我们会给您一些信息，您能做到吗？

来访者：能，我能做到。（来访者已经平静下来，只是偶尔抽泣，并为她无家可归的状态感到悲伤。她在《分类评估表》上的得分已经降到了大约 15 分。）

干预工作者：我想知道在以前陷入困境时您都是怎么做的？可能事情和现在并不一样，但是我猜您应该有过其他不堪重负的时候。

来访者：嗯，和现在的情况不一样。母亲过世前我一边照料她，一边在一个零售超市维持着一份工作，同时在攻读我的学位，那个时候也非常困难。

干预工作者：那您当时是怎么做的呢？

来访者：我列了个清单，写下我要做的和不得不做的事情。比如每天照顾母亲、上班……那样处理很好，但是现在发生了这么多事情，我不知道我是否能将它们全部列出来。

干预工作者：所以以前这个方法是有效的，我知道现在有太多以前从未发生过的事情，但既然那时候有效，现在何不也尝试一下呢？（干预者马上抓住了她过去的应对技巧信息，并试图运用其来处理目前的问题。干预者认可她的观点，认为目前的状况确实和以前不一样，而且没有忽视现在会比较麻烦的事实。干预者有技巧地帮助她为第二天，而不是她接下来的人生制订了计划。）您可以找日托帮忙照顾儿子，您还有少量的钱，可以乘坐公交车到您需要去的地方。您将这些事情都写下来，以便明天去做好吗？我们刚才设法处理了这些事情，不要担心太多其他事情，去做需要做的事情，您觉得我们有一点眉目了吗？

来访者：我想是的。我能做这些事情。

（五）获得承诺

对通过电话形式确定下来的行动计划的承诺应当是简单、明确并有时间限制的。如果有可能，电话工作者应取得来访者的电话号码，然后在预定的时间回电检查计划的执行；或者，如果是想要来机构接受面谈的来访者，电话工作者应尝试尽快为来访者进行预约。

【案例】

干预工作者：有两件事情需要您明天去做，首先您要将儿子送到日托班，然后，您要在明天下午 1:00 拨打我们的电话来询问工作信息。我知道这些事情有些复杂，您能向我重复一遍，并将它们都写下来吗？

来访者：好的，我明白了。（重复了干预者列举的事项。）您是一个真正的生命拯救者。

干预工作者：不客气。那么现在就好好睡一觉。明天将是崭新的一天，而您将保持这样的态度并且过得很好。（干预者判断来访者在《分类评估表》的总得分为 8 分。从情绪角度来说，她已经控制好了自己的情绪。她能足够清晰地思考，以配合的态度协助危机干预工作者制订了计划，并保证第二天去实施。干预者认为她已经完全调节好，能让她挂断电话了。）

这次通话持续了超过一个半小时，但在这段时间内，原本处于严重的发展性和情境性危机中的女士，已经能够开始排解她与丈夫之间婚姻失败导致的悲伤，解决自己在陌生城市的孤独感和因失业而导致的恐惧状态，且开始制订使自己能走出困境的具体计划。她仍然有不少问题，前方有很长的路要走，但她已经重新回归为一个功能正常的人。不论以怎样的治疗标准来看，这次危机干预工作者的夜班工作都非常成功！

第六节　心理创伤

一、心理创伤的定义

创伤一般指由外界因素造成的身体或心理的损害，既可指由某种直接的外部力量造成的身体损伤，也可指由某种强烈的情绪伤害所造成的心理损伤。心理创伤是由突发的或持续的生活事件引发的心理问题和心理障碍。

《创伤与复原》的作者朱迪思·赫尔曼认为：创伤性事件是非常事件，但并非是因为它们很少发生，而是因为它们破坏了普通人对生活的适应。而生活事件能否成为创伤事件，主要取决于事件的严重程度和个体的易感性。

二、心理创伤的分类

（一）人际创伤与非人际创伤

心理创伤按来源分为非人际创伤与人际创伤。

非人际创伤就是灾难、车祸、地震等；人际创伤是由人为原因造成的，如被施暴。

相比之下，人际创伤更广泛，也更严重。但人际创伤与非人际创伤有一定关联性，非人际创伤中往往有亲人丧失的状况发生，所以非人际创伤会引起人际创伤。例如，在5·12汶川地震中，大量的房屋倒塌为非人际创伤，因为房屋倒塌导致砸伤（死）父母亲人，非人际创伤就转变为人际创伤。

现实生活中，人们更要关注的不是非人际创伤而是人际创伤。非人际的创伤人们普遍认为不可预防、难以预料，对它有接受性。而人际创伤更多是人为的因素导致，可以预防而没有预防本身就是问题，一旦造成心理上的创伤，往往比较严重且不好解释。

（二）Ⅰ型心理创伤和Ⅱ型心理创伤

1989年泰尔根据创伤事件出现的时段性，将心理创伤分为：Ⅰ型和Ⅱ型心理创伤。将发生在成年期的一次性创伤称为Ⅰ型创伤，包括急性应激障碍（ASD）、创伤后应激障碍（PTSD）、适应障碍等；后续的研究也可以考虑适用在童年时期。而将略微复杂一点的（持续时间较长的、反复发生的、始于童年期的）称为Ⅱ型创伤，即复合型创伤，包括慢性创伤后应激障碍（CPTSD）、适应障碍、躯体化障碍、严重的应激障碍未定型（DESNOS）等。

1. Ⅰ型心理创伤

Ⅰ型创伤为急性创伤，指经历了突然的打击出现的心理障碍，有三个表现：（1）对创伤事件有完整、详细的记忆，记忆中或许有差错，但这种创伤是永远忘不了的，会形成创伤后应激障碍（PTSD）。（2）寻找解释，进行认知再评价，通俗说就是狡辩，但这种狡辩是患者目前最能接受的方式，更高层次的评价就是改写体验，最后就是不解释。（3）感知差异，即发生了相同的事件，每个人的体验和感受不同。

Ⅰ型心理创伤的特点：（1）形成创伤的时间是短暂的，或者是一次性的。（2）可以发生在儿童和成人时期不同的阶段。（3）形成创伤后持续时间不长。一般在三个月以内；（4）有的自然愈合，有的经过治疗获益，有的可以转化成Ⅱ型心理创伤。

2. Ⅱ型心理创伤

Ⅱ型创伤为慢性的、长期与反复的折磨。慢性创伤性儿童，往往采取否认、压抑、分离、攻击、认同以及反向攻击自己等防御机制，对儿童自身的人格形成有很大的影响。慢性创伤表现出的心理问题有以下几个方面：（1）否认、心理麻木、回避谈论自己、对痛苦无动于衷。（2）自我催眠与分离。借此自行解脱，但往往会形成人格障碍。（3）愤怒，包括对自己的愤怒。愤怒及其不良的后果代替信任并形成其心理结构，即没有了信任的能力，经常以愤怒的方式来表达。

Ⅱ型心理创伤的特点：（1）心理创伤形成时间长久，对个体身心影响广泛。（2）可以发生在儿童和成人不同的阶段。（3）一般不会自然愈合。（4）症状表现复杂多样。（5）Ⅰ型心理创伤演变成Ⅱ型心理创伤。

3. Ⅰ型心理创伤和Ⅱ型心理创伤的差别

Ⅰ型心理创伤和Ⅱ型心理创伤在症状学、影像学、治疗和预后上都有很大差别。

（1）症状学：在急性期后，Ⅱ型创伤出现分离症状的频率高，且更多地表现为以内疚、羞愧为主的症候群，常与抑郁紧密相关，可导致缺乏自信和产生自责，表现出麻木退缩或行为轻率，持续的羞愧也可导致易激惹、愤怒发作和暴力行为。

（2）影像学：Ⅱ型创伤具备广泛的功能及病理形态方面的改变。

（3）治疗：在创伤的稳定化上两者有根本性区别。

（4）预后：一般Ⅰ型心理创伤好于Ⅱ型心理创伤。

三、心理创伤的诊断标准

心理创伤在精神疾病中表现为创伤后应激障碍（PTSD），诊断标准可借用PTSD的诊断标准。结合世界卫生组织颁发的《疾病和有关健康问题的国际统计分类（ICD-10）》中精神与行为障碍分类与美国心理治疗协会颁发的《心理障碍诊断与统计手册》中对PTSD的明确诊疗标准，可以得出以下标准：

1. 创伤性事件

特别关注生理层次的事件，强调创伤事件带来的生理、心理的影响，特别是心理的影响，感觉受到威胁、持续的焦虑。

2. 再体验

能引发患者重复经历创伤性事件的刺激线索被称为“扳机”。包括视觉影像，如：目睹踩踏事件后对密集人群的恐慌、遭受过醉酒父母家暴的孩子对酒味的反感。触觉印象，如：幼年被性侵的人对伴侣亲近的敏感。特别的感觉，如：经历过车祸后，在车座和椅子上的恐慌。这个标准强调的再体验，反映了心理创伤对人有巨大影响的原因，创伤事件的结束不是结束，而是刚刚开始，对患者行为的影响会持续一生。

3. 回避

回避大致分两种形式，一种是行动上的回避，如：回避与创伤有关的谈话、活动以及居住地。另一种是记忆上的回避，如：对创伤事件的回避障碍，选择性忘记、分离性遗忘。行动上的回避，影响你的正常生活；记忆上的回避，妨碍心理创伤的治疗。这个标准，关注患者防御机制的回避，指出本能的回避对患者的不利影响，这事实上是患者认知失调的问题，也是临床上康复的标准之一。

4. 敏感性

在心理创伤的严重情形里，患者会有持续的心跳现象或敏感性，身体处于警报状态，如睡眠障碍、易激惹或情绪爆发，注意力难以集中，又会过度警觉等。这个标准下，心理创伤已经严重影响患者的生活，处于心理创伤的严重阶段。

5. 时间的界定

关于心理创伤出现时间范围的诊断，众说纷纭，ICD-10和DSM对此也没有统一的标准。他们指出有的症状应该在创伤事件发生后6个月之内或某个创伤事件周期结束后出现，特殊症状可以较晚出现，也指出只是在创伤性事件发生一个月之后才能诊断。

四、心理创伤的治疗理论

（一）心理动力治疗

弗洛伊德对创伤的理解包含三个成分：童年早期经历的事件，青春期后经历的事件及后期经历事件触发的对早期事件的记忆。弗洛伊德不关注创伤事件本身，而是强调创伤性记忆。

心理动力学治疗创伤主要有三个阶段。第一阶段是加强安全感、稳定感，使病人足够坚强，能面对创伤性经验和人格问题。对人格系统的发掘是为了计划以后进一步治疗。第二阶段帮助病人回忆痛苦的经历，将对丧失和创伤的痛苦体验表达出来，解除患者的分离性症状。第三阶段，重建创伤记忆，对患者的自我、人际关系和社会功能进行连接、整合和修复。有些整合可以自我发现，但大多数需要对人格进行重新组合和构筑，或者必须借助想象和催眠促成。整合完成后，病人还必须对创伤余留进行治疗。整合后的治疗十分必要，治疗次数虽有所减少，但不能完全停止。

（二）眼动脱敏和再加工治疗

指用眼动脱敏和再加工（Eye Movement Desensitization and Reprocessing，简称EMDR）的方式对遭受心理创伤的病人进行治疗，这一疗法主要是关注创伤记忆中的双侧视觉、听觉和触觉刺激，通过对创伤或“被冻结”的记忆和体验进行处理，并将其对创伤记忆的关注和系统的评估相结合。EMDR通过对记忆意象、消极想法和躯体感受进行工作，旨在促进对创伤事件的信息加工过程，促进创伤相关的负性认知重构。

EMDR的治疗程序是：要求患者双目睁开，眼睛追随治疗师移动的手指向双侧快速移动；同时，要求患者想象创伤当时的情景，注视着这段创伤性记忆；重新体验负性的认知，并将与创伤相关的认知和情感语言化等。

（三）艺术创作治疗

艺术创作治疗也是近些年来比较流行并取得一定成效的方法，包括绘画、舞蹈、阅读等表达方式。

绘画治疗主要运用绘画这种象征方式表达出患者潜意识中隐藏的内容，患者一般不会有强烈的反抗，有利于真实信息的收集。绘画治疗在处理情绪、冲突、创伤等心理问题中的作用被许多国内外的研究所证明。舞蹈治疗则是让患者进行创造性的舞蹈活动，来获得自我满足和认同，建立信心并培养对自我价值的认同。

第七节　哀伤辅导

一、哀伤辅导的定义

哀伤：广义的哀伤是指因为任何的丧失而引发的哀伤情绪体验，表现为心理痛苦和情感煎熬。如亲人的去世，婚姻或友谊的破裂而导致的人际关系中断、失业、宠物死亡、迁居、背井离乡，甚至丧失珍贵的纪念品都可以构成一次危机，这些丧失都会导致当事人某种程度的心理创伤，引起哀伤。狭义的哀伤是指人在失去所爱或所依附的对象（主要指亲人）时所面临的境况，这种境况既是一种状态，也是一个过程。

哀伤辅导：协助人们在合理时间内，引发正常的悲伤，并健康地完成悲伤任务，以增进重新开始正常生活的能力。

二、哀伤的五个阶段

库伯勒—罗斯的阶段模式可能是最流行的、最有名的模式，她把丧失过程分为五个阶段：否认、愤怒、妥协、抑郁和接受。这是人们试图应付自己即将来临的死亡时所经历的五个反应阶段，后来，她的理论被应用于大多数遭受丧失后的人的悲痛和哀伤过程。

1. 否认：“这不会发生在我身上”，在熟悉的地方寻找丧失的人或物，或者面对丧失依然保留着那个人的位置或保留某种习惯，假装他们还在那里，没有哭泣，没有接受甚至没有意识到失去。

2. 愤怒：“为什么是我？”感觉到失去，想去反击，或者报复。如果是死亡，会对死者感到愤怒，指责他们的离去。

3. 妥协：有时叫“讨价还价”，经常发生在失去之前，想要与丧失的对象做交易，或者想要去与神讨价还价，改变失去的内容。乞讨、许愿、祈祷他们回来。

4. 抑郁：强烈的无助、沮丧、痛苦、自我怜悯，对失去对象的哀悼压倒了一切希望、梦想和未来的计划。觉得失控、麻木，甚至想要自杀。

5. 接受：妥协和接受之间是有区别的。你必须接受这个失落，而不是去默默忍受它。你意识到丧失并不是他们的错，他们并不是蓄意离开你（即使是自杀的情形）。你认识到失落带给你的痛苦，寻找安慰和疗愈。

三、哀伤辅导的步骤

1. 帮助丧失者接纳丧失的事实：失去至亲有时候是突发性的，让人一下子难以接受，需要帮助哀伤者接纳亲人离去的真实。如：最想说的话、与失去的人发生的故事、亲人走了后你心理上发生了哪些变化（又有哪些故事发生）、经过几次访谈后由沉浸在过去的关系拉回到现实生活中（接受现实）。

2. 识别和表达伤痛的情绪和感受，给丧失者提供一个表达哀痛的安全空间，帮助丧失者将情绪从已故者身上撤回来，通过“仪式”与哀伤告别。例如：通过写“哀伤日记”的方式，让丧失者分早、中、晚三个时段，记录下自己的情绪变化，一方面让丧失者识别自己的情绪，另一方面调整自身的状态。适当的时候，让丧失者做一些仪式，把对逝者没有说完的话写封信烧掉，表达对哀伤的告别与祝福。

3. 调整和适应失去至亲的生活，包括生活规律的调整、生活习惯的改变和适应、家庭责任上的重新分配等。

4. 生活重回正轨：哀伤者的情绪得到处理，时间的流逝帮助减轻心灵的伤痛，哀伤者能够健康地面对生活。如：与丧失者探索新生活的目标，具体怎么做，并在接下来的生活中付诸实践。

《依附理论》专家约翰·鲍比认为，哀伤者若想起死去的亲人，再也没有恸哭、身体不适的状况，甚至能够把情感投放在生活里，哀伤的处理就进入完成的阶段了。

四、表达性艺术治疗在哀伤辅导中的应用

【案例】捎给老师的礼物

2008 年 5 月 12 日，中国四川遭受了前所未有的灾难袭击，本会团体在灾区援助活动中运用了广泛表达性艺术治疗的仪式化技术。什邡市某小学在地震中失去了四位老师，全校师生沉浸在极度的悲伤中，本会导师带领全体师生进行了集体的告别仪式。

导师："请你们闭上眼睛。眼前出现你们心目中的老师。看看老师的容貌、着装、胖瘦、表情。好，请大家睁开眼睛，幻想你'看'到的老师。"

成员画出心目中的老师的形象。

导师："现在，请你们看着眼前的老师，把你们要说的话写下来。看着画中的老师，将你们没有表达的心情表达出来。"

师生们安静地写下心里的话。

导师："现在请大家把你们写的话拿在手中，对着画中的老师鞠躬，然后点燃手中的纸，对着老师离开的方向默默地祝福。你们的礼物老师能够收到，也请你们放下对他们的牵挂。"

仪式结束，师生们流下了泪水，眼里闪烁着安慰的目光。

点评：

仪式本身没有意义，可是当我们把仪式与宗教信仰、民俗连接在一起的时候，实际上就是把仪式与人的痛苦与幸福连接。当我们赋予仪式这样的意义，仪式就担负起解除人的心理痛苦、憧憬美好未来与完成未完情结的使命。无论是宗教还是民俗仪式，在本会团体中都是尽可能让其能够发挥汉文化深层心理中的超强的融合功能，达到真正意义上的"幸福"仪式化。本会团体的表达性艺术治疗的各项技术不是孤立的，在团体中常常会几种技术同时运用，以产生更大的艺术效果，增加表达功能。

参考资料

[1]B.E.Gilliland,R.K.James 等著，肖水源等校译．危机干预策略．北京：中国轻工业出版社，2000.

[2] 赵冬梅．心理创伤的治疗模型与理论．华南师范大学学报（社会科学版），2009.

[3] 韦志中．团体心理学：本会团体心理咨询模式理论与实践．清华大学出版社，2014.

第九章　文化视角下的咨询技能

本会团体提出的文化动力团体心理治疗，是一种基于文化对人的成长具有的特殊作用，在中国本土文化中孕育出来的团体动力治疗模式，是罗杰斯会心团体在本土文化下应用的新实践。这种模式是将文化心理学与人本主义思想、存在主义理论结合起来，运用各种具有中国传统意义的文化符号，在团体动力、导师、技术三者结合的推动下进行的一种团体心理治疗。根据每种因素主导程度的不同，又划分为三种主导模式，即导师主导、技术主导和动力主导的文化动力团体心理治疗模式。本章内容主要介绍这些文化动力主导下的团体咨询操作技术。

第一节　文化对人的特殊影响

一、文化的定义

“文化线”已成为一个人的重要发展路径之一，那么到底什么是文化呢？文化是一个非常广泛的概念，给它下一个严格和精确的定义是一件非常困难的事情。不少哲学家、社会学家、人类学家、历史学家和语言学家一直努力试图从各自学科的角度来界定文化的概念，然而，迄今为止仍没有获得一个公认的、令人满意的定义。据统计，有关“文化”的各种不同的定义至少有二百多种。然而，文化又实实在在地对人的成长发挥着重要作用，因此我们又必须对文化有一个了解。我们在这里列举四种比较有代表性的文化定义：

人类学家泰勒（1871）认为：“文化或文明，就其广泛的民族学意义来讲，是一个复合整体，包括知识、信仰、艺术、道德、法律、习俗以及作为一个社会成员的人所习得的其他一切能力和习惯。”

我国著名文化学者余秋雨先生的定义是：“文化是一种精神价值，以及与之相呼应的生活方式，它的最终成果是集体人格。”

社会学家易益典先生的定义是：“文化是人类群体创造并共同享有的物质实体、价值观念、意义体系和行为方式，是人类群体的整个生活状态。”

心理学给文化下的定义是：“文化是由一个大群体共享的并代代相传的东西——观念、态度、行为和传统。或者同一社会群体的人，长期在传统与学习环境下所形成的带有独特性的思维、信念与生活模式。”

此外，法国、西班牙、日本，还有中国其他学者，给文化下的定义还有很多。曾经有人说，文化的定义已有400多种了，诸如广义文化、狭义文化、物质文化、精神文化、制度文化等。还因区域不同、民族不同、时代不同和研究角度不同，而有现实文化、历史文化、东方文化、西方文化、软文化、硬文化、官文化、俗文化、匪文化、土文化、校园文化等。文化的定义恰如天上繁星，然而一场报告却只能有一个立场。总之，文化可看作是人类文明的总和，或者说“文化指人类在社会历史实践中所创造的物质财富和精神财富的总和”。

在中国，“文化”是中国语言系统中古已有之的词汇。“文”的本义，指各色交错的纹理。《易·系辞下》载：“物相杂，故曰文。”《礼记·乐记》称：“五色成文而不乱。”《说文解字》称：“文，错画也，象交文。”均指此义。在此基础上，“文”又有若干引申义。其一，为包括语言文字在内的各种象征符号，进而具体化为文物典籍、礼乐制度。《尚书·序》所载伏羲画八卦，造书契，“由是文籍生焉”，《论语·子罕》所载孔子说“文王既没，文不在兹乎”，是其实例。其二，由伦理之说导出彩画、装饰、人为修养之义，与“质”“实”对称，所以《尚书·舜典》称“经纬天地曰文”，《论语·雍也》称“质胜文则野，文胜质则史，文质彬彬，然后君子”。其三，在前两层意义之上，更导出美、善、德行之义，这便是《礼记·乐记》所谓“礼减而进，以进为文”，郑玄注“文犹美也，善也”，《尚书·大禹谟》所谓“文命敷于四海，祗承于帝”。

“化”，本义为改易、生成、造化，如《庄子·逍遥游》：“化而为鸟，其名曰鹏。”《易·系辞下》：“男女构精，万物化生。”《黄帝内经·素问》：“化不可代，时不可违。”《礼记·中庸》：“可以赞天地之化育。”等。归纳以上诸说，“化”指事物形态或性质的改变，同时“化”又引申为教行迁善之义。

“文”与“化”并联使用，较早见于战国末年儒生编辑的《易·贲卦·象传》：“刚柔交错，天文也。文明以止，人文也。观乎天文，以察时变；观乎人文，以化成天下。”这段话里的“文”，即从纹理之义演化而来。日月往来交错文饰于天，即“天文”，亦即天道自然规律。同样，“人文”指人伦社会规律，即社会生活中人与人之间纵横交织的关系，如君臣、父子、夫妇、兄弟、朋友，构成复杂网络，具有纹理表象。这段话是说，治国者须观察天文，以明了时序之变化，又须观察人文，使天下之人均能遵从文明礼仪，行为止其所当止。在这里，“人文”与“化成天下”紧密联系，“以文教化”的思想已十分明确。

西汉以后，“文”与“化”方合成一个整词，如：“圣人之治天下也，先文德而后武力。凡武之兴，为不服也。文化不改，然后加诛。”（《说苑·指武》），“文化内辑，武功外悠。”（《文选·补之诗》）。这里的“文化”，或与天造地设的自然对举，或与无教化的“质朴”“野蛮”对举。因此，在汉语系统中，“文化”的本义就是“以文教化”，它表示对人的性情的陶冶、品德的教养，本属精神领域之范畴。随着时间的流变和空间的差异，现在“文化”已成为一个内涵丰富、外延宽广的多维概念，成为众多学科探究、阐发、争鸣的对象。

文化分为多种子文化，包括家庭文化、群体文化、地域文化、历史文化等。文化对人的成长有哪些影响呢?

二、家庭文化的影响

一个人的成长受到文化的影响，这种影响首先来自家庭文化模式。家庭是一个人来到这个世界，自然加入的一个团体，这个团体里有自身独特的文化氛围。由父亲和母亲两个主要的人物，组建成这个家庭，逐渐融合形成一个相对固定的家庭模式，这个相对固定的模式就是一种家庭文化。每个家庭的文化都不一样，因为每个家庭里的两个主要的人的人格都不一样。在什么样的家庭文化中成长，会不经意地决定着这个人以后的人格，影响这个家庭的孩子成为什么样的人。家庭的文化也决定着家庭对孩子的影响模式，这个影响是最初的教育，包括知识教育、社会道德教育，尤其包括亲密关系的教育。在成为一个人的过程中家庭文化不是唯一的决定因素，但一定是主要决定因素。这个我们人生中的第一个团体，不经意间已经对我们成为今天的自己起到了关键的作用。

三、家族、群体文化的影响

有一个团体成员曾经分享过他的一个故事，故事发生在他的童年时代。他的家庭因为父亲生病（大约病了 7 年），都是靠母亲一个人劳作和外公的接济才能勉强维持着。有一年他父亲的病情好转了，过春节的时候外公很高兴，他的妈妈也很高兴，外公就把自己家的一头 100 多斤的猪牵到他家，说是为了庆祝，杀一头猪过年。他的妈妈觉得自己家没有钱，吃太多的猪肉也不合适，就打算卖一些猪肉给邻居，这样也可以多挣一些钱贴补家里的生活。他的妈妈请人把猪杀了之后，按照当地的方式，把猪肉送到邻居家门口，让邻居称一些。送到另一家邻居门口的时候，邻居却不要，还说这可能是死猪肉。他的妈妈当时哭着回家了，说是不卖了，心里十分委屈，想起被人家看不起的眼神，她羞愧得眼泪不停地流。他当时还小，但也感受到了妈妈的委屈，也受到了被别人看不起的感觉的感染。许多年过去了，他已经有了被别人认可和看得起的事业，但他还是能察觉到发生在他的家族中的许多类似的事件对他人格的影响，包括他极其自尊的个性。

如果在一个社会群体里，妈妈或者爸爸组建的这个家庭被其他的家庭看不起，这个家庭的孩子的内心也是自卑的，不论他采取什么样的方式待人都不会逃脱自卑的情结。贫穷家庭的孩子，有的非常努力勤奋，有的孤僻高傲，有的胆小怕事。这些表现都是因为他们内心的虚弱，而虚弱是来源于这个孩子所在的家庭在社会中的地位。一个家庭是一个小团体，这个小团体又置身于一个家族或者一个群体的大团体中，小团体被大团体影响到的时候，其实就间接地影响到小团体中的个人了。我们在成为一个人的过程中，这是主要的影响因素，也是不能忽视的影响因素。

四、地域文化的影响

如长江中下游平原，在国家没有大力治理淮河之前，100 年里有过 94 次洪水泛滥。每当洪水来临的时候，这里的人就会逃荒到他乡，待洪水退去后回来一部分人，有一部分人就留在他乡了。在新中国成立前，这里每次洪灾之后都会死一些人、逃走一些人，而当时的政府需要在这里继续屯兵、开发农业，于是就陆续召集一些难民来到这里居住下来，或者从其他地方动员一部分人移民到这里。长此以往，这一地区逐渐形成了独有的文化特点。这里的人的宗族观念很淡薄，帮派观念很强。由于都是从四面八方来的人，都是零散的，来到之后不会形成一个固定的宗族，就这样一年又一年，这里的人就没有了宗族观念。然而，一个人或者一个家庭在生存的过程中，都会有人际关系的心理需要，也就是在群体中的安全感。如果一个家族在一起，就能形成更多的安全感。但由于这个地区的人都是由四面八方迁徙而来，没有一个家族整体，人们在群体中的安全感就很缺乏。为了应对这个问题，这里的人就采取了另一种方式来满足这样的心理需要和生存需要，这种方式就是“认干亲”，认干亲的形式有“接干儿子”，有“拜把子”。这样一来，大家就有了联盟的感觉，有了安全感。这种现象在过去非常常见，在中国近代，尤其是20世纪20年代，上海滩的一些帮会都发源自这个地区。作为团体心理咨询带领者，我们不得不考虑一个人成长的地域文化环境，因为一个人的人格核心里有这些因素的影响。

五、历史文化的影响

我曾在一个艺术团体的工作坊中遇到一个团体成员，她的故事很独特。她当时创作了一幅绘画作品，是一只展翅高飞的蝴蝶。画好之后她到处追问辅导绘画的老师和其他团体成员：“我的这个作品代表的潜意识是什么？”老师和其他成员都给予了分析和解释，她都不满意。最后找到导师，导师问她：“如果你是这只蝴蝶，你能像它一样展翅高飞吗？”她说不能。那么，到底有什么东西把她压得不能像蝴蝶一样展翅高飞呢？

她讲述了自己的故事。在“文化大革命”的时候，她的父母被关押在牛棚里。她无法看到父母亲，只是在几次父母被批斗的时候看到过一些场景。后来她长大了，最大的愿望就是到国外去定居。尽管已经40多岁了，她还有这样的人生愿望，她的孩子和先生将要和她一起到新加坡去定居。后来她告诉我他们已经办好了所有的手续，三个月之后就去国外了。为了这样的人生理想，她奋斗了半辈子，心理也压抑了半辈子，即使到今天，她在内心里还不能感觉自己像蝴蝶一样飞翔。

父母亲因为历史事件被牵扯，这个孩子也在那次历史事件中被深深地影响到了。也许还有很多人和她有类似的经历，但每个人在成为一个人的过程中，还有其他很多不同的影响，有的可能更极端，有的已经被平复了，有的却还没有。

在一个人的成长过程中，一些历史事件可能会对这个人的人格造成影响。这些历史事件可能发生在这个人的眼前，也可能发生在这个人还没有出生的时候。但一个集体是有集体潜意识的，这些遗留下来的集体潜意识，也在这个人的成长中被“遗传”了。这就是形成今天的一个人的过程中，历史文化对这个人人格的影响。

第二节　文化动力治疗小组

一、文化动力治疗小组的特点与有效性

心理治疗小组成员通常由有心理困惑并有成长愿望者和心理学爱好者组成。参加动力性团体治疗的目标为，通过在团体安全的环境中积极参与互动、反馈和回应，真诚地表达自己的感受，实现自我探索、自我了解，理解自己的行为、情感、人际关系冲突等背后潜意识的动机和意义，并在探索过程中逐渐完善、整合人格和重建新的良性关系模式。也就是在团体互动中观察、学习和体验，彼此镜映、共同成长，使团体成员释放负性情绪，获得自知、接纳自己、认同自己，达到内心自由、人际关系和谐。

为更好地研究和探索文化动力团体心理治疗模式的理论和应用，我们在 2012 年 6 ～ 9 月期间，先后带领和主持了三个实验性的动力性治疗团体，命名为“人际关系小组”。每次小组活动都会有 150 分钟的团体体验。设置如下：每个组 8 ～ 12 人，每周一次，全程参加共 8 次，共 20 个小时，持续时间为 2 个月。在活动结束后 1 个月时，进行了小组效果调查，调查采用自我报告形式。调查结果显示，在参加了小组的全体 33 名成员中，有 24 人认为“团体活动对我有很大或较大的帮助”，占 72.7%，初步证实了小组的有效性。

二、文化动力治疗小组的工作过程

小组工作的过程可以分为准备阶段、开始阶段、中期转折阶段、后期成熟阶段和结束阶段。

（一）准备阶段

小组工作的准备阶段属于制订计划的阶段，不是小组组员参与过程的开始。在此阶段的主要工作是挑选组员、制订工作计划等。

1. 组员的招募及遴选

一般来说，具有共同或相似问题，具有共同或相似服务需求，是形成特定类型团体工作小组的前提。

（1）招募成员

导师招募的成员包括：①主动寻求帮助的某些人员。②已提供过咨询服务的某些对象。③其他机构转介来的特定服务对象。④通过互联网、社区宣传栏等载体得知信息而主动报名参加的人员等。

在小组正式开始前一个月通过网络、即时通信平台等发布消息开始招募小组成员。参加面试者需要填写申请表格，内容包括基本人口统计资料、文化背景资料，如籍贯、宗教信仰、家庭文化等，还要包括个人想要解决的问题。

（2）遴选和评估

导师通过个别会见或资料考察的形式对小组组员进行必要的遴选和评估。遴选和评估的要件主要包括：①共同或相似的问题，或者有共同的兴趣和愿望。②年龄和性别。③文化水平及对某些问题的认识。④家庭状况。⑤职业状况。⑥对参加小组的要求。

通过“小组招募会”进行面试。申请者需要自我介绍加入团体的动机，在相关方面存在困扰的主要问题。申请者还需要填写有关心理测评的问卷，如人际关系治疗小组成员需要填写“人际关系量表”“身心量表”“本会团体文化量表”等，以便区分不同申请者的问题严重程度，为下一步进行小组分配提供评估标准。

（3）确定组员

导师按照该小组的类型、特点及人数要求等，确定参加该小组的成员。

由于需要对三种主导模式的团体治疗小组分别进行研究，我们对申请者进行分组。根据心理问题的严重程度，申请者会被分配到不同的小组当中。由于导师主导组主要以导师为载体进行治疗，可以针对比较大的问题和较严重的情况，因此有较严重的心理问题或创伤型申请者分入“导师组”。“技术组”主要通过心理技术的使用来使成员自我治疗，因此适用于有一些不太严重的小问题的申请者。“动力组”主要依靠团体成员自身的会心状态，通过此时此地进行治疗，因此会将没有重大心理问题的申请者都分配到“动力组”中。

确定成员之后，讲解团体规则，签署相关协议，使其了解需要遵循的伦理设置，并且对申请者想要了解的其他相关问题进行解答。

2. 确定工作目标

小组工作的总目标由该小组的类型特征及成员的问题和需求所决定，大致包括指导思想和总体任务。确定小组工作目标需要遵循的原则包括以下几方面：

（1）目标清晰，可以测量和评估。

（2）要有明确的时间限定，以便小组组员清楚在什么时间完成什么目标。

（3）目标要适合小组组员的实际能力。

（4）具体目标之间具有相容性，不能相互冲突。

（5）目标的表述尽量使用正确的肯定性语言或词汇，以便小组成员能明确地知道他们需要做的事情，而不要对其强调不该做什么事情。

例如，某次人际关系治疗小组的目标是：改善人际关系与沟通；提高亲密关系处理能力；学会感受、倾听和给予；接受和提供支持与反馈；学会如何爱自己、爱家人、爱朋友，也因此获得更多的爱；逐步了解以前所不知道的自己，促进内在的自我成长。

3. 制订工作计划

一份专业的小组工作计划是开展小组工作的必要条件。通常，小组工作的方案或计划就是一份详细的小组计划书。

4. 小组的规模与工作时间

小组的规模指的是小组的大小，主要与小组的人数相关。影响小组大小的因素有小组目标、小组类型、探讨问题的性质、组员的成熟度、工作者的经验、有无协同领导者等。

小组工作的时间包含四个方面的内容：①工作的持续时间。②小组聚会的频率。③每次活动时间的长短。④小组开始和结束的时间。

例如，某个小组的规模是 8 ～ 12 人，工作持续时间为 8 周，每周 1 次小组活动，每次 2.5 个小时，时间分别固定在周五、周六、周日的晚上 19：00 ～ 21：30。

5. 活动场地及设施的选择和安排

在小组工作的准备阶段，前期性的物质准备包括：①小组活动场地的选择。②活动所需的座位安排。③准备活动所需的其他设施和辅助材料。

一般的场地均为机构内的会议场地，成员呈环形落座，设施有多媒体音响、绘画纸和笔等。

（二）开始阶段——从第一次聚会开始

1. 开始阶段组员的一般特点

在小组的开始阶段，由于初入小组，组员往往不知道自己该做什么，故在心理和行为上会表现出以下特点：①矛盾的心理与行为特征。②小心谨慎与相互试探。③沉默而被动。④对导师的依赖性。

2. 导师的任务

这一阶段导师的主要任务如下：

（1）协助小组组员彼此认识以消除陌生感。

（2）帮助小组组员挖掘对小组的期望，提高他们对小组目标的认识。

（3）讨论保密原则和建立契约。

小组契约是导师与组员之间共同商定的有关小组目标及工作方式的一种协议约定。它可以采用书面或口头承诺的形式，大致涵盖小组程序和组员目标两方面的内容。其中，小组程序包括小组的基本要求，组员目标则包括预期行为的正向变化以及用来评估结果的标准等。我们采用的是书面协议和口头承诺相结合的方式。

（4）制订小组规范。

小组规范是小组初期导师和小组组员一起建立的适合管理和协调组员行为的准则。小组的规范如下：①秩序性规范，用来界定组员之间的互动准则。②角色规范，界定和明确组员所期望的具体角色和行为。③文化规范，澄清和说明小组的信念和基本价值。强调开放、平等、保密、非批判和团结合作等原则。

（5）塑造信任的小组气氛。

小组组员的相互认识、订立小组契约和规范都是增加小组安全感和信任感的重要手段。而塑造信任气氛的具体方法如下：①主动与组员沟通，建立信任关系。②创造机会让组员表达自己的想法，通过组员间的相互回馈和关怀使其自然地产生信任。③寻找并强调组员之间的相似性。可以邀请组员分享人生经验或感兴趣的事情等，当组员发现彼此之间存在相似性时，小组的凝聚力就开始产生。④澄清组员之间可能存在的误解。⑤培养组员积极倾听他人意见的良好习惯。

（6）形成相对稳定的小组关系结构。

①沟通结构。要建立能够最大限度鼓励组员进行沟通的理想结构。

②接纳结构。在组员之间形成能够相互接纳、相互包容的结构。

③权力结构。建立鼓励全体组员，特别是弱势组员能够自我肯定、有所增权的权力结构。

④领导结构。在开放性和流动性的前提下，建立注重责任、轮流参与，有利于推动小组过程的领导结构。

⑤角色结构。协助建立每个组员都有适合自己位置的角色结构。

3. 导师的责任和角色

导师在工作开始阶段，扮演三方面的角色：领导者、鼓励者和组织者。

（三）中期转折阶段

中期转折阶段是组员关系走向紧密化的时期，也是小组内部权力竞争开始的时期。这个阶段导师的工作重点在于：通过专业辅导，协调和处理组员之间的竞争及各种可能的冲突，促进小组内部的良性竞争与和谐，推动小组关系走向紧密化。

1. 组员的常见特征

这一阶段组员最常见的显著特征如下：

（1）小组具有较强的认同感。

（2）互动中的抗拒与防卫心理。

（3）角色竞争中的冲突。

2. 导师的任务

这一阶段导师的主要任务如下：

（1）处理抗拒行为

抗拒是小组过程中不可避免的现象，是组员在参与小组时的自然反应，主要是因为组员不认为小组是可以公开表白的安全场所，或因为不愿面对自身的潜意识问题。因此，导师要帮助组员了解小组是分享和表达感受的重要场所。同时，要营造一种开放的气氛，帮助成员探索自己的恐惧和防卫，鼓励他们承认并解决自己所体验的任何犹豫和焦虑等。

（2）协调和处理冲突

导师可以运用以下措施来解决冲突：

①帮助组员澄清冲突的本质，特别是澄清冲突背后的价值观差异。

②增进小组组员对自我的理解。

③重新调整小组规范和契约。

④协助组员面对和解决由冲突带来的紧张情绪和人际关系紧张。

⑤运用焦点回归法让他们自己解决。

（3）保持组员对整体目标的意识

在转折阶段，组员之间围绕个人目标的摩擦、争执和冲突，常常会取代小组的整体目标。因此，导师需要经常以各种方式提醒组员保持对小组目标的意识，使组员时刻关注小组目标或与小组目标一致的个人目标。

（4）协助组员重新建构小组

这一阶段对小组的建构不是以导师为主导，而是以组员为主导。导师引导、协助和鼓励组员担负起重构小组的全部责任。一般从聚会的时间和程序，沟通和互动模式，介入层面和介入方法等方面进行工作。

（5）适当控制小组的进程

在转折阶段，导师应该认识到，组员经过处理抗拒和冲突的过程，会养成一定的自我管理、自我决策的能力，但尚未达到完全独立自主的状态。导师还需要适当控制小组的进程，引导组员以小组为中心的互动，创造一个以小组为中心的环境来解决情境，以期更好地实现小组目标。

3. 导师的责任和角色

在转换阶段，导师不再担任小组的领导者和决策者，而只是小组的协助者和引导者。在处理冲突的过程中，导师的角色不仅是工作者、辅导者，而且是调解人、支持者。

（四）后期成熟阶段

小组的后期工作阶段也是小组的成熟阶段，小组的关系结构在此阶段稳定。小组活动运作状态良好，组员之间更愿意了解和被了解，更愿意接纳他人，更愿意相互合作、相互支持、相互肯定，提出的建议或计划也更加现实。

1. 小组及组员的一般特点

后期成熟阶段是小组工作与活动的理想阶段。这一时期小组的特点主要表现如下：

（1）小组的凝聚力大大增强。

（2）组员关系的亲密程度更高。

（3）组员对小组充满了信心和希望。

（4）小组的关系结构趋于稳定。

2. 导师的任务

成熟阶段导师的工作任务主要包括四个方面：

（1）支持小组的良好互动。

（2）协助组员从小组中获得新的认知。

（3）协助组员把认知转变为行动。

（4）协助组员解决有关问题。

3. 导师的责任和角色

到了后期的工作阶段，组员对导师的依赖逐渐减弱，导师逐渐退移到边缘位置。这时，有些小组角色已被组员自己承担，组员与导师的关系逐渐接近甚至成为“同行者”和“旁观者”；组员的自我管理、自我决策能力大大增强，开始自己寻找解决问题的方法和策略。

导师在此阶段的责任和角色如下：

（1）信息、资源的提供者和连接者。

（2）小组及组员能力的促进者。

（3）小组的引导和支持者。

（五）结束阶段

1. 小组及组员的一般特点

在结束阶段，最明显的特点是组员情绪和小组结构的变化。

（1）浓重的离别情绪，离别情绪主要表现为以下两个方面：①出现退化行为，以期望能延长小组的日程，增加导师和组员相处的时间。②采取逃避的态度否定小组即将结束的事实。

（2）小组关系结构的弱化。在此阶段，由于小组工作即将结束，规范对组员的约束和影响力开始减弱，组员间的联系也可能松散化，互动频率和强度相对降低。

2. 导师的任务

在结束阶段，导师的任务主要是处理好组员的离别情绪，帮助组员保持他们获得的小组经验。

(1)处理组员的离别情绪与感受

在小组结束阶段最后一次聚会之前，导师有必要告知每一位组员小组结束的日期，让组员做好心理准备，逐渐接受即将离开小组的事实。导师还应该与组员一起讨论并处理他们此时内心的矛盾与伤感，以帮助他们认识到离开小组、进入现实生活的必要性和积极意义。

(2)协助组员保持小组经验

导师应该协助组员保持已经改变了的行为，鼓励组员在日常生活中运用在小组时获得的成长经验。主要方法有：模拟练习、树立信心、寻求支持、鼓励独立、跟进服务。

3. 做好小组评估的方式

主要包括导师自评、组员自评和观察人员或督导的评估。

(1)导师的自评：包括小组目标是否达到、工作表现即导师在带领小组时的技巧运用以及与组员之间的互动过程。

(2)组员自评有三方面的内容：①参与小组的目标是否达到。②参加小组过程的感受如何。③小组的效能如何。

(3)观察员或督导的评估一般包括：①对组员的观察和评估。②对小组效能的评估。

4. 导师的责任和角色

导师在结束阶段的责任和角色如下：(1)引导者的角色。(2)领导者的角色。

(六)小组活动主题的设计技巧

在设计小组活动时，导师应该掌握和考虑以下几点：

1. 扣紧小组目标

小组活动只是实现小组工作目标的中介性工具。导师在设计小组活动方案的时候，应该首先考虑清楚小组工作的目标。要围绕小组工作的总目标或最终目标，根据小组工作各个阶段的目标要求，设计好与这些阶段相适应的一系列小组活动方案。在设计不同阶段的活动方案时，必须注意这些方案的逻辑性和内在联系，以保持小组的阶段性目标和最终目标的一致性。

2. 考虑组员的特征及能力

在设计小组活动时，导师需要综合分析成员的生理、心理、情绪、教育程度等个体性特征，认识和把握组员的社会关系背景及文化背景，了解其以往的成长经历及成长过程中的主要问题。通过对这些方面的综合考虑，设计出具有针对性的、适合组员能力的小组活动。

3. 小组活动的基本要素

（1）小组活动的目标，包括总体性目标（最终目标）和阶段性目标。

（2）小组活动的参与者，包括年龄、性别、职业、文化背景等。

（3）小组活动的规模，即参加的人数多少。

（4）小组活动的时间分配。

（5）组员的角色扮演和角色互换。

（6）小组活动的环境，包括活动场地、设施等。

（7）小组活动的资源与预算。

（8）小组活动的强度分布。

（9）小组活动的预期结果。

（10）防止和处理意外事件的预案。

第三节　技术主导模式下文化动力治疗小组

本会团体文化动力心理治疗模式按照团体中主导因素的不同，可分为技术主导、导师主导和动力主导三种。技术主导是指团体主要依靠各种心理技术的学习和应用来解决成员心理问题，实现团体目标的模式，导师和动力处于相对次要的地位。

一、技术主导小组的特点

技术主导组的主要特点如下：

1. 尊重导师，注重纪律，导师和成员的关系之间类似师生。
2. 会心状态的实现取决于心理技术能否引导成员间实现互动。
3. 效率较高，基本始终围绕着主题进行。
4. 导师的存在比较重要，成员重视和依赖其对技术的指导和点评。

二、技术主导小组动力的作用与变化

动力的作用与变化表现如下：

1. 动力缓慢持续上升，自发动力不明显。

2. 欢迎来自导师的强化。

三、导师的责任和角色（导师对小组的强化）

导师的责任和角色如下：

1. 主持开场和结束。

2. 心理技术运用和指导。

3. 话题发起：如谈论父亲、母亲。

4. 在场支持：在现场但不参与谈话，如果成员有问题请教，方才回答。尽可能保持小组的自然动力状态。

5. 对导师能力的重要要求：心理技术的掌握，大量心理技术的使用，导师直接治疗或成员之间大量互动情况相对少。

四、技术主导模式中技术的探索

下面结合团体心理治疗小组的具体治疗案例，分别呈现文化动力团体治疗技术主导模式的技术、动力、导师的作用与过程。

（一）技术主导组的建立团体场的技术

通常在团体开始阶段使用，目的是使团体成员相互熟悉，确认团体的目标。根据团体的需要，有时也会对团体成员在团体中的学习、交流的方式方法进行一定的指导，教会成员正确的学习互动方式。

技术目标：技术主导组第一次会议中的心理技术，以建立团体成员间及与导师的关系为主要目标。

【案例】

导师："我对大家的到来表示欢迎！祝愿大家实现目标。"（介绍导师团队，谈论注意事项，如何在小组中有所收获。）

导师："我们在小组中投入越多，则收获越大。最重要的是体验，投入才能体验，生活就是体验。我有个观点叫‘三中全会’。第一是风景在旅途当中，要随时欣赏每个当下。不像有的人去旅游，去拉萨只看布达拉宫，上车睡觉下车拍照，一问什么都不知道，心里没有体会。第二是成长在过程中，要与他人互动，积极参与，在过程中就成长了。第三是改变在不知不觉中。明天的你和今天的你一定不一样，小组的影响一定有。另外一个观点是，我们每个人都像一台摄像机，有两个镜头，内在就是心灵，外在就是眼睛。向外打开镜头看到大家，体会到大家，向内就是感受到当下走过的经历，比如内心走过的焦虑、沾沾自喜，因为外在的打开我们会思考到很多东西。最害怕团体成员没有打开镜头，里面什么都没有。成长是什么？不是改掉旧有的东西，而是优化我们自己，所以大家不需要过多地担心、害怕。”

导师提议口头宣誓：“我们每个人都要遵守协议，遵守与大家合作的保密原则，别人的故事你不要带走，只带走自己的感受，不要挥霍别人的信任。所有不利于小组共同目标实现的都不要做，如接听手机、中途跑掉等。”

※ 使用心理技术：所有小组成员手拉手围成小圈，轮流说出自己的名字，以示对小组设置的认可和自己遵守小组规则的承诺。

导师：“团体有时也会产生副作用，就像吃药会有副作用。团体是个放大镜，成员心里可能会有难受、兴奋、失落等情绪，副作用就是机会，是为了使未来更美好。”

※ 使用心理技术：此时此地关系画。

每人发一张 A4 纸，用纸挡住自己的脸，思考半分钟：“我在小组中将如何投入，如何为自己负责？”看看周边的人和其他所有小组成员。再蒙住脸，思考半分钟：“我将用怎样的态度去面对小组成员，如果再发生过去我在人际关系中遇到的同样的问题，我将如何去面对？”拿下纸后真诚地看着小组成员。（有成员笑。）

导师：“请把刚才的体会、感受，画成一幅画，叫作‘我在小组内的关系’，画好后就此写一个故事。”（大家用 10 分钟思考作画，画好后每位成员分享自己画的画和写的故事。）

成员 7：（所有成员身体前倾。）“我画了一个连接的圆圈，有点窒息的感觉。这里有眼睛、有笑的嘴巴，还有走丢的小绵羊，这是只温柔漂亮的绵羊。”

导师：“你作画的感觉是什么？”

成员 7：“终于可以和自己沟通了，和自己靠得很近。”

成员 5：“我画的是不同的不完美模块，在相互碰撞中形成一个圆。”

成员4："我画的是一个圆圈，我想让每个人之间的间隔平均。可是每个人之间的距离是会完全一样吗？可能我希望每个人都是平等的，发挥一样的作用。"

成员6："我画的是眼睛与心，想让自己多留心别人，将心比心。每个人心里都藏着自己的故事，但都拥有共同的情感。希望找到一位好朋友，自信，用心去看，和我一样同时放下想象的东西，深入交流。"

成员8："我画的是太阳和月亮，代表正面和负面的能量交替。"

成员3："大家手拉手的画。看到别人也这样画。每个人有自己的特点。"

成员1："画的是手拉手。我是纪实派，想要表现出'温暖'，陌生人从相遇到开始聊天的过程。"

成员2："我画了两条线，它们产生了交集。我们这些人中，有些不会再见，有些会变成好朋友。刚开始我很害羞，不喜欢看陌生人，也记不住名字。这也许表明了我自己目前的状态。"

成员9（害羞蒙脸）："我把自己画得和老师一样大。我是一个人来，我觉得自己很奇怪，可能我吃错药了……我很害怕，这里好多人，好不安。"

成员10："我画了蓝天白云草地，互不关联地构成一幅画。分析起来可能代表精神和物质，在寻找平衡和沟通，期待实现小组的目标，大家能够进行理性和感性的沟通。"

导师："在这幅有关'关系'的作品中，可以看出我们每个人的理解模式都不一样，画差不多，但解读没有一个相同，特别有意思。这说明我们每个人与自己、与他人、与自然关系的格局都不相同。"

……

（二）技术主导组的引领成员探索人际关系的技术

使用多种心理技术引领团体成员进入更深层的人际交流，随着团体越来越熟悉，使用的技术也越来越深入。

下面展现部分案例实录。

【案例】

第一次会议

※使用心理技术：交朋友。

导师："现在你对哪个人的关系模式感兴趣特别想去了解、沟通，在两分钟之内去和5个人沟通。”

（成员起身互相交流。）

※使用心理技术：九宫格关系图。

导师：“请大家闭上眼睛，脑海中浮现出来的第一个关系的画面是什么？什么人？什么时间？你们之间如何互动，发生了什么？把它们画下来。”

（等待成员作画完成。）

导师：“好，现在冥想第二幅画……现在冥想第三幅画，你的心情，你们彼此之间的相互态度，都是什么？……第四幅，内心体会，对对方的态度，发生的时间……不要在乎画的好坏，只是如实完成。彼此不讨论。”

导师：“画完后，自己欣赏一下。有何体会？有什么新的发现和感悟？内心走过什么样的情绪情感？进入分享时间。”

（成员分享感受。）

成员1：“最后才想起父母，应该多回家，感到内疚。”

成员2：“一个人的快乐需要分享，但我感受不到其他人。”

成员3：“九幅中有五幅是旅途当中的画。”

成员4：“我发现自己没有朋友……”

成员5：“不情愿做自己，总在观望，找不到自己的位置。”

导师点评：“最中间那幅代表自己。”

（导师布置作业，每天与这几幅画相处10分钟，下次带来发现和感受。）

第二次会议

第二次会议，会议主题是父亲

※使用心理技术：石头的故事。

导师：“下面的环节是关于我们的关系中很重要的人和我们的关系。这个人就在这堆石头里面，每个人选一块石头。”

（放一首歌《父亲》。）

（成员们有所感动。）

导师：“本期主题是父亲。太阳代表父亲，让我们找到方向。月亮代表母亲，月亮温柔善良。一个是天，一个是地。不是每个人都那么幸运，有好的太阳和月亮。有些人的太阳被遮住，但依然还在。我们无法想象这个世界上没有太阳会怎样。太阳是暗淡的，或月亮充当了太阳，这都将使一个人和他的关系遭遇灾难。一个人重要的关系之一是和他的太阳的关系，这是我们文化的根本。今天我们用一块石头代替太阳。有些人很伟大，是很多人心中的太阳，但这个世界上只有一个太阳专门为你而存在，这个太阳就是父亲。”

（挑出石头后，把代表父亲的这块石头放在手上，体会父亲。播放另一首歌，共4～5首歌。）

第三次会议

※使用心理技术：心理刮痧。

导师：“我们今天仍用画的方式。先在纸上面画一棵大树，大树上结了很多果子。每个果子代表一个人、一件事，或者一个地点。事件可以是幸福的，也可以是苦涩的，端看哪些事情对你有影响。画30个果子。”

（40分钟。）

导师：“树上面的果子中隐含着很多关系，我们和某些人、某些事、某些地点的关系。这棵树代表我们的生命。你们画的时候心中也走过一些东西，画不同果子的时候会有不同的心情。”

成员2：“画的时候我发现我还记得小时候的很多事情，很喜悦，只是不愿意回忆。后面的果子画得有些勉强。”

导师：“如果选三个最重要的果子来讲，你选哪三个？”

成员2：“小学时候选入游泳队。”

（展示给大家看。）

成员2：“这个是初中上学时发现没拿书包，很有意思。还有一件，是和妈妈去香港。”

成员8：“我画的时候更多想到小时候，后面就没有什么可想了。先画人，然后想什么事。”

成员7：“我在家庭方面的果子都是比较深的颜色，可能有些阴影，很少有温暖。妈妈会用哭来谴责我，小时候哭的话就会被绑在树上。”

导师：“这些果子都不可能被拿掉，关键是我们怎样来看待、转换、蒸发、升华一部分。”

成员4：“果子和我的思维一样乱。我的家人我都用苹果表示，朋友都是圆圈代替。好像有个果子掉下来，我还没想到是什么。有一件事，小时候撞倒过一个小孩子被责备，我到现在都不敢碰小孩。”

成员 2：“其实从颜色看来你还是开心的。”

成员 4：哭……

成员 7：“现在你已经有能力抱小孩，可以区分现在和过去了，现在可以。”

成员 8：“那个时间已经是一个象征了。”

成员 4：“你们谁有小孩子给我照顾一个星期？”

（众笑。）

导师：“其实你的一部分已经慢慢在工作。”

看到成员 9 又画了些东西，导师问：“你补了些什么东西？”

成员 9：“把它凑圆。”

导师：“还有四个人没有分享，放在这里，下次继续分享。”

（三）技术主导组的团体动力发展

技术主导组的团体动力主要依靠导师的调动，随着在使用心理技术的过程中的互动增加而缓慢上升。

【案例】

第一次会议

从陌生开始。

（1）第一次活动，其中一个成员未到。导师表示第一次较重要，请其他成员等待。

（2）气氛沉默，成员间开始个别交流。有人睡觉，有人玩手机。

（3）有人发表评论：“住在附近反而迟到？”

（4）有人开始问导师团体的问题，与导师交流。

（5）迟到者进来时大家继续讨论。导师宣布开始。（迟到者迟到 20 分钟。）

第二次会议

导师：“相互打招呼。站起来。”

成员 4 送给导师一件小礼物。

第三次会议

开始注意到团体内部的关系，说明团体内部的动力已经促使成员形成了一定程度的信任。

导师："分享上两次的体验，成员1觉得自己可以不来了。"

导师："她可以不来了吗？她真的不需要来了吗？她真的不需要成长了吗？她是否只需要考虑自己，和别人没关系？"

导师对大家："你们也可以谈一下看法。"

成员4："群体和集体概念淡薄，感觉归属感不是特别强。我们难以发展出归属感。感觉大家的间隙一直都在。"

成员5回应："工作后待人接物会和学生时不同。"

成员10："心理发展需要过程，但这个过程需要多长取决于大家的投入度。"

成员7："看我们大家是否有意愿建造一个团体。"

成员5："大家目的明确，要解决自己的问题。第一次会议就是观察，第二次会议加强关系，尽可能融合内部和外部关系。大家的故事也更深。根据别人的故事反思自己。"

成员4："我们希望把大家发展到什么程度的朋友？"

成员8："只有两个小时不可能关系更深入。"

成员4："是否要建个QQ群？"

成员2："我们大家都比较被动，有保护色。"

（成员注意到团体内部的关系是积极的信号，如果没有动力，彼此之间没有信任，就不能说得这么具体。）

第四次会议

自发互动和讨论。

导师："上次还有谁没有分享的？"（指心理刮痧的分享。）

成员7："没必要完全读，但自己更清晰了。小的时候我每次用哭吸引父母，早上醒来看不到妈妈就哭几个小时。自己6岁时弟弟出生，就不哭了，要表现得更好。一段时间后，我变成很难哭的人。参加工作坊后，认可心理宣泄，现在调整过来了，会流泪。我明白了，揭开了一些事情，和妈妈的关系变得更好。父母也爱我，只是方式我不理解。道理明白和心理接纳不一样。"

成员8回应哭的作用。

成员7："哭是我的武器。我不敢做自己。"

问5："你为什么一直笑？"

成员 5：“我觉得难受，能哭出来的还不是很伤。”

成员 7：“你过分在意别人的评价，又不敢说，有种你自认为这样不好的想法。要表现出真实的自己。”

成员 5：“真实的东西很粗糙。”

成员 8：“我们自己能接纳这部分的时候，就不会在乎。”

成员 1 询问讨论中的问题。

成员 2 解释：“我们对不接纳的东西，就会设框架。”

成员 1：“我关注这个问题，是我妈妈传达给我的画面。她六七个月没抱过我，但我没有某种被抛弃、不被重视的感觉。或许是我感受不到，我抛弃了他们。”

（小组动力明显，自发按照之前的方式回应讨论。）

成员 1：“现在我处在特别的时期，我扮演了以前父母的角色，我在房子外面。”

成员 2：“我感觉你内心的小我，要去接纳。”

成员 1：“现在相处，可能受挫，被抛弃。”

成员 8：“你和父母相处的模式里面，离不开抛弃这个词。”

成员 1：“抛弃在我，都是小事。关键是不被在乎。”

成员 10：“我分享一下感受，你很坚强、独立。”

成员 1：“我更多的记忆是和我哥、我弟。”

成员 2：“有没有想过怎么回去？”

成员 9：“现在会不会害怕依赖一个人？独立会有安全感。”

成员 7：“感情缺失。”

成员 1：“亲密关系方面，感觉自己太冷淡。小时候上学就和同学各走各的。”

成员 7：“其实你也在拒绝别人的付出。”

成员 1：“我已经习惯性地抗拒。”

成员 10：“别人小时候怎么对待我们，长大我们就怎么对待别人。她已经走了第一步。”

成员 1：“现在感觉不应该那么强势。”

成员 7：“可能也不是应该还是不应该的问题。”

……

第五次会议

自我暴露加深。

导师："上次没有分享完的继续分享。我们是不是要说点什么来进入状态？你们要不要交流一下什么想法？给你们几分钟进入状态。"

大家问成员 6："两周没来有何感受？"

成员 6："最大的体验是生活中，要顾及别人。"

成员 1："你最近的状态是不是好一点了？"

成员 6："差不多。我会想到一些更深的问题。如很不喜欢工作，事情没有改变，但心情改变了，好像更开阔了。"

成员 5："是敏感过度。"

（大家评价成员 5 分析能力超强。）

成员 5 分享刮痧图："学业、工作上比较多。从小爷爷奶奶带我，我一直被认为是好学生，应该承担责任，每样东西都要按模式去做，否则就会内疚。大家有没有问题问我？"

成员 2："你印象最深刻的三件事？"

成员 5："生日蛋糕，做蒸糕，出去读书。我的生活感觉工作后更精彩。"

成员 6："那你想做什么改变？"

成员 5："我想不要模式，不要循规蹈矩的压抑行为。这使我把想法和感受隐藏起来了。"

成员 2："你说你参加工作后有突破？"

成员 5："周末会找借口往外跑。父母是宅男宅女，想法很陈旧。"

成员 1："实际上没变，小时候做乖巧的孩子，工作后还是伪装自己。"

成员 5："好像有力量把自己带回原来的模式，很辛苦。"

成员 8："在那个模式里很安全。"

成员 1："我觉得我还好。有段时间很压抑，后来有个人影响自己。"

成员 8："应该有个过程，从量变到质变。"

成员 5："我那天想起老师的话，不去考虑别人的意见或想象别人对自己的期望。"

成员 2："自己的思维影响自己。"

（成员 2 思考的范围大了。）

成员 5：“可以说服别人。”

成员 2：“大人的认可度缺失。你设想一个可以得到认可的方法，套在自己身上。”

成员 5：“按别人认可的方式行事。”

成员 7：“试着按照自己认可的方式。”

成员 5：“你们可能不会像我那样揣摩别人。”

成员 2：“大家都有洞察力。”

成员 7：“你可以在安全的环境里试着做自己，看大家能不能接受。然后再找更大范围的人去尝试。”

成员 2：“我对你真实的想法是，你很理论，但不能说服我们。你坦诚一点的话离我们会更近。你放松后更亲切。其实你很平静，该怎么想就怎么说，大家更容易接受。我们认可你的时候，你又不认可自己。”

（自我暴露加深。）

第六次会议

出现分离焦虑。

分离焦虑在第六次就表现出来了，动力和动力的关系。

表现：

（1）谈论要分离时自己的话题还没结束。

（2）结束后都不走。

（3）会心状态达到高水平了，容易让团体产生移情。

第七次会议

讨论对彼此的感受。

导师要求大家谈谈在小组里每个人自己的表现和对彼此的感受。

成员 7：“我在小组里时很追求真实，也想表现真实的自己，我心里怎么想就怎么说，说出来感觉挺好，希望引发大家也这样说。以前我可能不会这样做，以前我只说最安全的话，现在就算我说的没有太大价值，也能让大家都更真实。我有关心别人的能力，能主动关心别人，但没有真正去行动，没有真心关心过小组里的任何一个人。一次成员 4 没来，想到问一下原因，但也没有去问。”

成员 10：“一进来小组我的心情比较复杂，其实我学习心理治疗已经有好几年了，学的是精神分析，来这里是为了更好地面对自己。我还是把自己最真实的内心部分表现出来，即使发言不多，互动不多，但用心去感受每个人内心的东西。我觉得成员6需要内在的关爱。成员6她外在保护性很强，内在很柔软，她说话的方式是很柔软，她的本质在那里。成员4有一次把内心表达出来，好像希望大家有更多接触。外在拘束，内在能够真实感受到自己。成员8的理智和情感都整合得不错，也能共情。成员2给我的感觉是有男人的力量和女人的情感部分。成员3我们几次一起坐车，感觉他对在这里能否敞开心扉有怀疑，这也是正常的，是我们内心的投射造成不同的感觉。如果你今天分享这些问题，就会有更深的互动。成员9你给我的感觉是在自己的梦幻世界里，对外在世界还不熟悉，胆怯。成员7最勇敢，能够真实表达自己，明确面对自己。我做这个表达也是尝试更进一步，把我感受到的分享给大家。希望发挥慈悲的力量。”

……

第八次会议

愉快告别，承诺私下的友谊。

※ 使用心理技术：“礼物大派送”，每个人给别人写一句话并写上要送的礼物。

（写的过程中大家互相看，微笑。）

（四）技术主导组的导师角色

技术主导组的导师主要起引导、支持、讲解等作用，其具体角色有讲解者、自我暴露者和点评者等。

1. 导师讲解

导师为成员传授知识、说明道理、进行疑难解释等。

【案例】

导师：“天下哪有不爱父母的孩子。我们走遍天下，就是为了做一个父母喜欢的孩子。多么可爱的孩子，生命如此善良，爱的关系却拧成了麻花。如何擦亮我们心中的太阳？无论父亲在我们身边与否，他都一直在我们心里，直到生命的结束，不会因为爸爸老了，去世了，就不在了。如何让他产生积极的影响，对不小心被灼伤的部分做一个修补？没有太阳的日子，如何去找？远方有一盏灯我们就飞奔而去，以为那是太阳，这是关系里最根本的东西。”

（播放歌曲，把石头继续拿在手里。）

导师："不要期望太阳像你希望的那样升起。没有人会骂太阳。当别人做得不合己意时，会抱怨、指责，渴望他按照我们的想象去做，可是没有人会去威胁太阳。我们和自然界的关系，却和人与人的关系不同。我们不会对树说，你要长多粗。我们可以接受自然界的太阳，却总是不能接受心中的太阳。三米之内的人（指亲近的人），你才会对他提出要求。所有伤害我的都在三米之内，远的伤害不到。让我难受的都是我在意的人。"

2. 导师的自我暴露

导师主动透露自己的感受、经验等，作为真诚的表率。

有个成员总是迟到，但后来有改善，在一次团体中，导师说："我感觉到大家特别想帮助她。我也看到她在变化。我认为她现在的回答也比较真诚。晓之以理，但不要太多，她的害怕是一种感受、情绪的东西。她的迟到我想也是有意义的。她毕竟跟上了，我觉得这是她的可爱之处。"

3. 导师的讲解和点评

导师对成员心理进行分析和归纳，进行启发性的评价。

【案例】

成员 2："我觉得拿石头的时候希望我们重视自己，可是拿完后就放在包里忘了。但拿起来还是有变化。"

导师："我可以告诉你为什么，因为你无法走进自己的内心。如果我们与自己的关系不能和谐，那与他人的关系是无法友好的。由他人转到我们和自己的关系。刚才的讨论说明每个成员自己的思考方式都不一样，你可以接受你自己吗？每天都看到自己的人是修行者。不做修行的人，一辈子只和计算机打交道，不需要遇见自己。我们来做关系成长，可当我们遇见自己时会逃跑，这就是矛盾之处。我们之前和贵人的相遇，走到第七次，发现我们不得不看回另外一个人，就是自己。这就是我的模式，这就是我对自己的方式。每个人都有对自己的方式。"

导师问成员 9："你拿着它体会到什么？"

成员 9："我觉得它就是我自己，可以自由地做自己。"

导师："大家看到不一样了吗？我们和自己相处的模式不同。每个人在心理成长上走的路线都不一样。过去我们讲儒家的五伦，君臣、父子、长幼、朋友、夫妻。父母是用来亲的，一个人如果不能和父母亲，他是有问题的。所有的流派技术围绕的就是治疗他和父母亲的关系。弗洛伊德就是讲个体和父母的关系。今天我们出问题的就是这五种关系。我们转身看到，鸡生蛋的问题，是五种关系的问题导致我和自己的关系有问题，还是相反？”

导师：“成长有三种，在关系上面，第一种是五种关系，第二种是和自己相处，第三种是找一群人一起住三年，每次就在这里遇见，用当下的关系。哪一种最好？”

（讨论当下的关系。）

导师：“当下的关系反映了你和别人的关系，比如迟到而不惭愧，光想着自己没想别人等。每次当别人做什么时，你能不能感受别人的心情？比如有一个人总说和别人关系不好，是别人的问题，最后我发现他和我的关系也不好，他又觉得是咨询师的问题。他的模式不仅是和身边的人，也是和所有人的模式。所以作为咨询师我相信他和我在一起的模式就是他自己本来的模式。”

导师对成员 9 说：“很好，你做得很棒。我们没法让重要他人再爱我们一次，但是可以尝试。第一种方式最好，在哪儿跌倒在哪里爬起来，不逃避，不找借口。我们原本可以去跟父亲说我爱你，做不到，便去做修行，去找老师，这是一种代替的方法。”

表 9.1　技术主导组成员背景资料

编号	性别	年龄	主要问题
1	女	25	没有知心朋友
2	女	31	母亲强势，与异性相处问题
3	女	34	不会和不喜欢的人相处
4	女	22	与非同龄人难沟通
5	女	28	与陌生人相处困难，不愿被了解
6	女	32	个人成长，平衡生活
7	女	28	看不起父亲，与异性交往问题
8	女	26	学习技术
9	女	21	严重人际交往困扰
10	男	28	与异性交往问题

（五）疑难点解答

1. 对于团体中使用的团体技术有没有规划设想？

没有，不能提前安排，它不是结构化的，对带领者的技术能力要求高。团体成长到什么阶段就根据情况设置技术。因为我们是人本主义路线，需要激活当事人自身的能力。提前设置了技术是违反人性，违反动力规律的。不设置也有弊端，就是把安排技术的工作交给了导师，而导师无法保持完全的客观。

2. 小组第一次工作时为什么没有成员自我介绍的环节？如何暖场？有没有使用场技术？

暖场这个词是限于教育团体。团体人数决定了是否需要暖场。12 人以下不用暖场。对于治疗团体来说，暖场、破冰是不存在的。任何技术都有场的效果，一边工作一边有场的效果。要让场是负性动力还是正性？精神分析主张负性，而我们用温暖、爱、真诚的方式，属于人本主义。精神分析有利于自我探索和治疗，但我们的文化主张和为贵，这是和精神分析小组（指以弗洛伊德精神分析学派为指导的治疗性团体）相区别的地方。

3. 团体是怎样工作的？

很多人误解团体，以为需要刀光剑影，花招百出，技术就是刀，这是一个误区。在心理学科学的规律和过程当中，我们应该应用心理科学的方法，并尊重每个人的内在心理规律和外在心理世界。心理的东西是很细微的。沙子落地，一粒沙的声音听不到就没有吗？很多时候我们在做一粒沙的工作，但我们却想要听到大的响声，就是巨石落地般的声音。那么，什么是团体呢？就是内部个人悄悄发生变化，外在却没觉得在改观，但内在在向好的方向发展。以技术为主导的团体，不能让动力和导师主导在前。团体里的个人成长是在团体里自己慢慢梳理而发生的。

4. 技术主导的小组对团体导师有什么能力要求？

第一，要考虑带领者的个性。如果是激进型的导师，需要学习庄子，做到接纳不得已，接纳别人的独特性。第二，导师要有一定的应变能力。第三，掌握技术的应用时机和方式，技术应该服务于团体的发展，导师对技术的使用也要区分不同层次，对工具的掌握应该力争做到出神入化，以实现其更大的价值。第四，技术主导不是导师拿技术去处理成员的问题，而是发技术给成员，让成员自己使用来解决自己的问题。

5. 如何处理技术组的此时此地和他时他地的关系？

对技术组的团体，也需要了解其物理世界、心理世界、心理空间的构成。小组进行的初期以此时此地关系为主导还是以他时他地关系为主导，如何转换，如何互相带入？首先考虑的是团体要让成员在此时此地，否则无法真正开展工作，也不会有效率。但当成员遇到的问题又是在他时他地时，应该如何解决问题呢？是直接讲述他时他地的关系，还是就此时此地这些人的关系进行处理？我们提倡把他时他地带入此时此地中。所以在技术层面，首先需要此时此地的技术，然后就是把他时他地变成此时此地的技术，两者之间要有联系。作业的作用之一，就在此时此地中。还在小组中的时候，通过作业把小组关系带到生活中，谈论作业的时候，又把生活关系带到小组中，从而实现两个此时此地的交汇。

6. 技术怎样做到艺术化？技术主导如何避免走过场？

要做到合一，人和技术合一，技术和团体的场合一。

7. 导师是否需要保持不动感情？

不刻意，首先把导师看成一个人，其次才是团体导师。不能演双簧，前面是人，后面是心理学家，再后面又是心理导师。但导师这个人又和其他的成员不太一样。所以导师首先是一个人，导师起作用靠的是“我们都一样”的同理心，是用人性里的真善美去解决人的心理问题。

8. 在团体中如何确定是否应该帮助某个个人？

团体是以大家的利益为考量。在不影响团体利益的情况下可以帮助个体，但不宜过分，一切选择都是他自己的，做得过多、过分你就承担了他的责任，他就不能成长。

9. 团体中导师的强化程度是否在不同主导模式中不同？

是的，导师强化程度在三个主导模式中应该有所不同，技术组为 30% ～ 40%，导师组为 50% 左右，动力组为 10% 左右。

10. 技术组的优势在哪里？

在于它符合我们的文化。中国人不喜欢马上发生冲突，技术组更具有本土文化特色、马甲性，更符合中国人的特点。同时技术有具体性，一旦团体的会心状态形成，每次技术都可以取得很好的效果。

11. 导师在带领团体过程中为什么会出现心理受伤的情况？

在小组治疗中，有时会出现导师受伤的情况。其原因是：（1）导师状态不佳，内部人格的陈旧性创伤被激发。（2）出现导师不能应对的情况。如导师缺席却没有事先通知，成员期待没有得到实现。

12. 技术组中的技术选择有什么考虑？

没有不好的团体，只有不好的技术。导师、人员、技术匹配好，就可以发挥积极的效果。

比如，礼物大派送技术，增加排序、思考和感悟。团体心理咨询技术设置越少，发挥空间越大，效能越大，越自然，自发性越强。技术上越延伸，对成员的促进越强，目标实现就越好。有些技术不能改动，就只能实现单一内涵。技术主导在选技术时的考量还要有针对性，如用“九分格”梳理关系，遇到父亲节因地制宜使用“太阳”的象征。还要考虑匹配性、文化、人文、可操作性等，并结合场动力的进展程度进行操作。

13. 什么样的原因让导师每一次改良技术都不慌张?

无论是提前选择，还是临时选择，都有一些规律可以遵循，如主题要围绕人际关系，同时不违反心理科学，符合团体动力学，符合人性等。技术小组以心理技术学为先，团体动力学为后，然后再结合文化心理学、生态心理学、积极心理学。有了合格的技术，团体动力自然形成，然后再加入文化心理学、积极心理学、生态心理学等方面的元素，就可以使成员回到现实生活环境中后也能改善。从发现问题，解决问题到积极干预问题这个角度说，技术组和其他两个小组是一致的。

14. 以技术为主导，以导师为主导和以动力为主导的三个小组的效果区别大不大?

三个小组在我看来，自我成长能力区别不是很大，他们的动力形式和投入模式区别却很大。效果区别不大，在上半段“真诚表达环节”中，我们看到成员收获程度不比其他小组差，所以目标的实现区别不大。在疗效因子上有一些区别。

第四节　导师主导下文化动力治疗小组

导师主导是指团体主要在导师的引领、指导、介入之下，解决团体成员的心理问题并实现团体的共同目标。在导师主导模式下，心理技术和动力起到辅助的作用。

一、导师主导小组的工作技巧

小组工作技巧是团体导师的技术之一，工作技巧包括建立关系，诊断、系统观察，组织和介入小组，领导、沟通、参与小组，专业判断、评估小组过程等。

（一）沟通与互动技巧

1. 沟通的技巧

与组员沟通的主要技巧如下：

（1）营造轻松、安全的氛围。

（2）专注与倾听。

（3）积极回应。

（4）适当自我表露。

（5）对信息进行磋商。

（6）适当帮助梳理。

（7）及时进行小结。

2. 促进互动的技巧

促进组员互动的主要技巧如下：

（1）提醒组员相互倾听。

（2）鼓励组员相互表达。

（3）帮助组员相互理解。

（4）促进组员相互回馈。

（5）示范引导。

（二）小组讨论的技巧

1. 小组讨论的事前准备

小组讨论的事前准备包括以下几个方面：

（1）选择合适的主题。

（2）注意讨论主题的措辞。

（3）选择合适的讨论形式。

（4）安排活动的环境。

（5）挑选合适的参与者。

（6）准备好讨论草案。

2. 主持小组讨论

（1）开场的技巧

在小组开始讨论前，导师应该运用一定方式使成员相互认识。

【案例】

导师："会议已经进行了六次，看到大家的脸上显示大家的'心田'都耕耘得不错。我们彼此学到了很多，成长很多。有的修炼了自己，自己好了，别人就都好了。有的虽然没有良好的关系，但也能保证不出现问题。最理想的是既不被过去牵绊，不逃避，也不刻意寻求什么。其实让我们不开心的因素中，关系是主要的。我们一直在找技术、方法，希望第一步找到问题，第二步解决，但实际上两步之间有很多小步，意识到问题前也有很多步，敢不敢面对也有很多步。还有另一种方式，就是先去享受人际关系，让问题在过程中慢慢消失。有人说，生病了去化疗可能死得更早，所以找问题的方式可能不是最佳的（的解决问题的方式）。我们可以进行积极干预，而不是消极被动应对。这样慢慢就能回答刚才的问题，如何将小组中的会心状态保留到外部，用积极的方式干预人际关系。今天我们要讨论的主题是感恩拜访，来自积极心理学。生命中的贵人有两种。一种是伤害了我的，令我有很多磨难；另一种是想起来都觉得温暖和感动的，但我们却很少和他们交流，也没有向他们表达过感激。现在请你去拜访这个人，这是生态心理学的方法。你们想到这个人了吗？我想到我的干爹，我想要拿着一封感谢信去拜访他，如果我这么做了，我和干爹都会更富有。你准备感恩拜访的对象是谁呢？请你们来说一说。"

……

（2）了解的技巧

随时观察和感觉组员的语言、认知、情绪、行为，适时给予支持和鼓励；随时注意小组组员动力的运作；适时将自己对小组的感觉与思考反馈给组员；给予组员安全的小组气氛，使每一位成员都没有戒备地表露真实的自己，并勇于接受各种挫折。

（3）提问的技巧

导师一般有五种类型的提问：①封闭式的提问。②深究问题型的提问。③重新定向型的提问。④反馈和阐述型的提问。⑤开放式提问。

【案例】

导师："成员9，你只有15分钟的时间讲述你要讲述给我们的故事，包括你的渴望，由你自己决定。我们大家要做的就是注意倾听，如果我们真的能够听懂别人的故事，就可以根据这些素材来创作一个艺术作品可以是诗歌、舞蹈（身体演示）、音乐、绘画，只要是艺术性的都可以。"

成员9：“我很紧张、害怕。我不知道往哪里说。我是一个很注意外表的人，这样会让我感觉好一点。但我的内心还是很没有价值感，内心是个穿得破破烂烂的小孩，无论和男人还是女人都不能建立良好的关系。害怕女的，比我好的我很嫉妒，比我差的我看不起。和男的在一起，对年纪大的感到害怕、畏惧，所以找了个心理年龄小的男朋友。妈妈不允许我有健康的关系，有时候她和爸爸吵架，我帮爸爸的话，就会被说是吃里扒外，被嫉妒。几天内，妈妈都不会理我，我必须坚定不移地站在妈妈一方。妈妈指向我时，爸爸和妈妈就一起指向我。小时候必须和妈妈一起恨继父。和男性不能交流，否则浑身不自在，最大的愿望就是离开。只有一种方式让我生存在人群中，就是做个听话的学生。要我表达自己，我不知道自己是什么。在工作中服从也有好处，但不知道怎么指挥别人干活。没有人会听我讲话……”

导师：“你希望我们为你做点什么来帮你？”

成员9：“我很想能够平等地和你这样的人交流。我内心不想打招呼，不知道接下来要讲什么。想能够做自己，想讲的时候就讲。我想和别人做更多的交流。”

（4）鼓励的技巧

在小组讨论中，对某些比较内向，或者容易害羞的成员要给予支持，不要逼他们发言，而是注意他们，投以鼓励的眼光，等他们获得了勇气再发言。对他们的发言，导师可以重复他们的意见，对正确的方面给予积极的鼓励，树立起他们的信心和安全感。

【案例】

导师：“每个人都在做最真实的自己。让我们看到，自己可以转身逃回自己建构的世界，也可以面对外面世界的生活。我听到改变的渴望，一种来自内部的、本身的、向上的力量，我们渴望做最优秀的自己。还有一种外部的力量，当我们感觉到温暖和安全时，就敢于蜕壳。我们是否也有一个假想的令我们害怕的世界？每个人都不同。无论你是怎样的，你都是在做自己。”

（5）限制的技巧

当一些小组组员垄断小组讨论时，当组员的发言太抽象时，当小组讨论脱离主题范围时，导师要采取限制的手段来处理小组或小组成员的行为。

（6）沉默的技巧

沉默的技巧是指适时在小组中形成真空，使组员自己进行判断。在给出意见和建议后，请组员自己进行判断。

（7）中立的技巧

在小组讨论中，成员可能因为某一个问题的观点不一致而发生争论，而争论的双方都希望导师能支持自己的观点。此时，导师的中立很重要。应避免与组员争论，不偏袒或属于任何一方；不判断他人意见；仅提供问题，不给予答案；可以提供资料信息，但不予决断，仅做利弊分析或事实论述；随时保持中立的位置。

（8）摘述的技巧

以下情况需要导师进行摘述：讨论段落结束时，讨论主题被岔开时，变换主题时，组员的发言过长时，组员的发言过于复杂或宽泛时，组员意见对立或争执很久时，组员的发言声音过小时，组员在发言中语言出现障碍时。导师的摘要发言一定要简要明晰，在摘要后应该征求发言组员的意见，以确认自己摘要的正确性。

（9）引导的技巧

导师在此方面需要注意的是：①注意把握小组讨论的程序。②妥善处理讨论中发生的冲突。

【案例】

导师分享成长感受。

导师："分享一下上次的精彩演出。主角和大家谈谈自己的体会。"

成员 11："回去后在群里大家问过我感受，和爸爸的关系方面没有具体改变，但心里有些微妙改变。对他的看法，以前总是情绪难平复，有恨意，现在有点放下了，也会想到他的好，也想去改变相处的模式。人际关系方面自己变得更愿意分享，以前想都不想去分享。现在虽然会纠结，但在向好的方面发展。"

导师："你能够在这么短的时间里有改变非常好。如果不能表达恨，就不会有爱。可以表达恨，是一大进步。先允许恨，然后科学地恨，在一定的时间空间内恨。心灵成长是走三步退两步的工作，一根树藤只拔掉根，上面还在开花，后续力量还在。我们需要用各种方式，在拔掉根后，应对可能还要出现的问题，成长需要时间和过程。只有极少数人能拔根，其中又有不等待结果就离开的，拔掉需要一个过程。拔掉后还要种上没有害的新种子，然后需要用你的行为浇灌，坚持一段时间，要避免往不好的方向发展。这中间的转换很重要，去旧迎新很重要。现在要去呵护新的小苗。新的小苗如果种不上去，是因为你没有力量，条件不够，肥料不够。"

成员 9："上次导师换了我很失望。回去后对导师产生情绪，因为导师没有做告别的仪式。这个星期还是有很多情绪。也有感悟，星期四和先生发生冲突，有不被重视的感觉，但是想到要照顾小孩，没有像以前那样离家出走，这算不算改变？”

导师：“留下来的是大人，只有大人会考虑到照顾小孩。”

成员 9：“你刚说 20 年的成长很不容易。我看到今天老师眼里有爱。我在同您做咨询的过程中受过伤，您好像领导、家长、权威。有时感觉自己没有被接纳。”

导师：“你说这些对我很有帮助。关于成长你已经过了很多关卡，你已经走过了，但你还以为自己在原来的地方，新草还没有长旺。你的心灵已经可以自给自足了，家庭也应该走向心灵小康。来这里的人不一样，有些贫穷，有些富有却不自知，但都可以逐渐成长。”

（10）结束的技巧

导师需要对组员所提出的不同问题进行归纳，对组员所提出的各种意见和建议加以组织，形成结论。对小组讨论所做的结论必须详细、全面，并且对组员提出的主要意见要加以阐述、分析、评价和研究，并指出将要应用的方法。

【案例】

导师：“时间到了，这是一个紧凑又舒服的过程，能够和追求人生高度、值得为自己喝彩的一群人在一起。相聚是缘分，提议再次鼓掌。你们之间若仍想交流，自便。”

【案例】

导师：“恭喜大家找到了感恩拜访的对象。当我们方向错了，停下来就是前进。我们要改善和所有人的关系，才是最重要的。鼓掌，下课。”

（11）自我暴露的技巧

有时导师需要进行自我暴露，以便与成员建立更深层次的关系，也是对成员如何进行自我暴露的示范。

【案例】

导师：“你们也了解我。我是不是有各种心理问题？我在人际关系上面主观、激进、有情绪，其实我不比你们好多少，为什么我没有到处去寻找老师，我的‘治疗处方’是什么？是心怀祖国、放眼世界。一个人不能光盯着自己，我们要放眼世界。我觉得我有心理学的使命，就把自己放到行业里面，尽管毛病百出，但大多数时间我选择我喜欢的和喜欢我的，可以面对全中国人去交往，而有些人选择只和自己交往。你的处方里有没有社会？我不要练神功，练成完善的人，我把精力放在事业上。没有理想的人人际关系会不会好？只盯着自己的人会不会好？这是你要思考的问题。你可能还要和很多心理学老师学习，但这都不是正常的关系。你需要像一个人一样在社会中跟人交往。你有没有想过为其他人做点事情？你每天关注自己太多。如果全世界都是沙漠，只有你家有几棵树能行吗？我是从外围走向内部。许多年之后，我身边的生态都变了，因为我每次讲学都扛几棵树回来。只治疗不做人，就变成每天只喝药不吃饭了。”

二、导师主导小组动力的变化

导师组的动力发展也遵循着逐渐增强的趋势，同时成员与导师之间由于互动很多，动力之中也包含了相当多与导师的关系影响，成员间的私下互动更频繁。

【案例】

第一次会议结束时

导师：“现在我们每人用一句话结束。说感受也可以，对某个人说也可以。”

成员 6：“收获很大，感谢大家，让我第一个说，挺关心我的。我在哪里都得不到认同，在这里得到了认同。”

成员 11：“我第一次在几个小时之内就记住了大家的脸。原来人不可怕，别人是可以爱的，但有不喜欢的成员。”

成员 1：“感受到大家的力量，有爱有关怀，有积极改变、向上的力量。”

成员 8：“感觉神奇，能更好地理解别人。短时间内和陌生人相互了解，希望今后每节课中都能帮到大家。”

导师：“现在大家用目光对所有成员做一个道别。”

第二次会议

成员全部按时到。

第五次会议，提及和其他成员的关系。

成员 5：“一直在感受。和成员 3 坐地铁，感觉小组在生活中也一直在进行，自己的成长更快。”

开始时自发聊天，但不是很热烈。

第七次会议

成员 4：“我觉得很温暖。其实今晚我的情绪像过山车。以前我以为可以帮别人，到这个小组，我发现我需要帮的是自己。当我像老师说的去面对我不愿意面对的事情时，当我需要在妈妈面前请求帮助时，我才会有更多的能量。当别人把这些爱给我的时候，我能做什么。我真的没办法给大家什么，只能把大家的爱传递出去。我想念一首诗，‘相约星期六，你我的约定，生命的传递，一路由你陪伴，我不再孤独，曾经的泪水，化作串串祝福。’希望大家帮我完成。”

成员 2：“她念诗的时候好像有兰花香，加上这个音乐很令我感动。”

成员 10：“我有点想流泪。其实我很期盼大家星期六在一起。我要感谢每一个人，每个人都有特点和优点，都值得我学习。感谢大家带给我的东西，也感谢介绍我来的朋友。”

成员 3：“我也感谢这个小组的成员。”

导师：“我们看到一点施与受，我们只是说施更快乐。（汶川地震心理援助故事分享。）你只需要做一点点布施，就能获得很多。我看到大家彼此感谢，因为我们就在爱的关系里面。祝愿大家。祝外表坚强、内心柔弱的我们既能做自己，又能有事业，不纠结。有了自我才会不纠结。我们还没结束。即使下一次之后，我们也没有结束，我们才刚刚开始。现在你们想和谁表达都可以去表达。”

（大家互相拥抱。）

成员 7：“我以前参加团队活动是有警惕性的，不会探讨心灵的东西，会有自我保护，第一次来这里的时候我仍然抱着以前的习惯，以挑剔的眼光和心态来面对。一开始心态是封闭的，想看看你们和我有什么区别，想要挑刺出来。随着团队的进行，我慢慢发现不是看谁对谁错，而是要慢慢放开自己接纳别人。现在能看到大家用心灵在沟通，对大家能有所帮助，这种交流对我就变得重要了。成员 11 的变化是很大的，还主动去参加讲座，比以前进步很多，但还不完全能去同别人搭话。和大家在网上聊天也很开心，很有意思，这个成长小组对我很有意义。”

成员 10：“我想谈成员 11，她是我在小组中见到的第一个人。她第一次来和老师交流的时候就哭了，我想她是不是有很多苦，当时她一点笑容都没有。上了几次课后，她脸上的笑容就完全不一样了，发现她其实也是很天真、很开心的女孩子。在群上交流时，我甚至嫉妒她成长的速度，不过我很开心，很欣喜。希望你内心的力量不断成长。成员 2 开始给我的感觉和成员 1 刚才说的一样，你说那么多，但我都不想听。后来发现，你是一个很自立自强的女生，这些也是我想要的东西，虽然有点排斥，有点嫉妒，但其实你性格里有助人为乐的部分，我要接受这些，感受这些力量对我的帮助。”

第八次会议

成员 3：“今天签字发现是最后一次。我在这里过得很快乐，感受到一些爱。但并分别没有使我很难过，其实我们一直在一起，我们还要打电话，还要聚餐。祝福我们每个人都能够快乐生活，每天有个好心情。”

成员 1：“在来的路上觉得有点陌生，见到大家就觉得熟悉了。每个人都洋溢着爱，成员 6 进来时和第一次来时的感觉有很大不同。这个地方让我感觉很熟悉、很亲密。我非常感谢这次活动，让我体会了很多，很感谢成员 6，不知道为什么她让我有自己存在的感觉。”

成员 6：“你这样说让我也有存在感。”

成员 1：“我也感谢成员 11，你的改变让我感觉到蜕变的力量。成员 7 给我很多启发，引导我开始自我探索，这个过程很有趣。成员 3 从一开始就经常组织活动，很高兴认识你。欣赏成员 2 现在的状态，非常喜欢现在的你。”

成员 6：“我补充一下，我也很感谢老师。”

三、导师主导小组技术的使用

与技术组使用的技术相比，导师组使用的技术更加系统、宏大些，通常需要导师的直接引导和参与。

【案例】

※ 使用心理技术：“年轮”。

导师：“刚才我们已经看到成员 9 的内心有个受伤的小女孩，住在她的认知世界里，她还没有长大。在生活空间里，她还没有离开，她还一直停在那个时间里，但我们不需要追查。现在请那个小姑娘坐在这个凳子上，接下来我们会用意念请她来。用 10 秒钟想象那个女孩，那女孩坐在凳子上。”

（中间摆放一张空椅子。播放歌曲《亲爱的小孩》。）

导师：“成员 9，你告诉我们你刚才看到什么？想到什么？”

成员 9：“感觉对不起那个小孩子。”

导师：“告诉我你的名字、最高学历、职业、年龄。你是一个孩子的妈妈，你想做点什么？你想帮她吗？你要做个心理准备，你帮到她以后，再没有机会为她伤心了。她长大了，以后你就再没有机会因为她而伤心、内疚、自责。”

成员9：“我可以爱她吗？我愿意但不明白。”

导师：“她一旦成长了，你会和别人说什么呢？如果你还需要她现在这样，就过段时间再帮助她。你确定吗？”

成员9：“我不能体会到老师说的。”

导师：“她是你的一个需要的话，我们就会用这个需要寻求帮助。她长大了，你就没有借口了。”

导师：“大家在见证。我们把小孩从她的时间带到今天。我们要做的第一件事，是围着椅子逆时针走，所有人围成一圈，每转一圈是一年，一直走到2012年。我一喊开始，就可以走动起来了。”

（助教报年份，播放音乐。大家按照导师说的转完二十多圈。）

导师：“好，现在小女孩已经长大，成员9走到中间去，感受她（小女孩）和你在一起，她的身体和你的身体慢慢融合在一起。以后那个长大了的女人，可以驾驭她的人生。2012年，走到这一天，小组成员见证这一切。大家可以抱着这位漂亮的、成熟的、有着很好的学识修养的女人，我们见证她把过去留在时间里的小女孩留在了过去，你可以把紧她，在轻轻的摇晃中，感受到成员9，她和过去的自己融为一体。就在2012年这一天，继续享受这来之不易的成长，因为它跨越了20个春夏秋冬，大家一起来见证，见证一个小女孩长大的过程。以后这个女士不会再带着那个悲伤的、恐惧的、渴望被爱的小女孩上路，通过她的努力她可以完全掌握一切。以前她没有遇到好的爸爸和妈妈，以后再不需要去抱怨，因为她可以反哺自己。如果在这个世界上，其他的人都不爱你，那你自己可以爱自己，别人都会为此改变态度。无论你走到哪里，都可以带着内心的自我，向全世界的人说，这就是我自己。她有和别人不同的经历，可以骄傲地说，她多么坚强。如果成员9继续带着这个小孩四处去求助，这件事会变得可怕。但是现在，她再也没有机会说，你看，我有一个可怜的自己。一个人成长了，她周围的很多人都会发生改变。这是一个开始。”

（播放歌曲《我们都是好孩子》。）

导师：“成员9感到舒服了，就坐下来，1分钟不说话，思考时间。”

（沉默1分钟。）

导师：“成员9分享一下你的体会给大家。”

成员9：“转圈的时候，感谢大家陪我一起走过几十年。第一次感觉可以欣然接受别人给我的爱和拥抱。最后有个念头，这样就有效了吗？”

导师：“所有的心理疾病和症状都是我们内心的需要和诉求。那些不想再病的人，我很负责任地告诉你，当你不再需要痛苦的时候，你不要它，它就会走。这个方式很有用，它会在你内心种下力量的种子。你是个大人。说话大声，做事果断，今天这个咒语下去了，它就会一直影响你。继续体会，少做评价。”

成员：“转圈的时候，想这个小女孩应该快乐。长大了范围只有学校，这不就是我吗？她需要父母，我把她的父母加进来。她长大了，我很高兴，很感动。”

导师：“继续。”

成员4：“每转一圈，就像做什么。感受到成员9手心湿了。”

成员2：“感觉小女孩长大了，伸懒腰，和成员9融为一体。我也想到自己。”

成员1：“我在陪伴你成长。拥抱现在的你很踏实。我们喜欢现在的你。”

成员5：“抱着你的时候，也是抱着我自己。你也给我力量。我们都长大了。”

成员8：“我们一起在成长，看到你松了一口气，好像有个新的自我。明天的我，同样也会不一样。相信成员9会有一个好的未来。”

导师：“这是个互惠互利的过程，任何一件艺术作品都有主观的投射，从这个角度不会利他的。今天我就安排了你帮大家的机会。你忽视了自己身上有可以帮助别人的地方，因为你在小组里很有用，大家才会对你说这些话。在整个过程中，谁帮助和被帮助，都是穿了别人的马甲，大家各取所需，领悟到就变成了心理学家。每一个生命都值得尊重，现在的人更多地给自己设限。”

※使用心理技术：“戴高帽”。

成员自荐，坐在中间，每个成员做出给他戴一顶高帽子的动作，说出上面写的词，然后开始赞扬他。

成员3自荐。成员分别做动作，给成员3戴帽子，分别写上“进取”“勇敢”“自信”“热情”“善良”“友爱”“热心”“可爱”“好学”“帅哥”“年轻”“执着”等。

导师：“你的嘴唇很性感。”

（大家笑。）

导师：“我们的帽子有三种类型，道德品质、能力、外形。红、黄、蓝。如果只有一种比较多，其他的可能少。我们应该客观地给别人意见，帮助每个人，知道我们要修的功课在什么阶段，需要哪些条件，如何就地取材。在我们的心灵合作社里面大家可以互相帮助，一起耕自己的心田。”

※ 使用心理技术：“感恩拜访”。

导师：“感恩拜访是积极心理学的一种技术，以前心理学总是把人变成有问题的然后去解决。每个人都不可能没有问题，我们要做的是开发出人本来的力量和温暖，这比找问题省时省力得多。如心理刮痧技术，是先找苦的，那么也可以先找个甜的，也许吃了甜果子后坏果子也不那么苦了。”

（大家完成感恩信。成员 10 选择了大学同学，闺密。）

（拿椅子到 10 面前。）

导师（对成员 10 说）：“请假定她会来到你的面前，就是你要拜访的那一位，你轻轻闭上眼睛，想象你要拜访的那个人来到椅子上。你感到她已经来了，坐在上面了。现在你可以睁开眼睛真诚地读这封信。”

（成员 10 读信。中间感动落泪，有人递纸巾。）

导师：“一切都可以这么简单。我们可以去找那个感激的人，给他读这封信，和他的关系就会不一样，我想这比找一个仇恨的人更好。下一个是谁？没有人举手我来点。”

（导师把椅子放在成员 9 面前，成员 9 说没有准备好，需要整理一下。）

导师把椅子放在成员 6 面前：“想象你要拜访的人走过来，感到他已经动身时动动你的左拇指，如果感到他坐下来，可以睁开眼睛。”

（放音乐《知心爱人》。）

（成员 6 读信。）

导师：“成员 9 分享一下你的心情。”

成员 9：“我觉得成员 6 和先生一路风雨，很不容易。”

导师：“我们流的同样是眼泪，但和以前不同，要知道你的感动来之不易，就如同他们对闺密、对先生的感恩一样不易，这是多么好的事情。我们看到各种值得感恩的人，生命中的贵人不一定是谁，其实我们可以和任何我们周边的人建立感恩的关系。”

（成员 11 读信，感谢舅舅。）

导师：“舅舅是我的生命中很重要的一个他人。我想起我的舅舅，同时我也是别人的舅舅，舅舅对外甥来说就是奉献的角色。心理学家发现，任何人经历的苦难都是差不多的，有的是幼年丧亲，有的是不受重视，有的是爱情方面会遭遇困难，事业发达的可能会碰到一个不听话的孩子或者有个不健康的身体，这样一路算下来，大家都差不多。但我们愉快的程度却不一样，这就在于我们和身边人关系的模式不同。获得多的人不一定快乐和幸福，付出多的却可能更快乐。我们在思考中国需要怎样的心理学，不然就会有误区，用十年去发现谁有病和去治病。真正的心理学家在生活中，他们就是我们的舅舅、妈妈、丈夫、丈母娘，他们是生活中的强者，有爱和被爱能力的人。”

※ 使用心理技术：“感恩求助”。

导师：“现在我们的生活中有没有一个人特别希望你去（向他）求助？有没有那样一个人在等你？”

成员 2：“工作中还是会经常求助的。跟他们互动越来越好。老师你从丽江回来后的感悟，自我认识的提升，对我有很大启发。”

成员 1：“其实我最近经常向别人求助，求助完后有种亏欠感，需要去回报。有种耽搁、麻烦别人的感觉，帮助别人的时候不会想太多。接受的时候会有疑虑。”

导师：“你听听他们的意见。”

成员 10：“如果你接受了别人的帮助没有好的效果，但还要勉强表现出有用，这样很累。没有帮到我的情况我会告诉别人，不会不管有没有收获都表示感谢。以前也会觉得需要给别人回馈，上完这个课就变了。老师好像说过要适当示弱、求助，关系会融洽，你向他求助，他个人价值感会增强。”

成员 6：“我先生可能会希望我弱一点。我并不觉得自己能干，但却做了很多事。示弱这一点要注意，我太要强了，很多事是由自己做主。出去旅游所有的攻略都是我做的。”

导师：“不是你的活儿你要干。”

成员 2：“我也是。我对家里的事情指手画脚，我和老妈的很多摩擦就是因为这些。我主动帮助她，她的价值就会被动降低，应该让她有价值感。示弱，请求帮忙，其实就是肯定别人的价值，也是在帮助他人。帮助别人就会开心，别人也可以得到价值感，所以也是互相帮助。”

导师对成员 3：“有没有人等你去求助？”

成员 3：“我考虑一下……”

成员 7："我的双胞胎哥哥，他作为哥哥，从小没有体验到做哥哥的乐趣，他没有得到权利但又付出很多。有时候打电话让他帮个忙他很开心。估计他是等着我求助的。"

导师："惩罚一个人的方法，就是一个人等着你去求他，你永远不去求他。需要你帮助的你永远不帮，想要你求他的你永远不求，想要你感谢的你永远不感谢，结果关系就很糟糕。这就是"三不"原则。多求助，长幼有序就实现了。"

成员 6："所有的哥哥都要做主吗？"

导师："关键是要尊重他。长幼没序了，就有问题了。关系不明，人伦乱套，心里才不快乐。该你求的人，该你谢的人，该你帮的人要去做。只要有这三类关系，生活就很好了。现在是越求我的越不理你，妈妈等着我回去，就不回。"

成员 6："我从来没有求过别人。没有父母，我一直就是主人。那我和孩子为什么也有问题？"

导师："你说没有父母是不可能的，每个人都有。你认同了哪个就是哪个。生理上、文化上都有胚胎，要去开发。"

成员 6："妈妈确实希望我回去看她。"

成员 11："我感谢成员 7。第一次上课你就发言说你以前性格很内向、懦弱，后来通过一些练习使自己变得有能力积极发言。我想问你有什么办法，你就告诉我在电梯里打招呼的办法。对自己进行小挑战来累计自信，结果使自己有很大改变，提高了自信心。这些内容其实以前也听过，但感触并不大。但我听你说了以后内心很澎湃，决心自己也要这样。有些不敢做的事情也去督促自己，逼自己去做。这个过程中有些退缩了，有些做到了。自信心增加了一点，所以感谢你。"

导师："唱一首谢谢的歌吧。"

（播放《感恩的心》。）

※ 使用心理技术："人际关系处方"。

导师："每人发一张纸，写上人际关系处方。主治医生写自己名字，我们要求这个处方有十味药。大家要离开这个小组了，但生活要继续。我们给自己开一个处方，这十味药要有名字、重量、服用方法，要做什么事情，什么时候做，完成后在一个月之内服完，可以排序，按先后顺序去做。做完后可以和其他人交流。"

（成员写处方。）

导师："让我诊断诊断你们的处方有没有问题。"成员 1："我的处方里面是'真诚’‘热情’，我认为这是正面性格里最重要的，真诚和热情应该配套。第三个是‘男女同化’，我以前和女的相处好，因为我在任何时候都是男性特点突出，但在领导面前就会产生问题，我表现得比别人更聪明，更能干，现在觉得应增加一点女性的委婉，赞同别人，表扬别人，和男性相处就会更加自然。处不好是因为不知道方法，不知道如何去做。”

导师：“其他医生发表下意见吧。”

成员 6：“说得很好，但照做会有用吗？我也很真诚，但是热情是装出来的，这样也可以吗？”

导师：“这个问题（问得）很好。一个人偏向男性或女性的一面，这是气质性的，天生的，或者，社会化也可以培养，而我们已经成年了，这两个机会都没有了。男性身上的女性化是天生的，表现出来是感性、情绪化，可是，是否顺从就有了女性化气质呢？如何理解男性身上的女性化或反之？当下我们已经看到了，有些女孩子，身上就是有男性的一面。成员 7 和其他男性不同，她的处方如果这样真能调节人际关系模式，也许能起到一定作用，当然也可能拿不到真正的药材。原始的可能性是，要让自己对妈妈更柔软，在妈妈面前哭一场，以及在爸爸面前服输，这样这个小孩子就不需要再和领导或其他男性战斗了。”

表 9.2　导师主导组成员资料

编号	性别	年龄	主要问题
1	女	27	母亲强势，与父亲沟通，异性沟通问题
2	女	32	单亲，母女冲突，异性交往问题
3	男	25	与父兄相处困难，与非同龄人沟通问题
4	女	32	心理咨询师
5	女	32	自信力提升
6	女	45	孩子玩电脑、不睡觉、不学习
7	男	35	与异性沟通困难
8	女	34	与年长者沟通困难
9	女	32	升职后不配得感，怕交流
10	女	30	异性交往问题
11	女	28	异性交往问题

四、疑难点解答

1. 三个主导模式里面，强化方式有哪些？

强化的方式有：引领、设置、突发事件干预、人文性强化（积极地点出来）、消极强化、积极的不强化。

2. 关于小组中技术的运用，导师主导小组是以导师为技术还是导师应用技术？不用技术的时候怎么主导？技术小组和导师小组的技术有什么不同？

技术主导就是导师给了成员一个小刀一样的工具，让他们自己处理问题。导师主导则是有一把小刀放在老师手上，有时发给成员临时用一下。不使用技术时可以通过讲解、讲故事等方式主导。

两个小组的技术内涵不同，技术主导型的是工具型技术，导师主导型的是系统型技术。

3. 导师主导型的不能避免一个问题，当一个准导师出现，如何避免冲突？

人本主义方向的团体，以导师主导的话，应该寻求没有硝烟地化解，不战而屈人之兵。导师可以利用准导师，作为小组中的资源利用，小组中的所有现象都可以看成资源。能否很好地利用小组内资源取决于导师的人格、技巧能否化解这种冲突。

4. 本会团体导师主导下的导师权威与精神分析小组的导师权威有何不同？

首先导师不需要团体成员对他产生移情和权威感。处理关系的方式多以积极的方式为主，而不是以问题为主。因此本会团体的导师应具有人文性、积极性。

5. 有个成员拒绝大家讨论和解决他个人的问题，团体是否需要去解决这样的问题，何时解决？

解决问题有两种方式，广义与狭义的，后者是手术式的，前者是保健式的。这个成员虽然问题仍在，但也未必不是一种解决。是否要解决要根据团体的决定，而不以解决与否为主导，不以个人为主导，因为团体目标是大家的。成员可以把自己的问题拿出来作为资源，或许其他个别成员会因为没能解决问题而产生内疚。如果导师治疗观不具备，他就会因为没有解决问题而焦虑，从而被这个事件控制，被这个成员控制。然而，即使问题没有解决，但其他人得到成长，也是有利于团体的。为什么很多团体导师容易变成表演者？为什么中国的一些心理治疗会走向误区？凡是轻描淡写的，就算能帮助到人们也都不被人采纳，技术流派不被我们的好恶引领。我们应该坚持授之以渔，把有用的方法教给人们。

6. 导师主导型的小组中，当导师因为个人原因缺席，如何处理？

首先在小组开始之初就应该设置好导师团队，可以设置替代导师。所以从设置角度说没有问题，但是对于成员的个人反应，如果是精神动力学流派，就会把移情现象、冲突、不满拿出来，深挖背后的意义。在人本主义的团体里，也可以适当利用。

7. 如何评估技术的心理安全度，会不会出现离开之后受伤的情况？

技术主导小组不会产生这个问题，因为是自己使用技术，自己对自己会进行试探，不会过度。导师主导小组中，导师应尊重场、内在条件和现场情况，注意过程与方法，评估对成员的影响，分享时要有一些设置，如“下周前你们不可以用你们的方法去治疗她，只能关心她”。处理问题之后有缝合阶段，然后进入到康复期，前面评估、中间操作、事后完善。这是以点带面创伤治疗时的注意事项。

8. 积极干预与原来的问题模式干预有何区别？

心理学原来一直在寻求如何修复关系，现在我们转向积极方向，寻求如何优化积极的、温暖的关系。在中国的人际关系里面，有 90% 的都带有伤害，人与家庭之间，家庭与国家之间都是如此，这是一个独特的文化现象。在家里形成和重要他人的联结更多，在这种文化下，开展人际关系敏感性团体更有必要性，不能按西方自我的方式去进行，而以导师为主导的设置满足了文化需要。中国人喜欢被人引领。同时人们更倾向于表达苦难的部分，如“被遗忘的舅舅”代表我们需要感恩的人。心理学家不能总像苍蝇一样找问题，在人际关系当中让我们种下一棵树，这是一棵积极的树，它能够从团体里被带到团体外，传统的团体不能让人带到外面。快乐是一种当下的感觉，幸福是一种能力，用积极方式进行干预。积极干预在转换、问题呈现和表达阶段，我们将积极心理学本土化了。中国人喜欢看问题，因此积极干预是中西结合的需要，否则效果不是最大的、根本性的。绘画表达，诗歌感恩，问题的解决和积极干预，两套模式交替、转换，在本土文化之下会更有效。

9. 为什么说导师主导合乎中国的文化？

中国的文化中，人们喜欢有人指导，有方法，有领导在就有很好的凝聚力。因此导师主导、技术主导符合了这种要求。中国人的自我小一些，重要他人更重要一些。所以从文化上找到父母，就找到了文化的根。

10. 导师应该具备什么素质?

第一，在心理资本上，应该是积极的而不是消极的。第二，具备中国传统文化的修养，对传统文化有认同、回归。第三，掌握心理学理论和技术。同时，个性能不能时而在前、时而在后、时而在左右等要素也很重要。然后还要有危机事件干预能力。此外一些个性化元素，如更喜欢艺术，更外向，强势，决断力更好等，视情况可以成为导师的风格。

11. 导师主导的方式有哪些?

答：形式上有讲述知识，分享体验，直接询问，讲心理电影故事等，或采用以点带面案例处理的形式，或者讲解知识引领大家探索的形式，或者进行促动分享等。

第五节　动力主导下的文化动力治疗小组

所谓动力主导模式下的文化动力治疗小组，是以团体动力为主导，导师和技术为辅助的一种小组治疗模式。这种模式与罗杰斯的会心团体最为相似，可以说是本土文化下的纯会心团体。当然由于文化的差异性，我们在导师和技术的辅助上会更多一些。文化动力团体治疗小组的附带功能是敏感性训练团体。会心团体形成的初期，勒温发现需要有这样的团体存在，当时的功能是敏感度的训练，我们认为，这种敏感度的训练对于中国人的人际关系很有价值。这不是小组的目标之一，而是种附带在本土文化下的价值。

一、动力主导小组的特点

1. 自发性和随意性较强。

【案例】

第六次小组会议开始，成员互相聊天，分享购买的衣服等东西，讨论各自在麦当劳喜欢吃什么东西等。

2. 能够逐渐自发实现会心状态。

【案例】

导师：“我看到今天大家都换了装。”

成员5问成员8："你的衣服怎么都是横条纹的？"

成员8："师姐说我很瘦，横条纹显胖。"

导师："大家任何话题都可以讨论，大家的衣着都比较鲜艳，有人迟到还特意要别人告知，有人风雨无阻赶回来。这是第七次小组会议，一段时间以来我们把这个家叫作社员合作社，那么今天就谈谈我们彼此之间的关系。"

成员4："成员10还没来。"

成员6："一个最大一个最小的成员都没来。"

（此时成员10穿旗袍进来，大家鼓掌。）

成员4："你看看大家有什么不一样？"

成员2："老师说我们谈谈这个社员合作社，让每个人说说自己和别人的关系。"

成员5："我们都说了，该你了。"

（大家笑，气氛轻松。）

成员10："我一直在等车，等我吃完了玉米还不来车，我又开始剪指甲，剪完还不来。"

（接着大家谈论起天气，说到北京暴雨，以及新闻里说有人把小孩留在车里等。）

成员2："我们活着多好，没有被晒死、淹死。"

成员6："国外小孩经常被放在车里。"

成员4："我们要谈谈对我们小组的看法。"

成员2："谈我们之间的关系、我们的相处，今天第七次会议。"

（众说："真的很快！"）

成员8对成员12说："你是不是有话说？"

成员12："我要等一等，其他地方我总是第一个发言。我要说的是，我们私下好像不联系。"

成员4："成员10好像没入QQ群。"

……

3. 谈话效率较低，但效能不低：会自发找到主题，但也经常跑题，说到一些题外话，不过短时间内都会有成员提示回归，显示了动力的自发调节作用。

【案例】

（第四次会议刚刚开始，成员之间自发热烈讨论做生意等话题。）

（由于导师出差，本次由代理导师主持，代理导师说明了这一变化。）

导师：“现在大家想说什么就说什么吧。”

成员 6：“我们还是要有个主题。”

成员 4：“是不是可以讲讲人际问题。”

成员 2：“先从讨论问题开始。”

成员 12：“今天建党节。”

成员 6：“我是九三学社的。”

成员 11：“那不如我们说信仰吧。”

成员 4：“我信道。平衡、辩证的思想。”

成员 10：“佛和道有什么区别？”

成员 4：“道更注重现实，但我最近都吃素。”

成员 6：“吃素容易饿。”

成员 10：“我认识一个心理老师，本来吃素，汶川地震后就改吃荤了。”

成员 4：“我家庭比较复杂。”

成员 10 对成员 4 说：“从现在开始你讲，你比较成熟。”

（成员 10 之前几次会议都很静默，现在变得主动。）

成员 4：“我大概心理比较成熟，我有个朋友都 60 多岁了。”

成员 12：“你介意说说你的经历吗？”

成员 4：“你们真的要听吗？”

成员 10：“以你为主题吧。”

成员 4 开始讲述自己的成长故事。

……

4. 导师的存在感相比其他两组（技术主导小组，导师主导小组）弱，成员更加重视和依赖与其他成员之间的沟通。

【案例】

成员 4 问成员 11：“如你刚才提到的，现实生活中和其他人相处时有什么问题？”

成员 11：“有问题。我在做主管以后，发现很严重的问题。不懂怎么管理人家和怎么跟别人说话。下属年纪比我大，我不知道怎么做。新来了一个人，他做不好，我也不知道怎么批评，怕得罪人。我又不会说工作之外的东西，有一次我和他在交谈中，他看着我，我突然产生尴尬局促的感觉。”

成员3：“现在怎么样了？”

成员11：“当时的应激反应让我想了很多，我很纠结。上班时心里开始慌乱。”

成员1：“后来呢？”

成员11：“这个人就走了，接着我就怀孕生孩子。很长时间我都觉得自己没有能力，恐惧带不好孩子。睡不好，孩子多病，我情绪更失控。医生说是产后抑郁，给开了药，吃了药有些效果。”

成员8：“你这是社交恐惧。”

成员11：“我又不甘心辞职，就这样挨着。也没有很大挫折，但心里很难受，父母还不理解。感觉自卑、自责、没用。”

成员8：“你的问题和我有点相似。我本科也是工科，因为技术好，就成主管了，不知道怎么处理和上司之间的关系。后来我就去看人际交往的书。”

成员1：“你觉得有用吗？”

成员8：“有用。”

成员11：“我抵触这些书，我觉得自己不应该是这个样子。”

成员8：“我的缺点是人际交往。”

成员11：“还有，就是任何行业都有不为人所知的东西，和我的价值观相左。我一直抵触。”

成员4：“就连学生都会有。”

成员3：“你是觉得抵触还是不能把握好度？”

成员11：“不是度的问题，这个事情上只有正确和错误。”

成员10：“有没有想过换岗位？”

成员11：“逃避不能解决问题。”

成员3：“人的性格不是一时半会儿能改变的，可能你不适合这个岗位。”

成员1：“我觉得她的问题不是岗位的问题，也不需要具体的办法和建议。”

成员6：“我最近遇到一个和你一样的问题，有趋避的冲突。想辞掉职务，用更多的时间学心理学……”

成员11：“我还没说完。后来那个人走了，我继续做。但我还是会恐惧，就这样一直恐惧强势的人。”

成员12："你家里有没有这样的人？"

成员6："可能你对你妈妈不接受。"

成员11："我对孩子会宽容一些。我的焦虑就是工作方面的价值观问题。"

成员2："可以试着接受你妈妈。以前我也害怕和强势的人打交道。领导很强势，不知道怎么打交道。那时候的恐惧和你现在一样。后来学会接纳自己的胆小、懦弱，和妈妈、姐姐之间的关系得到改善，开始自己做决定。以前总是看到黑暗的一面，或活在一个很天真的世界里，现在已经可以接受别人了。不要让自己太难受。"

成员1问成员2："你是怎么处理别人强势的问题的？"

成员2："接纳自己的胆小，接纳姐姐是强势的人，后来发现姐姐是爱自己的。于是开始接纳她对我的方式，就是以前她总是看不惯我的种种行为。我告诉她我就是这样的人，每个人都有成长的痛苦，有自己的伤痕，最后我们达成了谅解。调整自己，接纳现实，不要因为某些事情而情绪爆炸。"

（以上整个讨论和谈话都没有导师参与。）

二、组中动力的发展与变化

1. 小组动力缓慢持续上升，某些阶段自发动力比其他两个小组强

例如，成员无论是迟到的，还是出差的，都会赶过来。团体结束后大家都不肯走。主动要求建QQ群。六次活动之后，小组动力已经进入到很强的阶段。

【案例】

第三次会议：自我暴露程度加深

成员4："今天的主题是母亲。"

（成员沉默，笑。）

成员6："我们都变成'老等'了。"（指上次导师谈到等待的心理技术。）

成员4："他们在笑什么？"

成员12："上次他们没讲，这次应该开始讲。"（指成员10等几个成员。）

成员10："那我就开始讲。上次的主题是父亲节，我大哭了一场。我从小在部队大院长大，父亲独断、传统。小时候对父母没有多少印象，跟着婆婆长大。他们很忙，偶尔吵吵架。高考时，母亲会唠叨，从小和父亲还比较好，他不给我压力。大了以后，自己开始理解父母，父母的婚姻不幸，他们都不能和自己喜欢的人结婚。他们

的婚姻是组织上安排的，没有感情基础。父亲出身不好，脾气也不是很好，好强、好面子，但以我为骄傲。这些年我婚姻不幸，他很失望。我开始和父亲关系紧张，感觉不能得到父亲的理解，很伤心。父亲节会给父亲打电话，但对妈妈没感情，和母亲通电话时会感到委屈。我对父亲的情感深厚，而妈妈没管过我，从小需要注意些什么她都没有教过我。在家里父亲比较专制，我感到比较受伤害，自己的婚姻不幸对我来说伤害反而没那么大。”

（该成员之前多数时间沉默，而这次说话语气比较激动，自我暴露程度增强。）

第七次会议：讨论彼此的关系

成员6：“我觉得我们的关系是很亲密的，像我们这几个男人，大家都能把心里话说出来，但也还是有一定距离的。和成员8、成员12的关系好，和另外两个小妹妹的关系也比较好。对于其他在座的成员，还是有点防御，感觉有些话没说，可能是看透没有说透。”

成员4：“其实看透不说透，是很大的问题。如果我们现场两个人去配对，你会选谁？”

导师：“你想跟谁？”

成员4：“谁都可以。我想我们处于一种不会太陌生，又不会很熟的关系里面。为什么会到这种境界呢？可能和小组有关系？”

成员9：“为什么要很亲密才行？”

成员4：“我们以这种关系为基础，以后可以有更好的交往。开会时局限很多，私下可能会沟通更多。”

（小组成员显示出想要发展更亲密关系的愿望。同时又想避免太亲密，保持适度距离。）

成员4：“现在发现的共同点少。”

成员2：“如果我们离开后没有更多交流的时间，反倒会保留一些在这里的想法，因为进入生活中就会有分别。可能会有两种风险，或者越来越远，或者日久见人心。”

成员2：“我自己的观点是：没有联系太多也挺好的。我们在小组里面本身会有所成长。”

第八次会议：成员们谈到来参加最后一次会议

成员9：“我想我坐错车是不是有原因。”（指搭错车提前来了。）

成员 4：“我闪了腰好几天，还担心不能来，好在今天还是可以来的。”

2. 来自导师的强化有时被视为动力的干扰，会受到成员的反抗

【案例】

导师：“下面继续围绕父亲的话题。将他时他地和此时此地结合。”

成员 6 问成员 11：“为什么哭？”

成员 11：“成员 2 在拥抱我的时候，我感觉很踏实、很安全。我的安全感很弱、很差，从小到大，我都和别人保持距离，才感觉安全。我很想领会到老师的意思并遵照去做。我把自己激发出来了。我和母亲的关系不好，就想我们这里为什么不说说母亲？”

成员 8：“也可以说母亲啊！”

成员 11：“我爸爸很能干，很慈爱，家务都是他在做。妈妈也像是他的孩子，妈妈的脾气很暴躁。我的性格是矛盾的，内心和外表矛盾。妈妈不信任别人，不让我出门，总喜欢给我负面的东西看，还说我考上大学全是她的功劳。我现在怨恨她，她说一句话我就很抵触。她也很挑剔，爱指责。上了大学后出现了一些问题，我发现自己什么都不懂，什么都不知道。”

停顿问：“是不是说得太长了？”

继续说：“我很关注别人的看法。”

导师：“这问题对你的影响是什么？”

成员 11：“没有自己，做任何事都是为了做个好人。我觉得自己是个长不大的孩子。”

导师：“我们喜欢这样的员工……”

成员 11：“我很好奇，但不会和人打交道。出问题是在工作以后……”

导师：“你想不想知道他们想对你说什么？成员 1 你可以说一说吗？”

成员 1：“我不知道你为什么要打断她，我还想听她说下去。”

（直接反对导师。）

3. 需要更长的时间达到更好的会心和动力状态

虽然动力主导组的动力能够自然形成并达到较强的会心状态，但与其他被强化的小组相比，需要更长时间、更多次数的会议才能达到这种效果。

例如，第三次会议开始前，大家分吃东西，讨论成员 12 的食品生意等。动力组会

有闲谈的部分，讨论内容包括：谁的妈妈很会做菜、提议下星期聚餐、提议建QQ群等，显示成员间亲密感强。第七次会议时，成员12告诉大家成员9要迟到十几分钟，并替他向大家道歉，表现出其对团体其他成员的尊重和考虑。

三、导师的角色

动力主导组的导师角色比其他两种模式弱，导师尽可能减少强化行为，以便让团体按照自然的方式开展工作。

（一）开场和结束

导师通常需要承担开场和结束的任务。

【案例】

第二次会议，成员自发介绍、聊天

导师："每人一句话开始今天的活动。大家轮流分享期待。"

导师："非常好。今天是父亲节。我期待可以发生一些美好的事情，当我们用期待的心情来参与而不是追求结果时，就会发现真相，真实的东西就会显现出来。成员们是沉默多些，还是说得多些？我们会看到每一个人都无法隐遁。当然，你心静的时候才能看到这些。"

成员12："今天是父亲节，6点多起来就想给父亲打电话。"

导师："可以和我们分享一下你的爸爸吗？"

（成员开始轮流分享。）

……

（结束时）

导师："时间到了，给大家1分钟安静时间。"

（静默一分钟。）

导师："下一次话题继续。我们跟父亲的关系决定了自己以后的路怎么走，而我们的个性决定了成长模式。我们现在不是在改变而是在优化。我看到大家已经渐入佳境了，现在可以互相表达一下。"

另一次会议结束时

导师："时间差不多了，我们回顾一下。有些成员没有怎么说话，一句都没有。三个女儿讲自己的故事，无论是哪种类型，都反映出了在家庭中发生问题时，每个人的处理方式不一样，这也会影响到我们相处的模式。值得高兴的是，我们在分享当中看到了自己。我们透过一面一面的镜子，看到自己的问题原来不值一提。活动中，我们把小组看作一面镜子，然后在谈论重要他人的过程中建构自我。每个人都会在和他人相处的过程中出现各种各样的问题，如丧失自我、唯我独尊等。无论怎样，我们每一个人，在谈论他人的时候都在建构自己。建构得怎样取决于我们谈得怎样。当我们在活动中产生了更多的信任，分享时便可以不做铺垫就说出自己真实的想法，这是一种很好的状态。如果你的表现和收获都一般的话，那么希望下次你的掌声会更多一点。”

（二）谈话技术指导与干预

导师需要对团体成员更好开展交流做出一定的指导，如对一些谈话技术做出解释以供成员学习掌握。

【案例】

导师：“上次活动，我有了自己的觉察。我们上次没有专业的领导，于是出现了以下现象：①成员没有融入。生活原本就是这样，允许大家穿着马甲，构建防御系统，而团体的表现就是真相。②讲故事技术。描述了黄河三角洲的湿地上，有一种鸟叫“老等”，它们会一动不动地盯住水面，直到目标出现为止。我们要等真实的现象出来，而第三小组正是等动力出现。③此时此地技术。把看到的现象描述出来，并用成员的咨询过程举例说明。④成员间有互相指责、评价的嫌疑，持有“看透不说透，说透不是好朋友”的态度。⑤团体就是有个场，等待大家自己发现。比如，今天晚上有个成员胃疼，助理导师就去买牛奶；又如，上次湖南人说了很多，但大家没有讨论这个问题。说别人不要比说自己多，不然效果就不能最大化。”

（三）话题发起：如谈论父亲、母亲

导师在小组会议开始时抛出主题或话题，但并非每次都需要。

【案例】

导师：“这次的主题是母亲。相信如果大家全程投入、用心观察和体悟，今晚会是一个收获的夜晚。用掌声开启今天的活动。”

（成员开始自由讨论。）

（四）在场支持：在现场但不参与谈话

如果成员有问题请教，方才回答。尽可能保持小组的自然动力状态。

【案例】

成员11：“我现在把话说完吧。这是个真实的环境，我认为自己这样说是没有错的，但还是放不下。我想先跟大家说声抱歉。我们每个人都是镜子，接受别人的投射。我这样去说别人，是不是也可以看到自己对自己不太满意的一面呢？我很不喜欢有话憋着不说，因为看到老师在书里写道，做人要真实和真诚，既要有自由又要有责任。我不知道怎样才能兼顾自己的真实和别人的感受。”

成员4：“我有个例子。有个人穿新衣服不好看，我们可以只说她的裙子挺漂亮。”

成员8：“这也是文化问题。”

成员11：“有些人拐弯抹角也能达到目的。但我觉得拐弯抹角很浪费精力。表面很完美，感觉很虚伪。”

成员8：“有些人表达很婉转。”

成员11：“我还没说完。当我体会到这一点，我就会对自己说话，而不敢对别人说，开始接近我在社会上的状态。可能是螺旋式地上升，越熟悉就越觉得要暴露的感觉。”

成员9：“我现在不会了。”

成员6：“其实也没什么。一个女的自以为穿得很漂亮，我只有在与她独处时才会说这不太好看，以便维护她的面子。”

（注意到成员2的指甲很漂亮。）

（大家探讨成员2的装束。）

成员6：“继续说。”

成员11：“我说完了，我觉得放松了。”

成员12：“我感觉成员11和前几次不太一样。我和她对视了好几次，她都没有反应。我不记得了，是因为什么事情？”

成员9：“应该是成员1吧，她表情比较浮夸。”

成员6：“我心理资本又提升了一点。考过了驾照。”

（讨论考驾照的问题。）

成员10：“老师解答一下自由和责任的问题吧。”

导师：“在性质层面上，有的人允许有情人，有的人就不允许，这和家庭文化有关系。我们生长在不同的群体和不同的家庭，因此个人首先要回归到家庭和社会。例如，美国人是利益导向的，但中国人则做不出这样的事情。每个人的个性不同，大家说的问题是向左还是向右，这些都不是问题，而自己的立场是否坚定才是问题。例如，有人因为没有帮助过别人而难过，也有人因为没有骗过别人而难过；有些人身居高官，但道德和自我之间会有冲突；有些人贪污了会感到害怕，但有些人则会羡慕别人贪污。自由和责任不是问题，关键是背后是否有冲突：我们做了这件事后，有没有压力？是否会更加自信？心理资本是否足够？是否有个完善的人格，变得更加乐观、自信？”

（五）团体成员：某些时候作为成员发表自己的观点

【案例】

（某成员在询问和讨论另一个成员的爱情经历时，导师插入自己的观点。）

导师：“这里有一个爱情误区。我们总以为自己能从别人身上学到爱情经验，但是，有1000个人就有1000种爱情。因此，与其老是想学别人的经验，不如探讨我们在关系中该做什么。我们碰到不一样的人，用心是不一样的，不要以为这不是真理。在爱情里面，我们是该探讨谁在恋爱，遇到什么人，为什么会遇到，你是谁，你是不是温柔的、包容的、愿意投入，还是想从中学习方法以便找到高富帅？我们要先搞清楚自己想要什么，才能更好地来谈爱情。”

成员11：“上培训班嫁给富翁，我不认可。”

导师：“幸福不幸福是自己的问题。”

成员11：“我们先弄清楚自己到底希望有什么样的生活，这样在碰到对的那个人时，才会知道他就是我们想要的。”

导师：“你需要在这里谈谈你是一个怎样的女人。”

成员4：“我谈我是谁是比较容易的。”

成员11：“对我不太容易。我是很封闭的人，高中时喜欢运动型的男生，但其实我想讲的是我大学时的故事。大学期间，我在跳舞的时候遇到一个人，每次一碰到他就没有安全感。但我每周都很想去，每次去跟他都没有交谈，防备心很重。最后几个月他就不再请我跳舞了。我觉得是我自己把刚萌芽的爱情掐死了。”

成员4：“他哪里吸引你？”

成员11：“他很会跳舞。我现在的丈夫是让我很有安全感、没有故事的那种。”

导师："是你自己的需要让你做出了这种选择。"

成员 11："可是我连他是什么样的人都不清楚。"

导师："如果你是个黄蓉型的人，很有爱的能力，那么你一定会找郭靖，而不会看得起杨康那种人；如果你是个穆念慈型的人，人格不够完善，那么你就会找杨康型的人。正如成员 12 那样，她的个性决定了她不可能有那段爱情。"

成员 12："我自己最了解自己。"

导师："你怎么能控制自己的爱情呢？"

成员 12："我觉得爱情不是控制，只有自己最了解自己。"

（被评价的成员若干次反对导师的评论。）

导师："我希望讨论重点放在自己身上。"

成员 11："老师今天的话很多。"

（六）对导师能力的重要要求——不干预的能力

事实上，已经在成员之间形成的强动力的小组也会排斥导师的突然干预。

【案例】

（大家一直在讨论成员 7 的家庭问题。）

导师："我想说，每个人都在参与其中，只是形式不同而已。她的方式都是她自己的。我看到集体在讨论现场的某一个人，是不是我们内心焦虑的体现？"

成员 9："为什么？"

导师："我只是询问。我们总是想发现真理，其实她流泪的时候是最投入的。她需要的可能不是真理和道理。当她的情感表达出来的时候，我们也可能在回避，而不是上去给她支持。"

成员 11："其实刚才我想抱她一下，但又觉得会不会太突兀。"

导师："这就是你有情感并觉得它突兀。"

成员 4 问成员 7："我可以回答一下后面两个问题。你感觉好点了吗？"

（此时导师如果不介入，团体能否自己找到解决问题的有效方式？）

成员 7："我早就好了。"

成员 4："有没有想过一些方法？"

成员 7："想过。"

成员 4："我们可能在用自己的方法给你支持，虽然没有那么专业，这就是我们的方式。我们为什么要集中讨论一个人？是因为这样可以避免话题太多太混乱。”

（导师引起了成员的防御。）

成员 11：“如果我们不集中讨论可能会焦虑。我觉得和别人没话题的时候，就会焦虑。”

成员 4：“我们总要找话题，不从某个人开始，都会开始焦虑。”

成员 2：“讨论别人，我们都安全了。希望每个人都有说话的机会，按规则轮流。”

（成员回答导师问题。）

成员 9：“这个星期我有一个问题。实习中有个女生对我很好，我对她却很反感。”

（忽视导师的提问和导向，切换话题。）

成员 11：“她需要。”

成员 4：“你可以拒绝。”

成员 9：“陌生人搭腔会反感。”

成员 11：“可能觉得你比较好接触。”

成员 2：“她希望成为你的好朋友。”

成员 9：“我和好朋友距离太近了就会远离。大一时有个非常好的朋友，但也会推开。”

成员 5：“以前我也喜欢一大群人。但我也有个度，在同一个问题上看法一致就可以深交。”

成员 10：“没有受伤的时候是很善良的，经历过一定的事情后就会产生防御心理。原来一个人待不住，现在参加的都是独来独往的活动。”

……

（七）处理冲突

团体中总会出现成员间的冲突与分歧，这是团体动力正常发展的一部分。导师需要在冲突较激烈乃至影响团体目标实现，或可能对成员造成伤害的情况下，运用语言进行说明、表达感受或进行点评。

【案例】

（由于动力主导小组的导师指导成分少，成员 5 述说在小组中的收获不大。）

成员 5：“我说一说。我参加过三次活动，让我为之动容的是第一次。当时有个成员达到崩溃的程度，大家共同去帮助，那时感觉团体凝聚力很大。第二次有个遗留问题，就是有一两个人的观点比我们强势，有重点支撑；而我们这边一方面没有共同的人物可以去讨论，另一方面没有一个重点。我们都很清楚每个人的问题是什么，大家都真诚地去交往，发生状况时大家都很透明，都想要一起解决问题。我在这里跟大家的关系都比较普通，不是很好也不是很坏，没有特别的感觉。目前我有兴趣和成员10交往，喜欢和她沟通。这段时间我感觉到不太有凝聚力。你们说要聚会，我没有什么动力。”

（成员习惯性地希望有导师，希望被主导。）

导师：“我可以说说自己的感受吗？在过去的一百年里，心理学的发展取得了一定成就。贡献一，就是终于找到了一系列的方法去发现人们的问题在哪里；贡献二，就是心理学家也能够创造出一系列的技术去处理一些问题。可是，现在我们发现，所取得的成就与人类的实际需要并不匹配，人类需要的是幸福，而不是找到问题。因此，心理学家开始去反思，并将研究重点转向积极心理学。于是，开始有许多人厌倦了找问题和解决问题的循环模式，因为我们需要的是关系，而不是问题。我个人的一个反思就是：我们能不能在一个既不热烈又不疏远的关系中待下去，这对每个人来说都是一种考验。我们在每个小组里都会和某个人或几个人发生特别的关系，如果这一次没有出现，我们能不能不走极端，不要太亲密或太疏远？”

成员5：“但有些话题我确实不感兴趣。”

成员8：“以问题为中心叫消极敏感，我们对问题都很敏感。像你说的第一个小组，就有个很大的问题吸引着大家。现在积极心理学探讨什么是幸福，怎么去追求幸福。”

导师：“我们可以把这个延续到生活当中，如亲密关系中就算没有激情澎湃的事件，也还能继续下去。”

成员8：“我赞同老师说的，我们要去发现一些人的优点然后去学习。以前我们更强调发现自己的缺点，但现在我们应该见贤思齐，认识什么是幸福。”

成员11：“我明白老师说的。我们这里大多数人的生活都是平平淡淡的，要在这种没有很大问题的情况下寻找幸福，就是在波澜还没有起来的时候就把关系处理好，而不是等出了问题再去处理。”

成员8：“强调预防。”

成员11：“我的生活就是很平淡，自己是个没有故事的人。不过就算没有故事或大的冲突，我也要关注自己内心的东西。”

成员 2：“我在参加这个小组的前几次也会经常说跑题。但现在不会了，这个小组确实和之前的小组不同，这里的目标比较明确。我一直都说自己有明确的目标，在这里我们每次的话题和别人都不同，我就自己去寻找、去改变，丝毫没有否定在这里的价值。我在外地仍很辛苦地坚持过来，因为这个小组很温暖。”

导师：“我希望我们的话题能让大家在彼此身上发现些什么。成员 5 真实地表达了对小组的看法，大家还可以继续谈论这个小组。我们在这里能看到真实的自己，我们在这里的行为就是在社会上的行为。”

四、动力主导小组中的成员

一般来说，由于个性的差异，成员在团体中说话有多有少，其中两种角色较容易引起其他成员的注意。一种是准导师，另一种是沉默者。一般情况下，动力主导小组中会有准导师出现，并起到推动团体的作用。

（一）准导师

【案例】

在以下对话中，成员 8、成员 2 起到准导师的作用。

成员 1：“在讨论父亲和母亲的话题之前，我觉得我们家好像有特别多的矛盾。在听了大家的分享之后，我发现其实每个家庭都差不多，于是心理就平衡了。现在对家里的关系挺满意的，父母恩爱，家庭成员的关系越来越好。但是过去却特别糟糕，大家没有什么可聊的主题。”

成员 8：“你可以随便聊。”

成员 11：“你是在斟酌哪些可以说哪些不可以说。”

成员 1：“因为我觉得你们不见得能处理好。说不一定比不说好，我觉得自己有足够的力量处理。我一直在写自传，对成员 9 的情况很有感触。一个人如果都不能自救，别人更是爱莫能助。我的性格是喜欢做局外人、旁观者。在特别难过的时候，我自己要跳出来，这样才能看清楚别人的事情，才能处理别人的事情。我有一套保护自己的办法。以前父母教育子女的方法都很愚昧，我很同情他们。我以前和父亲关系不好，他总觉得我不会孝顺他，但现在我对家里贡献最大。我在这方面有很多成功的经验。”

成员 8：“我想提两个问题：你个人是怎么成长的？你是怎么促进家庭改变的？”

成员 4：“她不相信大家能帮她解决。”

成员 1：“要不远不近。”

成员 10：“你妈妈自杀你也无动于衷？”

（成员 1 对妈妈的自杀轻描淡写，又开始说自己的成功史。）

成员 8：“你高中能想那么多，非常理性。”

成员 12：“一定经历过很多事情。”

成员 2：“回来吧，我们现在不是做研究。你给我的感觉是：当你说到自己很好时，我很替你担心。我觉得你是在隐藏，这样是不好的。其实还是有很多事情没有得到解决。”

成员 1：“我不觉得负面东西给我多大影响，我也不觉得说出来能够得到帮助。”

成员 2：“在学心理学之前，我也觉得在负面的经历中很受伤，但后来可以真正放下并成长了。”

成员 5：“我理解成员 2 的心态，而你却可能是另外一个心态。”

成员 11：“有些事情要水到渠成，成员 1 还是包裹得很厚。”

成员 8：“外在强大，内在可能脆弱。”

成员 2：“我们应该回到家庭的关系里面。回家是个过程，家对我们每个人都很重要，但是我们也很容易从中受到伤害。虽然我们希望逃离家庭并成长，但还是很想回去。因此，我们自己需要敲掉隔阂，想办法和家人沟通。我相信只要有爱和沟通，就可以解决世界上的所有问题。比如说，在我跟妈妈沟通后，妈妈开始改变，并开始鼓励我。所以，我们自己应该尝试去沟通，说不定他们会为我们而改变。经过努力，相信我们会获得幸福的。”

【案例】

在以下对话中，成员 4、成员 8 承担起准导师的作用。

成员 12 对成员 2：“你好像有话要说？”

成员 2：“因为焦点在成员 11 那里。老师说要分享，一开始我们随便聊聊，后来谈到父亲母亲，中间也说出过没有收获的话。后来我终于明白，自己最终要的是回到现实生活中去改变，去结交朋友，在生活中去尝试、去实践。于是我开始期待接下来可以探讨一下自己的问题，我想知道自己为什么封闭，为什么难以和别人成为深交的朋友。”

成员 4：“成员 11 刚才没有跑题，就是觉得成员 7 很少说话。”

成员 7：“我刚觉得被成员 2 刺了一下，在说到父亲母亲的时候。”

成员 4：“让你想起了什么？”

成员 11：“这一两天发生了什么？”

成员 7：“我说过很怕别人看我。原来以为工作的事情对我没影响，后来发现其实影响还在，我一整个礼拜都很难过。不知道为什么，导师讲完话我就感觉很不舒服。父母吵架从 1 点钟吵到天亮，我们也要当什么事都没有发生。”（哭泣。）

成员 11：“我想问下为什么不想让父母知道？”

成员 7：“如果他们知道了就捅破了，那大家就都知道了。”

成员 4：“其实是逃避。”

成员 7：“我们一家都习惯这样。”

成员 4：“这种是不是他们的相处模式？或许对他们来说，这并不是一件什么大事。”

成员 7：“爸爸以为自己要死了，小时候还担心被警察带走。”

成员 4：“现在还会这么想吗？”

成员 7：“现在出来工作，很多事情都没看到了。打电话一般给妈妈，不转给爸爸。”

成员 8：“情况不一定是这样。”

成员 7：“我就挂了电话再打，让另一个人听。”

成员 5：“他们吵架对你来说意味着什么？恐惧还是什么？”

成员 4：“你害怕讲到爸爸妈妈的事情，你也一直在逃避。”

成员 7：“我也不知道。”

成员 5：“为什么不问一下？”

成员 7：“问了也不会讲。”

成员 4：“你逃避就相当于把这些东西变成负能量背在身上。在我喊了爸爸之后，他并没有像我想象的那样侮辱我或是怎样。”

成员 11：“他们还和你住在一起吗？”

成员 7：“不在一起。”

成员 4：“我觉得为了避免你这个星期会失眠，大家应该商量一下怎么处理。”

成员7：“他们的问题没办法处理。”

成员2：“是处理他们对你的影响。”

成员12：“你在担心什么？好像说完后更加焦虑了。”

成员4：“一起讨论下，否则我会内疚。”

成员5：“我不会内疚，你要自己肯解决问题。”

成员4：“如果你落了队，我们都有责任。”

成员12：“我也注意到她眼圈红了。”

（成员互相都很关注，关心他人是动力的体现。）

成员2：“我以前也有很郁闷的时候，脑子里面阴云笼罩，那个过程让我觉得是因为有心结在。她的父母之间可能有很深的误解、裂痕，而父母的心结变成了她的心结。我父母也会为了很小的事情吵很多年，我以前竭力参与并思考他们为什么要吵架。后来有一天想通了，渐渐可以放下。”

成员8：“你有没有理解成员2的建议？这个建议是什么？”

成员9：“每个人都有自己的人生，很多当父母的都会自己解决夫妻之间的事情，很多则不会。”

成员11：“她的心结是父母吵架这件事给她造成的障碍。”

成员8：“成员2和成员1的故事都可以给你参考，让你成为环境的主动创造者，而不是被动地接受。你已经长大了，你可以运用自己的力量。”

成员5：“你也需要找一些力量的支持，或者正面的事情和人。”

成员11：“你的问题还是在于和人打交道。”

成员4：“她父母的关系使她不敢。”

成员8：“回避型依恋，谁都不信任，谁都远离。”

成员4：“这是成长最好的时机。”

成员12：“我觉得她已经进步了，已经讲了很多。”

成员2：“她很勇敢承认自己的实际想法，觉察自己。”

成员3：“上两次都没发言，上次我跟你说这次一定要发言。”

成员7：“我看情况。”

成员9对成员3：“你也很少讲啊。”

成员3：“是，我觉得父母的问题还是处理得比较好。我自己长大了，明白了他们之间的问题。吵架也是沟通方式，我觉得我没有太多问题。”

（二）沉默观察者（或退缩者）

成员 1 在第一次会议后开始退缩。多次会议中很少谈论自己或他人，最终有成员再次向其提到这一问题。

成员 6：“你的话好像没说出来。”

成员 1：“我想把机会让给大家，让大家都说一说。”

成员 2：“有说这些话的时间你都可以说几句了。”

成员 1：“不管这个小组如何，我对大家对我的关注还是很感谢的。成员 10 说的那句话没有伤到我。如果我受伤了，这也是我自己的投射，跟小组里的人没有关系。我这个人就是这样，和我的观念有关系。我们在这个小组中的行为就是在社会中的行为。大家每次都会问我，都认为我需要说点什么。但我认为自己不想说那就不说，这是我自己的关系。我在这个小组中的模式就是这样，看起来比较坚强，却懒散地坐在那里。有些人在心理学上是可以无师自通的，我认为自己自然而然地运用心理学，这是我的自我保护模式。我愿意这样去处理，这样比较舒服。”

（对于其他成员提到的可能造成其伤害退缩的问题，成员 1 做了回应。）

成员 1：“我很惊讶，如果大家说我受到伤害，那也是无意识的，因为我不知道是哪里受到伤害。可能是小时候的一种‘做什么都不对’的感觉。我为什么说话少？因为我抱有很高的期望，希望来一次就有一次收获。可是大家都绕得很远，于是我就沉默下来。”

五、技术的使用

在动力主导小组中，较少使用系统性的心理技术。成员之间的交谈、讨论与分享是主要方式，常用的是此时此地技术和描述技术等专业技术。以下示例是导师对一种“等待”技术的说明，其后在团体中成员不时会提到这种方法。

【案例】

导师：“非常好。今天是父亲节，我期待可以发生一些美好的事情。当我们用期待的心情来参与而不是非要一个结果时，就会发现真相，真实的东西就会显现出来。在团体里，我们会看到每一个人都无法隐遁，当然这些只有在心静的时候才能看到。上次我们没有做专业的领导，有些成员有了自己的觉察。有些朋友发现到现象的时候，‘轻舟已过万重山’，在有风景的时候睡着了。我们允许穿马甲，每个人都有防御系统，在团体中可以看到真相。我给大家讲一个‘老等’的技术：在黄河三角洲的湿地上，有一种鸟叫老等，它捕食时就站在水里一动不动，盯住水面，目标不出现就一直等。我们也要这样，等真实的现象出来，搅来搅去是看不到真相的。”

表 9.3　动力主导组成员背景资料

编号	性别	年龄	主要问题
1	女	25	异性朋友多，同性排斥
2	女	28	异性交往问题，思维缥缈，家人不接受其个性
3	女	35	讨厌利用别人的人，朋友逐渐疏远，怕父亲
4	女	20	学习沟通技巧
5	女	35	工作中设假想敌
6	男	43	学习
7	女	29	学习
8	男	33	学习更好地表达，太理性
9	女	19	父母溺爱，抗拒亲近
10	女	46	怕老师，亲子沟通问题，防御
11	女	40	母亲管教严，社交紧张，异性交往问题

六、疑难点解答

1. 动力主导模式中导师对一些简单技术的示范有没有必要？怎样才能算作动力型的小组？

要给些示范、方法和技术。动力组应该有 5% 的预先设置和规则、5% 的演示、5% 的技术、5% 的把握动力方向，整体强化程度控制在 30% 之内。技术主导型中的导师以“在左右”陪伴为主，导师主导模式中导师则主要在后面推动。导师、技术、动力型的小组中三种成分的重要性依次是导师、技术、动力。每种主导方式中都有这三种主导成分，只是比重不同。动力组的场主导性更大。动力组中的“此时此地”“老等”等技术是导师常用的，旨在教会成员如何听、如何说，此外还会给出讨论的主题。八次会议的这些导师和技术强化成分都在 30% 以下，就是动力主导，不再是纯会心团体。

2. 动力主导型小组中导师的作用是什么？

动力型小组中导师的作用主要有以下几方面：

（1）导师仍然需要做些引领而不能没有声音。如果导师不在这里，这就仅仅是支持性小组，而不是治疗小组。

（2）导师虽然存在，但需要适当淡化存在感。成员们最初在说话之前都会看导师，此时导师则不要做出表情。后面成员会减少对导师关注的频率，不再注意导师的态度。导师在场是一种支持，但不能让它沦为支持性团体。

（3）导师存在的负面影响没有了，就可以做真实的自己，剩下的是导师正性的东西。

（4）导师不能离开，因为治疗性团体随时会出现情况，导师需要进行危机干预。团体中或许会呈现出一些消极的东西，也许对团体成员不利，此时需要导师澄清。

3. 如何进行干预？何时进行干预？

干预模式应该为小组开始时引领、中间阶段进行方向矫治、最后展望未来方向的“3+1”的带领模式，再留一次危机干预的机会。罗杰斯的干预模式是“1+0”，存在本身就是疗效因子。

4. 动力型小组的发展阶段和文化特点是什么？

会心团体会有集体无助期——无方向、无目标、无效果。在不同的发展阶段，因为动力呈现螺旋上升，可以有戴墨镜时期、真相期、无助期、方向期、成长期、淡定期。与其他精神动力小组、人本主义小组、行为主义小组不同，动力小组要避免成为认知行为上的教育。人本主义强调的是爱和温暖，动力小组要插入文化符号的问题，如父亲母亲这样的文化符号，实现“人本＋文化符号”的模式。当前国内多是以导师主导为主的“会心＋技术”的模式，或者“会心＋认知＋行为”的模式，或者是“会心＋教育”的模式。

5. 以技术为主导、以导师为主导和以动力为主导的三种小组有什么区别？

技术主导小组围绕表达和升华，要有澄清和表达、讨论与处理、转换与升华、核心技术，一个完整的阶段通过 3 ～ 4 次会谈完成。导师主导小组则围绕问题，发现和寻找问题、解决和处理问题、积极干预，如相互帮助、感恩拜访、引向未来等。动力主导小组则围绕我们讨论什么问题。从动力型的团体发展情况来看，人际关系方面有个重要环节是重要他人，如父母和伴侣。每个关系谈两次共需要四次，八次的话还有其他东西要谈，还要谈谈小组内的关系。有一次有个现象，我的作业和指引实际上是让谈小组，成员却理解成穿什么衣服，这个现象背后说明成员对某些东西不愿意碰。这里面有 70% 是动力的原因。本土文化的模式下，我们不太愿意谈自己的事情。正因为有这种文化性，在设置时更应该在这方面进行干预。在话题方面，成员可以谈谈贵人、亲密关系、小组、我们和自己的关系等，所以会谈次数至少要12次以上。

6. 动力组和罗杰斯会心小组有什么异同？

两者不同的地方主要是在于不同文化下人们心理特点的不同：罗杰斯小组治疗中导师几乎完全不干预，也不参与，甚至导师都可以离开现场。而中国人人格中他人比重大，自我比重小，自发性低，自我主张不直接表达，习惯性地等待被权威引领，因此罗杰斯小组中导师完全不强化可能造成成员无所适从，至少一开始会如此。

两者相同的地方是，正如人本主义所发现和主张的：当人们发现环境是安全的、可信的之后，就能逐渐降低防御、敞开自我、开始成长，无论中国人还是外国人都是一样，并最终达到会心状态。

7. 与亚龙团体相比，文化动力团体心理治疗的疗效因子还有哪些？

（1）我们都一样：指的是普遍性。但是跟文化有关系，如果文化要区分第一名和第二名，那么第一名和第二名都会产生心理问题。

（2）我们东方人和西方人不一样：中国人容易随大流，出现同而不和的情况，此时我们没有保留自我。当团体里的每个人开始有“自己”，并能感觉到自己和别人不同时，就是成长了。

（3）我们在一起：把大家放在一起来就是有意义的。

（4）我们不在一起，每个人有自己的生活，有个体能动的适应性，用社会文化来看疗效因子。

8. 如何设计动力主导型的团体心理治疗小组？与其他小组设计要点有哪些不同？

动力型的团体动力是螺旋式上升，有时低有时高，有时看似平淡，其实是在进步。建议时间的设置上每一次压缩到1小时，次数可以增加到24次。导师的主导方面，从一开始就只做规则干预、目标干预和突发事件干预，除此之外不要干预。建议做20%的强化干预，80%让小组现象自然发生。团体中一定有人退出，因此应增加押金和缺席迟到成本。要注意更细化和强化设置，以及时间调整，并了解导师干预的原则。选择成员时要和进入导师组的区分开来，导师组的成员经历了生活中的重要事件，导师主导型的会议时间短一些，问题更有针对性。动力组是对人潜移默化的影响，导师组是直接突击，技术组是学习相互之间发力。技术组必须相互之间运用技术，要排兵布阵，要有交互性的技术，组员之间相互作用，才能保证动力上往前推进。

9. 小组成员对待分离会如何表现？

对于分离，成员会在潜意识之间自主地做一些处理。分离焦虑应对得越早，团体动力就越强。分离焦虑的表现形式不同：有的是一种隔离的方式，我和你没关系了，就不痛苦了。或者自己能盯上两个人，和他们保持联系，那就可以了；再或者满不在乎。

10. 动力小组的团体动力发展有什么特点？

动力是螺旋上升的趋势，是走三步退两步的成长。不会一直越来越强，而是波动的，但总体是朝更强的方向发展。有问题时就把问题解决了，没有问题时反而可以螺旋上升。同时动力是网状的，不是按规定般地轮流发言。一个成员主动分享故事之后会发生多种可能，或询问或教育或共情或讲自己的故事等。

11. 为何团体导师在带领中会有失态的情况？

有成员表示“今天老师很主观、愤怒。他在点评的时候，给别人的感觉就是‘我是不是有什么问题’，动力组导师突然这样让我们感到紧张。”导师在带领团体的过程中有几种角色——团体带领者（受过专业训练）、导师本人、导师的内在小孩。导师主导组中更多的是团体带领者和导师本人出来参与，所以容易受欢迎。技术组中导师的三个身份都不清晰，因为导师的主要作用是运用技术工具，由于动力不强，导师的内在小孩也不会出来。动力组中导师能发挥的空间有限，成员们当然也会移情，想引起导师的注意，这些现象被导师的内在小孩看到了，导师的内在小孩就会跑出来；如果导师管不住自己的小孩，就会出现失态。因此，最好通过设置来过滤掉导师可能会影响到小组的情况。